Einmal Amerika und zurück

Toby E. Rodes

Einmal Amerika und zurück

Erinnerungen eines amerikanischen Europäers

Verlag Huber
Frauenfeld Stuttgart Wien

Dieses Buch entstand auf Anregung einer Reihe junger Menschen aus meinem Umfeld. Sie sind verschiedenen Alters, unterschiedlicher Herkunft und Bildung. Informiert über die eine oder andere Phase meines Lebens, waren sie überzeugt, dass ein berufsmäßig kommunizierender, schreibender Zeitzeuge ihnen helfen könnte, mehr zu erfahren über die Zusammenhänge der Entwicklung der westlichen Welt seit dem Ersten Weltkrieg.

Meiner Frau Puck und ihnen sei dieses Buch gewidmet.

© 2009 Verlag Huber Frauenfeld
an Imprint of Orell Füssli Verlag AG, Zürich, Switzerland
Alle Rechte vorbehalten
www.verlaghuber.ch

Alle Fotos dieses Buches: Archiv Toby E. Rodes, Basel. Wir haben uns bemüht, alle Rechteinhaber ausfindig zu machen, was aber nicht in allen Fällen gelungen ist. Wir bitten ggfs um Kontaktaufnahme mit dem Verlag.

Umschlag: Barbara Ziltener, Frauenfeld
Druck: fgb • freiburger graphische betriebe, Freiburg

ISBN 978-3-7193-1533-7

Bibliografische Information der Deutschen Nationalbibliothek
Die Deutsche Nationalbibliothek verzeichnet diese Publikation in der Deutschen Nationalbibliografie; detaillierte bibliografische Daten sind im Internet über http://dnb.d-nb.de abrufbar.

Inhalt

1. Kapitel

Herkunft und Kindheit

Meine Wurzeln

Meine Mutter Olivia (Olly) konnte auf eine lange adlige Ahnentafel zurückblicken, tat es aber nie. Ihre Großmutter mütterlicherseits war eine Countess von Lütgen. Als seine Vettern waren die Grafen von Lütgen mit dem englischen König George 2nd aus Hannover Ende des 17. Jahrhunderts nach England gekommen. Im Laufe der Zeit verarmte die gräfliche Familie dermaßen, dass sie nicht mehr am Hofe aufzutreten vermochte. Meine Urgroßmutter, die Countess, heiratete einen Mr. Veit, mit dem sie zwei Töchter hatte. Lydia (genannt Liddy, *1868) die Älteste, wurde 20-jährig an John Salomon, einen sehr wohlhabenden, erfolgreichen Industriellen, in keiner Weise frommen Juden, in Harburg bei Hamburg verheiratet. Sein Vater Salomon Salomon, mein Urgroßvater, hatte als Lumpensammler mit Schubkarren begonnen und die Firma zu einer der größten Verbandmaterial-Fabriken ausgebaut. Die Ehe meiner deutsch-englischen Großeltern dauerte nur ein Jahr. Dann verließ die stolze, schwangere junge Frau ihren etwas eigensinnigen Mann. Sie nahm nichts mit außer einem kleinen Verlobungsring, den heute meine Frau trägt. Liddy ließ sich scheiden. Großvater John heiratete bald danach eine Amerikanerin. Ihre gemeinsame Tochter Minnie wurde nach wenigen Jahren geboren. Meine Mutter unternahm viele große Reisen mit ihrer Halbschwester.

Großmutter Liddy zog ins angestammte Hannover. Nach ihrer damals unüblichen, schnellen Scheidung nahm sie ihren Mädchennamen wieder an, und ihre etwas jüngere Schwester Cecilia (Tante Cissy *1870) stieß zu ihr und stand ihr bei, als meine Mutter dort

1890 zur Welt kam. Bezeichnend für die zukunftsorientierte, disziplinierte Einstellung vieler meiner Vorfahren war Liddys und Cissys damals noch standesgemäß unzeitgemäße Tätigkeit: Die früh emanzipierten Damen betrieben einen Haushalt ohne Männer und arbeiteten 15 Jahre zunächst als Verkäuferinnen, dann als Rayonleiterinnen in einem luxuriösen Damenmodegeschäft. Als Olly, meine Mutter, im vorwärts strebenden Esprit des Vaters und der Mutter nach dem Schulabschluß mit 15 unbedingt Schauspielerin werden wollte, zogen Großmutter Liddy und Tante Cissy mit ihr nach Berlin. Olly besuchte die beste Schauspielschule Deutschlands, und die beiden Damen arbeiteten als Abteilungsleiterinnen im renommierten Damenkaufhaus Wertheim bis zu ihrer Pensionierung.

Als Olly 16-jährig ihre Karriere mit Mini-Nebenrollen auf verschiedenen kleinen norddeutschen Bühnen begann, nahm Großmutter Liddy immer wieder Urlaub, um sie als «Anstandsdame» zu begleiten. Ab 1907 ging die Karriere meiner Mutter steil nach oben. Sie wurde bekannt für ihre Hauptrollen in Berlin am Deutschen Theater unter Max Reinhardt, war Partnerin von Konrad Veidt in einem der ersten Stummfilme und übernahm die weiblichen Hauptrollen am Schauspielhaus in Düsseldorf unter der Leitung des Paares Dumont/Lindemann.

Die Tochter des Chauffeurs

Kuriose Zufälle, die, als ich größer war, meinen Blick in die Welt beeinflußten:

1924 war ich zu Besuch bei Großvater John Salomon in Hamburg. Ich sah Emilie Sonnemann, die Tochter seines Chauffeurs, der mit seiner Familie über den Garagen wohnte. Später erfuhr ich, dass sie Schauspielerin werden wollte, ihr Vater sich die Schule nicht leisten konnte und mein Großvater ihr die Schule bezahlte. Die Schauspielerin «Emmie» Sonnemann, die Göring, Hitlers Nazi-Feldmarschall heiratete, verdankte ihre Ausbildung dem jüdischen Arbeitgeber ihres Vaters. Von Göring hieß es ja lange, er habe, angesprochen auf seinen «nicht arischen» Feldmarschall E. Milch, gesagt: «Wer Jude ist, bestimme ich!»

12

Im Gegensatz zu ihrer Schwester Liddy nahm Tante Cissy ihre adlige Abstammung sehr ernst. Obwohl sie ja nur halbadlig war, sah sie es als ihre Aufgabe an, mir «The King's English» und gleichzeitig «manners», gute Manieren, beizubringen. Lektionen, die mir im späteren Leben, besonders im diplomatischen Dienst, sehr zustattenkamen. Wenn ich mich bei Tisch «ungebührlich» benahm, korrigierte sie mich immer mit den Worten: «But Toby, what would Prince Henry say?» Sie hatte kurz nach ihrer Ankunft in Berlin den Prinzen Heinrich von Preußen kennengelernt, er war verheiratet und jüngster Bruder von Kaiser Wilhelm dem Zweiten. Eine Affäre wäre von vornherein schon aus Standesgründen ausgeschlossen gewesen. Aber «George», einer seiner vielen Vornamen, den er gegenüber seinen engsten Freunden benutzte, kam jahrelang, wenn er in Berlin war, auf Besuch zum Tee. Ich erinnere mich, dass ich als Kind einmal bei Großmutter in Berlin war. Im Hinblick auf meine Teilnahme an einem Tee-Besuch des hoch gewachsenen, schnurrbärtigen Prinzen wurde ich von Tante Cissy in einen «Eaton»-Anzug gesteckt, und mir wurde ein Eaton-Haarschnitt verpaßt.

Ich besitze einen silbernen Serviettenring, den der Prinz Tante Cissy mit der Gravur «with love, George» geschenkt hatte. Später heiratete er standesgemäß und hatte eine große Familie. Tante Cissy aber blieb eine typische englische «Spinster», bis sie 92-jährig in Los Angeles starb und im Familiengrab in Glendale auf dem über der Stadt gelegenen Friedhof Forest Lawn beerdigt wurde. Sie hatte sich einige Jahre zuvor dorthin fahren lassen, um, wie sie sagte, die schöne Aussicht über Los Angeles von ihrem Grab aus zu genießen.

Ein anderes Erlebnis, das mein jugendliches Familienbild beeinflußte, war die Erzählung meines Großvaters John anläßlich seines letzten Besuchs bei uns in Frankfurt. Er beschrieb, wie er im Winter 1916 seine Tochter Olivia erstmals kennenlernte. Auf dem Weg zu seiner jährlichen Kur in Bad Kissingen stoppte er in Düsseldorf, um endlich seine berühmte Tochter Olivia Veit kennenzulernen. Er ging abends ins Theater. Nach der Vorstellung suchte er sie in ihrer Garderobe auf und sagte: «Guten Abend, ich bin dein Vater.» Als sie mit ihm dann zum Essen ging, trug sie, trotz der eisigen Kälte, nur einen einfachen, dünnen Mantel. Auch Star-Schauspieler waren damals im Krieg nicht gut bezahlt. Er fragte erstaunt: «Wo ist dein Pelzmantel?» Auf ihre Antwort «Ich habe keinen» entgegnete er: «Dann müssen wir morgen einen kaufen», und tat es. Er blieb einen Tag länger und fand heraus, dass seine Tochter Olivia keinen echten Schmuck besaß. Am folgenden Tag schenkte er ihr einen schönen Ring. Als meine Mutter dann am Abend im Pelzmantel und mit dem Ring am Finger im Theater erschien und Großvater John wieder in der ersten Reihe im Publikum saß, meinten die Kollegen lachend: «Jetzt hat die Veit endlich auch einen ‹sugar daddy›.» Sie nahmen es ihr nicht ab, dass dieser rundliche, grauhaarige Herr wirklich ihr Vater war.

Väterlicherseits sind meine Abstammung und die damit verbundenen Erlebnisse noch internationaler.

Der Urgroßvater in Amerika

Mein Urgroßvater Rosenthal, dessen Vornamen ich nie erfuhr, kam wegen der schwierigen wirtschaftlichen Verhältnisse im Winter 1847 mit seiner Frau, ein in Nyrbatarr geborenen Ungarin, und zwei Söhnen nach New Haven, Connecticut, ins «Land der unbegrenzten Möglichkeiten». Dort wurde am 15. März 1848 mein Großvater Toby Edward Rosenthal als dritter Sohn geboren. Um 1852 trekkte Urgroßvater im Zuge des «Drangs nach Westen» und des Goldrausches mit 1000 anderen nach Kalifornien. Er ließ sich in San Francisco nieder, wurde bald wohlhabend und brachte 1858 die Familie, einschließlich der um 1852 geborenen kleinen Tochter, auf einer mühsamen Reise via Panama nach Hause in das aufblühende San Francisco. Kalifornien war erst 10 Jahre vorher, nach dem gewonnenen Krieg mit Mexiko, Teil der USA geworden.

Wenig später brach die Wirtschaft zusammen. Banken machten Bankrott und Urgroßvaters Erspartes neigte sich dem Ende zu. Mein Großvater Toby E. verließ die Schule mit 11 Jahren, um zum Familienunterhalt beizutragen. Frühmorgens trug er Zeitungen aus und arbeitete ab 9 Uhr in einem Obstladen. Abends kam ein Privatlehrer, um seine Schulbildung fortzusetzen.

Hier läßt sich eine interessante Parallele zwischen dem Großvater Toby und seinem homonymen Enkel Toby erkennen: 1927, als ich 7 Jahre alt war, wurde ich zu Hause vom Volksschul-Klassenlehrer unterrichtet, um das aus Krankheitsgründen verlorene Schuljahr aufzuholen. Gleichzeitig, verdiente Georg, ein Student, seinen Unterhalt mittels eines Obst- und Gemüse-Wagens, den er auf dem leeren Grundstück neben Sophien Strasse 22 betrieb. Ich half ihm durch Austragen von Bestellungen und, wenn er mal «musste», Bedienen der Kunden. Mein Lohn war die Zufriedenheit über eine erfolgreiche Tätigkeit und, gelegentlich, ein Stück Obst.

Der Kunstmaler

Großvater Toby schrieb in seinen Memoiren, die 10 Jahre nach seinem Tod von meinem Vater in Buchform veröffentlicht wurden, u. a.: «Ich konnte früh genug die Menschen einschätzen, und meine träumerische, idealistische Veranlagung erlitt oft manchen harten Stoss und regte mich zu mehr als kindlichen, philosophischen Betrachtungen an.» Großvater Toby hatte Zeit seines Lebens ein ausgeprägtes visuelles Gedächtnis. Mit 12 Jahren beschloß er Kunstmaler zu werden und begann mit Zeichnungen von Menschen und Tieren in Bewegung. Er verließ den Obstladen und verkaufte Erfrischungen während der Pausen im Stadt-Theater. So konnte er zwei Fliegen mit einer Klappe schlagen. Er verfolgte kostenlos die vielen klassischen Aufführungen und verdiente nebenher Geld. Man kann es als Ausdruck von Großvater Tobys Neigung zu künstlerischer Darstellung bezeichnen, dass er später auch als Statist, z. B. als Elfe im Mitsommernachtstraum, auftrat. Von seinem für ihn verfügbaren Geld gab er je die Hälfte für Geburtstagsgeschenke und für den Kauf von Kunstbüchern aus. Mit 14 Jahren durfte er die Zeichenschule besuchen und zeigte eineinhalb Jahre später an einer Kunstausstellung erste Zeichnungen. 1865 sagte sein Kunstmaler-Lehrer zu Großvaters Eltern: «Der Junge ist so begabt, ich kann ihm nichts mehr beibringen, er muß unbedingt auf die weltbeste Akademie gehen, sie ist in München. Daraufhin legten die Familie und deren Freunde zusammen und ermöglichten ihm die Überfahrt via Nicaragua und New York auf einem Motorsegelschiff nach Europa. Nach einer langen Reise erreichte er München im September 1865. Er studierte und begann zu malen. Es folgte eine steile Karriere. Schon 1870 wurde er durch sein Bach-Bild sehr bekannt. Er reiste verschiedentlich zurück nach San Francisco. Als Genre-Maler ist er, auch heute noch in Amerika sehr bekannt. Seine Bilder sind weitverbreitet in Privatbesitz und in Museen in Cleveland, Chicago, Philadelphia wie auch in der National Gallery in Washington, D.C., und im Metropolitan Museum in New York zu finden. Großvater Toby heiratete Sophie Ansbacher, deren Mutter Ungarin war. Drei Kinder entstammten der Ehe, Nelly, John und mein Vater Charles, er, der Jüngste, kam am 22. Mai 1890 auf die Welt. Er absolvierte das humanistische Gymnasium in München und studierte Jura an der königlichen Ludwig-Universität.

Als 1917 die USA, die Schifffahrt nach England verteidigend, in den Ersten Weltkrieg eintrat, internierten die Deutschen meinen Großvater, den berühmten Künstler, als gefährlichen Vertreter des Feindes in München, wo er im selben Jahr am 23. Dezember starb.

Das Kaiserreich und Philipp Holzmann

Im deutschen Kaiserreich konnte man nur als Jurist promovieren, wenn man zuvor ein Jahr als Assessor am Gericht tätig war. Als Assessor vertrat man die Belange der Obrigkeit. In München war das der König von Bayern. Um das tun zu können, musste man sein Untertan sein, also Bayer, d. h. Deutscher. Mein Vater Charles Anton Rosenthal war als US-Bürger in München geboren. Als er nach seinem Assessor-Jahr 1912 seine Promotion «summa cum laude» zum Dr. jur. erhielt, entdeckte er auf der Urkunde eine Bestätigung, dass er nun ein Bayer sei. Er eilte zum amerikanischen Konsul, der ihn beruhigte, und sagte: «Geh mal nach Amerika, dann bist du gleich wieder Amerikaner.» Vor dem Ersten Weltkrieg spielte die Nationalität keine so wichtige Rolle. Mein Vater Charles hatte 1912, kurz vor seiner Promovierung, ein Angebot der Londoner Niederlassung der Deutschen Bank erhalten. Er nahm die Chance wahr und nahm es

16

an. Bereits ein Jahr danach wurde er 1913 in die Berliner Zentrale gerufen, wo man ihm alsbald die juristische Beratung der Baufirma Philipp Holzmann übertrug. Heinrich Holzmann, der Sohn des Gründers, und andere Vorstandsmitglieder waren offensichtlich mit seiner Arbeit derart zufrieden, dass sie ihn 1914, 24-jährig, in den Vorstand wählten. Später übernahm er dessen Vorsitz.

Ferrostahl, ein Düsseldorfer Hersteller von eisernen Fensterrahmen, geleitet von Wolfgang Altschul, war Lieferant von Holzmann. Anläßlich eines Geschäftsbesuches meines Vaters im Frühjahr 1917 lud er ihn zu sich nach Hause ein. Seine Frau Grete Altschul, eine bis ins hohe Alter enge Freundin meiner Mutter Olivia, beschloß dass die beiden jeder auf seine Weise gut aussehenden Junggesellen Charles Rosenthal und Olivia Veit zueinander paßten. Sie lud sie zu sich zum Essen ein. Es funkte und knisterte zwischen den beiden, sie heirateten noch im selben Jahr. Meine Mutter verließ die Bühne und übersiedelte nach Frankfurt am Main, in die erste gemeinsame Wohnung in der Sophien Strasse 22. Dort erblickte ich am 25. Oktober 1919 das Licht der Welt.

Kindheitserinnerungen

Genau genommen habe ich von meinen ersten vier Lebensjahren fast nur visualisierte Erinnerungen an Anekdoten, die meine Eltern mir in späteren Jahren erzählten. Die lokale Atmosphäre meiner Geburtsstadt gehört natürlich auch zu den Erinnerungen der Jugendzeit.

Die «Freie Reichsstadt» Frankfurt war seit 1000 Jahren ein reiches Kultur-, Finanz- und Geschäftszentrum. Viele Villen, großzügige Wohnungen, geräumige Alleen und Grünflächen zierten die wehrhafte Stadt mit ihren geschichtsträchtigen Bauten. Die Römer hatten schon nördlich der Stadt den Limes als Grenzmarkierung angelegt. Frankfurt lag (und liegt) sehr zentral in Deutschland am Main, dem verkehrswichtigen Nebenfluß des Rheins. Karl der Große ließ sich im Jahr 800 in Frankfurt zum Kaiser krönen. Sein großes Reich zerbrach nach seinem Tod und wurde unter seinen Söhnen aufgeteilt.

Zu Frankfurts bis heute signifikanten, historischen Gebäuden gehört die Paulskirche, in der 1848 die staatsgründende Nationalversammlung stattfand. Neben der willigen Akzeptanz der neuen Technologien erfreuten sich die Frankfurter noch in den 20er-Jahren an alten Sitten und Gebräuchen.

Ich erinnere mich noch an die alten Eiskästen, die damals als Kühlschrank dienten. Die Eiskästen in den Wohnungen wurden von den Brauereien mit Eisblöcken versorgt, die sie auf ihren imposanten, von großen Kaltblütern gezogenen Vier-Spännern brachten.

Zu Hause

Meine Mutter hatte als Schauspielerin «Olivia Veit» nie kochen gelernt. Seit ihrer Heirat wurde die Familie von der Köchin Liesbeth betreut. Sie machte einen guten Spinatbrei. Meine Mutter erzählte mir später: Da Spinat für Babys sehr gesund sei, bemühte sie sich, mir den Brei einzuflössen. Dabei brachte ich es einige Male fertig, meine Backen damit zum Platzen voll zu stopfen, ohne zu schlucken, und, weil ich keinen Spinat mochte, ihn im geeigneten Moment unter Druck rauszupusten. So wurde die Tapete «künstlerisch gestaltet» (war ich doch gleichnamiger Enkel eines bekannten Malers) und meine Mutter, die ehemalige Schauspielerin, zum raschen Kostümwechsel veranlaßt. Das Resultat dieser Erlebnisse war, dass ich lange keinen Spinat mochte.

Als Generaldirektor der Philipp Holzmann AG war mein Vater dem Mitglied der Baukommission Stadtrat (Metzler), der im Nebenhaus wohnte, bekannt. Ich hatte einen erheblichen Unterbiß, der bis zu meinem 6. Jahr mit den üblichen Spangen vollkommen korrigiert werden konnte. Herr und Frau Stadtrat hatten einen englischen Bullterrier, der ja auch einen erheblichen Unterbiß hatte.

Meine Mutter fuhr mich einmal im Kinderwagen auf der Sophien Straße, als das Hausmädchen der Frau Stadtrat den Hund vorbeiführte. Mutter sah mich den Hund bestaunen und sagte: «Siehst du, Toby, so einen Mund hast du auch!» Das Mädchen hörte das. Sie rannte ins oberste Geschoß zu Frau Stadträtin, um empört zu berichten, was die Rabenmutter Rosenthal zu ihrem Kind gesagt hatte. Die entsetzte Frau rief ihren Mann im Stadtrat an, dieser fand das ungeheuerlich und rief meinen Vater im Büro an und erzählte ihm aufgeregt von dem «Vorfall». Mein Vater hatte einen großen Sinn für Humor und antwortete lachend: Meine Frau hat doch Recht?!»

Vom Skiurlaub und dem Oktoberfest

Weihnachten 1923 war ich mit meinen Eltern in St. Johann in Österreich zum Skifahren. Ich habe heute noch vor Augen, wie mein Vater mit der alten Einstock-Technik schwungvolle Kurven fuhr. Ich erhielt meinen ersten Skiunterricht. Der Grundstein für den Sport, der mich 82 Jahre lang nicht mehr losließ. Meine immer sehr aktive Mutter war im fünften Monat schwanger und nahm es ein bißchen leichter. Ich vermute, sie erinnerte sich an den September 1919, als sie, im achten Monat schwanger mit mir, in Österreich in Begleitung den Großglockner Berg hinauflief. Wie sie erzählte, traf sie halbwegs hinauf ein Ärzte-Ehepaar auf dem Weg hinunter. Der Gynäkologe versuchte meine Mutter zur Umkehr zu überreden. Als sie sich weigerte, ließ er seine Frau alleine weitergehen und folgte meiner Mutter hinauf und abwärts bis zu ihrem Hotel, «weil er es als Arzt nicht verantworten konnte, eine hochschwangere Frau ohne ärztliche Betreuung auf einer Bergtour zu wissen».

Als ich gerade vier Jahre alt war, nahm mein Vater Charles mich mit auf eine Reise nach München zum Besuch meiner Großmutter Sophie und zum Oktoberfest. Mutter blieb mit meinem sechs Monate alten Bruder Johny in Frankfurt. Wie mein Vater mir später einmal erzählte, bewies ich schon auf dieser Reise, gemäß dem Sprichwort «Früh krümmt sich, was ein Haken werden will», meinen im späteren Leben für mich entscheidenden Drang zur Selbstständigkeit. Ich litt damals an einer ernsten Darmkrankheit und durfte keinerlei Fett essen. Während eines Nachmittagsbesuchs bei Freunden auf einem Bauernhof entdeckte man mich im Hausgang auf allen Vieren gegenüber dem Haushund. Jeder von uns beiden hatte das Ende einer Wurstpelle zwischen den Zähnen und versuchte sie dem anderen wegzureißen. Zur Freude des Hundes wurde mir ein solcher Kampf prompt untersagt.

Abends waren mein Vater und ich dann auf der «Wiesn», dem Oktoberfest. Er parkierte mich an einem langen Tisch in einem riesigen Zelt, ließ eine Maß Festbier bringen und stellte sich in die Warteschlange für die Selbstbedienung für das Essen. Allabendlich wurde damals ein ganzer Ochse gegrillt, und die Wartezeit war entsprechend lang. Als er mit dem Fleisch zurückkam, fand er mich schlafend auf der Bank und den 1-Lt.-Maßkrug gar nicht mehr voll. Die Tischnachbarn, die mich beobachtet hatten, beantworteten den fragenden Blick meines Vaters mit: «Dr Bua hat Durscht kapt.» Es blieb ihm nichts anderes übrig, als eine große Portion Fleisch mit wenig Bier zu genießen und mich dann schlafend nach Hause zur Oma zu tragen.

1924 pachtete mein Vater ein der Holzmann AG gehörendes, geräumiges Grundstück nahe unserer Wohnung, ließ eine Gartenlaube errichten und Obst, Gemüse und Blumen pflanzen. Ich bekam einen Sandkasten zum Spielen mit meinem Bruder und mein eigenes Beet zum Bepflanzen. Nach dem Motto «Selbst ist der Mann», das mir meine Eltern oft vor Augen hielten, durfte ich selbst bestimmen, was ich pflanzen wollte. Eines Tages schimpfte mein Vater während des Mittagessens, dass Mist zum Düngen des Gartens so teuer geworden sei. Offensichtlich nahm ich mir das im Hinblick auf mein eigenes Beet und mein Taschengeld zu Herzen. Am Nachmittag ging ich mit einem kleinen Schubkarren und Schaufel in den nahe liegenden Grüneburgweg, an dem einige Villen lagen, und sammelte mitten auf der (nicht stark befahrenen) Straße Pferdemist. Ich sah meinem Vater damals so ähnlich, dass ich überall als sein Sohn erkannt wurde. Der Zufall wollte es, dass ich beim Sammeln von der Frau eines Direktors von Holzmann erkannt wurde. Sie holte mich von der Straße und brachte mich zu unserem Garten zurück. Am Abend berichtete ich meinen Eltern, sehr zu ihrem Schrecken, stolz von meinem Sammelerfolg. Eine Gratulation mit anschließendem, erklärendem Wiederholverbot folgte sofort.

Meine Mutter, die Schauspielerin wird Forscherin

Im Herbst 1924 hatte meine Mutter die Zusammenarbeit mit dem bekannten Frankfurter Neurologen und Forscher Prof. Kurt Goldstein und seinen Mitarbeitern, dem Anthropologen Prof. W. Gelb und dem Primatenforscher Köhler, begonnen. Sie hatte ihre Schauspielkarriere nach der Heirat aufgegeben, aber die Rolle einer «nur»-Mutter und Frau des Generaldirektors war der aktiven, Auftritte gewohnten Olivia Veit zu wenig. Zu Beginn war die Aufgabe im Frankfurter Heim für Hirnverletzte aus dem Ersten Weltkrieg Hirnfunktionen zu lokalisieren. Bei den einzelnen Patienten war bekannt, welcher Teil des Gehirns geschädigt war. Die Forscher wollten feststellen, welche Funktionen dadurch beeinträchtigt waren. Danach folgten Vergleiche mit Menschenaffen und Hühnern. Meine Mutter arbeitete mit 20 Hühnern, denen sie das Zählen von 1 bis 10 beibrachte. Sie war fasziniert von möglichen wichtigen medizinischen und soziologischen Folgen ihrer Forschungsarbeit. Oftmals nahm sie mich, wenn sie abends nach Hause kam, in das sogenannte Herrenzimmer, das auch unsere Bibliothek enthielt. Dort ließ sie mich gewisse Bewegungen machen, Buchstaben erkennen und zu Wörtern formen. Als völlig Unbefangener war ich natürlich ein nützliches Vergleichsobjekt. Dank diesen spielerischen Übungen konnte ich mit viereinhalb Jahren lesen, aber noch nicht richtig lesbar schreiben, das musste ich erst noch üben. Aber irgendwie ging mir das mit der Hand Schreiben dann nie schnell genug, und ich gewöhnte mir eine miserable Handschrift an. Im Berufsleben geschah es dann öfters, dass meine Sekretärin meine Notizen besser lesen konnte als ich selbst!

Die ruinöse deutsche Nachkriegsinflation traf auch meine Großmutter Sophie, die wohlhabende Witwe des damals berühmten Malers Toby E. Rosenthal. Sie verarmte völlig und musste von meinem Vater bis zu ihrem Tod 1927 unterstützt werden. Diese Verpflichtung und die Inflation hatten gewisse Auswirkungen auf unseren Lebensstil. Wir besaßen damals kein Auto, aber Vater hatte, gemäß seiner Vorstands-Position, eine Lincoln-Continental-Limousine mit

Chauffeur zur Verfügung. Zu meinem Bedauern trennte er Arbeit und Familie weitmöglichst, und ich durfte nur selten «im Stil» gefahren werden.

2. Kapitel

Auf der Schule und im Internat

Prägende Jahre in Deutschland 1924–1934

Mein Lebensabschnitt vom fünften bis zum vierzehnten Jahr begann mit lebensbedrohender Krankheit und endete mit grundsätzlichen Erkenntnissen und meinem Verlassen Deutschlands. Wie prägend diese Zeit für meine Zukunft war, wurde mir erst viel später bewußt.

Normalerweise kam man damals mit sechs Jahren an Ostern in die Grundschule, damals Volksschule genannt. Da ich schon lesen und schreiben konnte und bei normaler Einschulung schon sechseinhalb gewesen wäre, durfte ich 1925 schon mit fünf Jahren in die Bockenheimer Volksschule eintreten. Ich litt damals oft an Halsentzündungen, daher wurden mir 1925 die Mandeln entfernt.

Im Winter nahm mich mein Vater auf einen kurzen Skiurlaub in St. Johann, Österreich, mit. Ich erhielt meine ersten Ski. Im Sommer 1926 bekam ich eine Mittelohr-Entzündung, die man damals, als es noch keine Antibiotika gab, operativ kurierte. Nach der Operation lag ich vier Wochen im von katholischen Schwestern betriebenen Marien-Krankenhaus. Drei Tage nachdem ich wieder zu Hause war, bekam ich eine Meningitis (Hirnhautentzündung). Zur Linderung des Drucks auf das Gehirn wurde ein kleines Stück meines Schädels aufgemeißelt. Ich lag noch mal drei Monate im Krankenhaus, hatte kaum noch Beinmuskeln und musste quasi wieder gehen lernen. Bei Gehübungen führte mich einmal eine Schwester in die Kapelle, wo ich eine riesige Statue des Heiligen Johannes sah. Höflich wie ich erzogen war, soll ich die Nonne gefragt haben: «Wer ist das? Dem Herrn bin ich noch nicht vorgestellt worden.»

Lumpi – und andere Streiche

Mein besonderes Verhältnis zu Hunden begann in diesem Jahr. Mein Vater wollte mich im Krankenhaus besuchen. Auf dem Weg dahin beschloß er, ein paar Veilchen bei einer Straßenhändlerin zu kaufen. Sie verlangte 1 Reichsmark, was er als zu viel ablehnte. Daraufhin bot sie ihm für 2 RM einen ganz jungen, weiß-schwarzen Mischrassen-Hund mit sehr langem Schwanz und einem lustigen, frechen Gesichtsausdruck an. Er kaufte ihn und sagte mir am Krankenbett, um mich zur schnellen Gesundung anzuspornen: «Wenn du nach Hause kommst, erwartet dich ein kleiner Hund.» Als ich ihn zum ersten Mal sah, gab ich ihm den Namen Lumpi. Mein drei Jahre alter Bruder zog Lumpi zu oft am langen Schwanz durch die Wohnung. Man konnte es ihm nicht abgewöhnen. Wir konnten Lumpi diese Behandlung nicht länger zumuten. Er wurde der Familie des Leiters der Holzmann-Ziegelei südlich von Frankfurt abgegeben, wo ich ihn einige Male besuchen konnte. Ein Terrier «Nufu» nahm seinen Platz ein. Aber als ich ein Jahr später einmal krank im Bett war und wir auf der Bettdecke miteinander spielten, biß er mich plötzlich ins Kinn, weil er von der Gehirnstaupe befallen war, und musste dann von seinem Leiden erlöst werden. Die Narbe habe ich heute noch. Ihm folgte ein Langhaardackel.

Durch meine Krankheit hatte ich ein Schuljahr verloren. 1927 musste ich wieder zu Kräften kommen. Mein Vater vereinbarte mit dem Klassenlehrer deshalb, dass er mich privat unterrichte.

Die weitläufigen Erfahrungen meiner Eltern bildeten die Grundlage ihres weltoffenen Lebensstils, der auch der meine wurde. 1927 gaben meine Eltern eine «Palmen-Party». Die drei vorderen Zimmer unserer Wohnung wurden leer geräumt, mit Palmentöpfen und Zweigen vom nahe liegenden Palmengarten dekoriert. Man aß, auf dem Boden sitzend, Hähnchen-Schenkel mit der Hand und trank Sekt aus Schalen. Ich durfte eine kurze Zeit dabei sein und saß neben dem korpulenten «Onkel Hugo», ein mit meinem Vater befreundeten Direktor bei Philipp Holzmann. Er hatte eine Glasschale mit Sekt zwischen uns gestellt. Als ich mein Hühnerbein gegessen hatte, wusch ich meine fettigen Finger, wie ich von Tante Cissy gelernt hatte, in der Schale, die durch ein paar Fettaugen leicht getrübt wurde. Onkel Hugo hatte das nicht bemerkt, nahm einen großen Schluck aus dem Glas und spuckte krampfartig im hohen Bogen auf einen vor uns sitzenden Gast. Es muss grausam geschmeckt haben.

1927 hatte ich das verlorene und das laufende Jahr gleichzeitig hinter mich gebracht. Ostern 1928 konnte ich daher in die Sexta des humanistischen Lessing-Gymnasiums eintreten. Neben Deutsch als Schulfach lernten wir Latein, dann kam Alt-Griechisch, gefolgt von Französisch, dazu. Englisch hatte ich zusätzlich daheim.

Zwischen 1925 und 1928 hatte ich, krankheitsbedingt, viel Zeit Radio zu hören. Ich interessierte mich hauptsächlich für klassische Musik. Zwischen dem Wohn- und dem Eßzimmer lag das «Musikzimmer». Es war bestückt mit einem großen Steinway-Flügel, hatte ein paar Bilder meines Großvaters und eine Biedermeier-Kommode, die ich heute noch besitze. Bewohnt war das Zimmer von ein paar weißen Mäusen (im Käfig mit Tretrad etc.) und einer Schildkröte. Meine Mutter spielte dort von Zeit zu Zeit klassische Sonaten. Ich hörte gerne zu. Der Musik-Unterricht im Gymnasium wurde von Prof. Burkhardt, der auch Dirigent des Schulorchesters und Komponist war, intensiv betrieben und faszinierte mich von Anfang an. Unter seiner Anregung lernte ich zunächst die Sopranblockflöte spielen. Um gelegentlich im Schulorchester unter Prof. Burkhard spielen zu können, kaufte mir meine Mutter auch eine Alt- und eine Tenorblockflöte. Ich sang auch im Schulchor, bis meine Stimme brach. Wir führten Paul Hindemiths «Wir bauen eine Stadt» in der Schulaula auf und sangen hinter der Bühne der Oper den Knabenchor im «Parsifal» und auf der Bühne in Bachs «Matthäus-Passion».

Skifahren war das Ferienvergnügen, und Kunstradfahren durften wir im großen Schulhof in den Pausen. Auf mein Drängen nahm meine Mutter mich zu Konzert- und Opernbesuchen mit. Einmal bekam ich einen Logenplatz für die «Walküre» geschenkt. Ich machte an diesem Tag eine Radfahrt nach Mainz und zurück, ca. 60 Kilometer. Etwas müde und verschwitzt kam ich in die Oper und schlief bei den langatmigen Passagen zum Entsetzen der Logenbesitzer ein. Meine Mutter war an diesem Abend nicht dabei. Bei einer anderen Oper wäre mir das nicht passiert. Ich mochte eben Wagner nicht besonders.

Die Musik

Carl Ebert war der Leiter der Frankfurter Bühnen. Er kannte meine Mutter aus ihrer Schauspielzeit und versuchte im Goethe-Jahr 1932 sie zu überreden, noch einmal das Gretchen in Goethes «Faust» zu spielen. Zu meiner großen Enttäuschung lehnte sie ab. Ich hätte so gerne mit meiner berühmten Mutter geprahlt. Ebert wurde 1936 der erste Leiter der Glyndbourner Festspiele, zu denen er mich freundlicherweise einladen ließ, als ich in London studierte. Im Gymnasium hörte und spielte ich lieber Musik als Schulaufgaben zu machen. Das brachte mir die einzige Ohrfeige ein, die mein Vater mir je gab, als er mich in lateinischer Grammatik abhörte und feststellte, dass ich meine Schulaufgaben viel zu schlampig gemacht hatte.

Mit 11 Jahren saß ich am liebsten auf dem Sofa im sogenannten Herrenzimmer am Radio und hörte Beethoven-Sinfonien und Bach Oratorien mit der Partitur auf den Knien und spielte Dirigent. Ich war fest entschlossen, ein großer Dirigent wie Toscanini und Bruno Walter zu werden. Musik wurde für mich zum wichtigsten Lebensinhalt. Ab 1931 durfte ich abends alleine ins Konzert gehen, musste allerdings, im Rahmen des auf Leistung ausgerichteten Erziehungskonzepts meiner Eltern, die Kosten von meinem Taschengeld und dem Dazuverdienten bestreiten. Wenn ich dann heimkam, musste ich an der Schlafzimmertür meiner Eltern klopfen, um zu sagen, dass ich wieder da war.

Ich benötigte, zusätzlich zum in einer Zigarrenkiste aufgehobenen Taschengeld, Geld für Geburtstagsgeschenke und Konzertkarten etc. Großvater John aus Hamburg kam alljährlich auf dem Weg zur Kur in

Bad Kreuznach bei uns vorbei und zeigte großes Verständnis für meine Finanzprobleme. Jedes Mal tat er einen Hundertmarkschein in meine Sparkiste, und ich versuchte auch, etwas durch spezielle Arbeiten zu verdienen. Einmal kaufte ich Teile für ein Fahrrad, das ich zusammenbaute und dann meiner Mutter verkaufte. Sie fand, ein neues Rad koste zu viel für den wenigen Gebrauch, den sie davon machte. Sie hat es meinem Bruder John, als er größer wurde, zur Nutzung überlassen. Meinen Hang zur Musik erkennend, lieh mir Prof. Burckhardt eine Holz-Querflöte und verwies mich an einen Lehrer. Flöte wurde mein Haupt-Instrument. Ich durfte mir eine eigene mit Silberkopf und Holzkörper bauen lassen. Ich spielte sie bis vor wenigen Jahren. Vom viele Stunden Flöte Üben, bekam ich eine Bursitis in der rechten Schulter. Diathermie und Gymnastik bei Frau Many Hildebrand brachten das Problem in Ordnung. Sie wanderte später mit ihrer Tochter nach Arizona, USA, aus. Sie trainierte mich so gründlich, dass ich ein paar Jahre lang kontinuierlich zu ihr ging und letztendlich einen Salto vorwärts schaffte. Ich beschloss Musicclown wie der Schweizer Grogg, den ich bewunderte, zu werden, gab die Idee aber bald auf.

Die Machtergreifung

1933 wurde mit Hitlers Machtergreifung ein weltpolitisches Wendejahr. Einige Auswirkungen wurden mir allerdings erst sehr viel später bewusst. Zum Beispiel die Emigration «nicht arischer» Familien – Goldstein, Feiler, Gelb, die ich später in den USA wieder traf; der Tod des Bankiers Picard und seiner Frau, mit deren Tochter ich heute noch Kontakt habe; die Emigration unseres Kinderarztes Großer nach Paris, der mich einlud, aus seiner Bibliothek zu nehmen, was mir Spaß machte. Ich nahm Goethe- und Schiller-Bände und die große Brehms-Tierleben-Ausgabe. Jedes Buch hat einen «Großer»-Eigentums-Kleber. Sein Sohn Alfred machte sich einen Namen als Gelehrter in Paris. Als ich ihm in den Sechzigerjahren schrieb und ihm die Rückgabe der Sammlung anbot, fand er es anscheinend unter seiner Würde zu antworten.

Das Jahr 1933 brachte auch für mich viele Veränderungen

Ich wollte damals unbedingt mehr Barockmusik spielen und gründete mit 4 Schulkameraden ein Kammermusik-Ensemble. Aber die Kommilitonen wollten viel lieber Tanzmusik machen. Also übten wir einen Abend klassische Musik und an einem anderen Tanzmusik. Der Cellist spielte auch Schlagzeug, der zweite Geiger spielte auch Trompete, und der Bratschist hatte eine Klarinette. Unser Violin-Solist war ein echter Zigeuner, der wunderbar spielte; über ihn ist später noch zu berichten. Ich kaufte mir ein gebrauchtes Saxofon, ein Banjo und eine Geige, weil wir beschlossen hatten, auch als Streichquintett aufzutreten. Die Geige kaufte ich während einer kurzen Sommerferien-Reise mit Olly, meiner Mutter, in Verona. Als wir am berühmten Romeo-und-Julietta-Haus vorbeikamen, sah ich in einem Hochparterre Geigen im Fenster hängen und erklärte Olly, dass ich eine Geige kaufen müsste. Wir gingen hinauf, der freundliche alte Geigenbauer zeigte uns einige Exemplare. Darunter war eine tiefbraune, die mich besonders ansprach. Er gab sie mir mit einem Bogen, damit ich sie probieren könnte. Da ich noch nicht Geige spielen konnte, bat ich ihn zu seinem Erstaunen, sie mir vorzuspielen. Olly und ich waren begeistert von dem vollen, tiefen Ton. Ich kaufte das schöne Instrument samt Bogen und einer Holzkiste für den Gegenwert von 10 Dollar. Ihr Wert wurde 1990 von einem Geigenspezialisten auf mehrere tausend Franken geschätzt.

Wir nannten unsere Band «Die Blue Boys», trugen unsere Konfirmandenhosen, weiße Hemden und eine himmelblaue Krawatte. Zum Tanz konnten wir einige Male auf Vermittlung unseres Mitschülers Ernest Bing bei Veranstaltungen des französischen Konsulats auftreten. Das Honorar war ein gutes Nachtessen. Ernest und sein Vater, ein bekannter Journalist, waren Juden. Sie kehrten 1935 nach Paris zurück, wo ich Ernest 1946 wieder traf.

Papa verlässt Philipp Holzmann

Schon 1932 hatte mein Vater öfters Krach mit dem Bauingenieur Heinrich Holzmann, dem Nachkommen des Firmengründers Philipp Holzmann und überzeugten Nationalsozialisten. Er rückte in die oberste Geschäftsleitung erst auf, nachdem mein Vater Frankfurt verlassen hatte. Mein Vater, Charly, war schon 1932, vor der Machtübernahme Hitlers, von einer ruinösen Zukunft Deutschlands überzeugt und beschloss, die Familie sobald wie möglich nach den USA, seinem eigentlichen Heimatland, zu übersiedeln. Meine Eltern entschieden, dass ich in der Zwischenzeit in ein englisches College in der Schweiz geschickt würde. Johny, mein Bruder, war noch zu jung. Charly transferierte sich, er war ja der Vorstandsvorsitzende, via Sofitec AG Basel, einer Schweizer Tochterfirma von Holzmann, nach Bogota, Kolumbien. Holzmann baute damals die sehr wichtige Bahnverbindung von Medellin nach Bogota. Sein Entschluß basierte auf verschiedenen Fakten: der politischen Entwicklung in Deutschland; den damals gültigen Devisengesetzen von Finanzminister Schacht und einem äußerst günstigen Pensionsvertrag, der ihm eine Frühpensionierung mit 49 Jahren ermöglichte. Es gab auch gewisse Spannungen in der Ehe meiner Eltern. Sie ergaben sich aus der Tatsache, dass die Forschungsarbeit meiner Mutter durch die Emigration von Prof. Goldstein nach New York und die ständige Reisetätigkeit meines Vaters sie unzufrieden machten. 1933 war das erste Jahr, in dem Vater nicht mehr bei uns war.

In diesem Sommer war ich auch zu Besuch in Berlin. Ich wohnte bei den Lindemanns, Inhaber des Großen Kaufhauses. Minnie Lindemann war die Halbschwester meiner Mutter. Sie hatten ein sehr schönes Haus direkt am Wannsee und eigene Pferde. Ich durfte ohne Sattel auf der besonders zuverlässigen Columbine reiten lernen. Von da an war Reiten nach Skifahren mein wichtigster Sport. Columbine hatte eine interessante Geschichte. Sie wurde vom berühmten Schauspieler Otto Gebühr in seiner Film-Rolle als Preußenkönig Friedrich der Große geritten und hatte sehr geschmeidige Bewegungen.

Pfarrer Fresenius

1933 besuchte ich auch den Konfirmationsunterricht des Pastors Fresenius von der St.-Katharinen-Kirche. Er war Mitglied der antifaschistischen «Bekennenden Kirche» von Pastor Niemöller. Es war mir aufgefallen, dass so viele christliche und «heidnische» Feiertage aufeinanderfielen. Ich hatte gelernt, dass unser Kalender anders war als der Kalender zur Zeit Christi und dass das alte und neue Testament der Bibel, wegen der Übersetzungen, nicht Gleiches aussagten. Mir war klar, dass Maria, die Mutter von Christus, eine junge Frau und nicht eine Jungfrau gewesen war. Mit solchen und anderen Fragen überhäufte ich Pfarrer Fresenius. Er rief mich nach der zweiten Konfirmationsstunde zu sich und sagte: «Du kannst Antworten auf deine Fragen oben in der Bibliothek finden. Du kannst jedes Mal gleich dorthin gehen. Du verwirrst mir die anderen Konfirmanden mit deinen Fragen.» Das waren meine ersten entomologischen Studien, die ich sehr genoss. In gewissem Sinn als Dank verteilte ich für ihn mit dem Rad Anti-Nazi-Flugblätter in Briefkästen. Ich hatte ja schon einiges verstanden, als Vater nach Kolumbien ging. Nach der Konfirmationszeremonie in der Katharinen-Kirche gingen mein Kommilitone Costa, Constantin Budouris, seine Mutter, Olly und ich in ein kleines griechisches Restaurant in der Fressgasse und stießen mit einem Glas Retsina auf unseren neuen Status an.

Im Winter 1927/28 verbrachte meine Mutter mit uns Söhnen den Skiurlaub in St. Johann. Dort erhielt ich meinen ersten Skiunterricht in der damals neuen Schneider-Technik bei Dr. jur. Hubert Mumelter. Er war ein nicht sehr erfolgreicher Romanautor und angehender Maler und verdiente sich ein Zubrot als Skilehrer. Später wurde er auch als Karikaturist sehr bekannt. Wir trafen ihn dort auch 1929 und 1930. Danach verbrachten wir die Winterferien in den Dolomiten. Zunächst im Park-Hotel Gossensass (Colle Isarco), wo Mumelter dann als Skilehrer und Gästebetreuer tätig war. Das Hotel hatte eine Bühne, und er überredete meine Mutter, mit ihm ein Ibsen-Stück aufzuführen. In diesem Stück wird der männliche Darsteller «Der Bär» genannt. Hubert, der zum Familienfreund wurde, hatte einen typischen Tiroler-Kopf mit wilden, buschigen Haaren, stechend schwarzen Augen und wurde fortan «der Bär» genannt. Seine Skizzen und Briefe an uns unterschrieb er auch so. 1933 lud uns

Mumelter, der inzwischen zu einer Bozener Persönlichkeit geworden war, zur Eröffnung des neuen Grand Hotel Tre Croci über Cortina d'Ampezzo ein. Er war dort für die Skilehre verantwortlich. Das Hotel war damals auf reinen Luxus ausgerichtet. Zum Abendessen mussten die Damen Abendgarderobe und die Herren einen Smoking tragen. In unserem Zimmer fand ich eines Abends ein riesiges Blumengebinde mit einer Karte von einem unbekannten Verehrer: «Der unvergeßlichen Olivia Veit».

Mein Latein und die Kontakte zu Italienern ließen mich Anfang der 30er-Jahre italienisch radebrechen. Als 1932 ein mit einer Florentinerin verheirateter Prokurist bei Holzmann plötzlich gestorben war, wollte mein Vater zwei Fliegen mit einer Klappe schlagen. Damit die Witwe etwas zu tun hatte und ich mein Italienisch aufbessern konnte, ließ er sie an meinem schulfreien Nachmittag zu uns kommen, um mir gutes Italienisch beizubringen. Das Florentiner Italienisch gilt als die Hochsprache des Landes. Modernes Italienisch genügte der hoch gebildeten Dame nicht. So lehrte sie mich auch die Sprache Dantes, den ich lesen konnte, als ich in die Schweiz ging. So wurde Italienisch neben Englisch, Deutsch und Französisch ein Teil der Grundlagen meiner späteren Kommunikation.

Mein erster Skilehrer-Job

1934 traf ich auf eine Kompanie der Alpini, der italienischen Gebirgssoldaten. Ihr Hauptmann lehrte die Rekruten das Skifahren. Ich war mit ihnen unterwegs, als der Hauptmann stürzte und sich ein Bein brach. Ich organisierte den Rettungsschlitten. Als er abtransportiert wurde, rief er mir zu: «Mach weiter für mich, bis du abgelöst wirst!» Das war mein erster Skilehrer-Job. Im gleichen Jahr war Hans Steger, ein junger Münchner Schreinersohn mit Skilehrer- und Bergführer- Patent, als Hilfe für Mumelter angetreten. Er war nach Tre Croci gekommen, weil er näher bei seiner Freundin, der Bozenerin Paula Wiesinger, sein wollte. Eine Freundschaft bis an das Lebensende zwischen Olly, Hans, Paula und mir bahnte sich an. Paula war damals italienische Skimeisterin und trainierte für die Winter-

Olympiade 1936. Paula hatte eine bewundernswerte Figur und besaß als einzige Frau das Bergführer-Patent. Sie war bekannt als «Renn-Sau», denn bis ins hohe Alter von 80 Jahren rannte sie auf Skiern die Berge hinauf, ohne einen Lift zu benutzen. Bei einem 50-km-Trainingslauf bergauf, bergab durfte ich sie begleiten. Beim Abfahren konnte ich einigermaßen Schritt halten. Bergauf organisierte sie dreimal ganz schnell lokale Bauern, die sie aufforderte, «den Bua mit'm Schlitten schnell aufi z'fahre». Sie war genauso schnell zu Fuß wie die Pferde. Als meine Mutter, Hans, Paula und ich im Sommer 1935 in den Dolomiten kletterten, hatte Paula mich am Seil. Als ich im Kamin eines der Violet-Türme Schwierigkeiten hatte, weil ich etwas zu kurz war, um mich hochzustemmen, hievte sie mich ganz einfach am Seil auf den Gipfel, trotz ihrer sehr weiblich aussehenden Hände. Im Frühjahr 1934 besuchten Hans und Paula uns in Frankfurt. Mein Bett war «Kingsize». Meine Mutter ließ es mich für die beiden räumen, obwohl sie noch nicht verheiratet waren. Unkompliziertheit war unser Familien-Stil, den auch ich heute noch pflege.

Meine grösste Enttäuschung

1934 bekam ich den größten Schock meines Lebens. Er beeinflusste meine berufliche Zukunft nachhaltig und belastet mich heute noch fast täglich. Bei den Proben zu Bach-Konzerten wurde es klar, dass ich kein absolutes Gehör habe. Somit konnte ich zwar ein guter Kaffeehaus-Kapellmeister, aber nie ein großer Dirigent wie meine Idole Arturo Toscanini und Bruno Walter werden. Auch heute interessiere ich mich für Musik, sowohl für die klassische als auch die ausdrucksvolle, eher unschöne Musik unserer Zeit. Denn sie ist Ausdruck der Entwicklung unserer Welt. Wenn immer möglich höre ich, auch am Schreibtisch, jeden Tag Musik am Radio, wenn auch nur kurze Zeit. Natürlich schalte ich abends auch TV-Musikdarbietungen ein und spiele CDs und DVDs aus meiner großen Sammlung.

Damals komponierte ich einige Solo-Sonaten für Querflöte, die, wie ich später fand, zu sehr an Bach erinnerten. Dann folgte ein Lied zum Text des Gretchen-Gebetes «Ach neige Du Gnadenreiche…» für Klavier und Singstimme. Ich hatte wochenlang einfingerig den

Steinway bemüht. Als die Komposition fertig war, bat ich Olly, die Klavier-Stimme zu spielen, und ersetzte die Singstimme durch meine Flöte. Meine Mutter sagte danach: «Ich glaube, dass ich das schon mal gehört habe.» Auf mein «Klar, ich habe es ja nun lange genug hier am Klavier zusammengebaut» meinte sie: «Hast wahrscheinlich recht.» Am selben Abend ging ich ins Konzert und hörte Mendelsohns «Italienische Sinfonie» und entdeckte, dass ich eine 100%-Kopie eines tragenden Motivs erarbeitet hatte! Das war für immer meine letzte Komposition!

1930 war Herr Lohmeyer mit Frau und 4 Töchtern als neuer Oberpostdirektor nach Frankfurt gekommen. Er war ein überzeugter Deutschnationaler und Reserveoffizier. Als solcher wurde er von den Nazis in diesem Amt 1934 bestätigt. Die älteste Tochter Elisabeth hatte gerade ihr Abitur gemacht und heiratete einen Ingenieur, der bei der AEG arbeitete. Dorothea, genannt Do, trat in die Obersekunda des Lessing-Gymnasiums ein, Christa-Mette, Stine, in die Obertertia und Barbara in die Quarta, eine Klasse unter mir. Do hatte bald einen Freund, Uwe Hölscher, einen Antinazi, Sohn des bekannten Cellisten. Stine, Barbara und ich wurden schnell sehr gute Freunde. Ich ging in der Familie ein und aus. Da sie immer wieder kränklich war, besuchte ich Barbara oft und saß an ihrem Krankenbett. Sie war meine erste Liebe. 1934 schrieb ich per Hand eine Liebesnovelle über sie, aber behielt das Heft für mich. Denn trotz der vielen Zeit, die wir miteinander verbrachten und der innigen Freundschaft, die uns bis zu ihrem Tod im Jahre 1990 verband, galt ihre Jugendliebe einem anderen Mitschüler, Jürgen Hohmann, Sohn eines wohlhabenden Mediziners. Stine heiratete nach dem Abitur den Baron Mumm von Schwarzenstein. Mit ihr und ihrer Tochter bin ich nach all den Jahren immer noch in Kontakt. 1934 machten die drei und ich eine vier Tage dauernde Radtour. Da man für die Jugendherberge einen Ausweis benötigte, der aufgrund eines Fragebogens abgegeben wurde, hatte ich keinen. Er wurde «Nichtariern» nicht ausgestellt. Die Lohmeyer-Schwestern stellten mich als ihren Bruder vor, der seinen Ausweis nicht dabeihatte! Ich bin in keiner Weise abergläubig, aber finde mein Verhältnis zum Namen Barbara lustig:

Meine erste Freundin, die Heilige der Artillerie, in der ich mein Offizierspatent erhielt, die Tochter meiner ersten Bettgefährtin und meine erste Frau hießen alle Barbara.

Neben den Lohmeyers besuchte nur ein anderes Mädchen das Lessing-Gymnasium. Gretel Schott begann in der Quarta. Sie entstammte der Musikverlagsfamilie und spielte Klavier. Wir spielten gelegentlich zusammen Sonaten und kamen uns erst wirklich näher, als sie 1935 ihre Ferien bei ihrem Onkel in Genf verbrachte und ich sie mehrmals auf einer Radrundreise um den Genfersee traf.

Krach mit dem Nazi-Lehrer

1934 brachte eine große Wende in meinem Leben: Anfang Juni fanden die Südwestdeutschen Jugend-Leichtathletik-Tage statt. Ich wurde mit anderen Kommilitonen von unserem Sportlehrer zur Teilnahme aufgefordert. Ich gewann den 100-m-Lauf und war ganz gut im Weitsprung. Dafür bekam ich ein kleines Abzeichen aus Zinn mit einem Lorbeerkranz um ein Hakenkreuz. Am nächsten Tag hatten wir Biologie-Unterricht bei Herrn Prof. Ickes. Er war klein, rund und hatte als Mitglied einer schlagenden Studentenverbindung Schmisse, ganz im Gegensatz zu Dr. Ernst Bornemann, unserem Klassenlehrer, und Prof. Fahz, dem Religionslehrer. Ickes war ein typischer, verbissener Nazi. An dem Tag behandelte er die Rassenfrage und lehrte uns, dass Mischlinge grundsätzlich weniger intelligent und sportlich seien als Arier. Ich stand auf und fragte ihn: «Herr Professor, wie kommt es, dass der Jude Lorch Klassenbester ist, der Halbjude Meissner zweitbester und ich als Mischling gerade die 100 m gegen lauter Arier gewonnen habe?» Er brüllte mich an: «Halt den Mund, setz dich.» So viel Dummheit reichte mir. Ich nahm meine Tasche, stand auf und ging, wobei ich ihm laut zurief: «Solchen Blödsinn muss ich mir von Ihnen nicht gefallen lassen.» Dann ging ich zum Gymnasiumsdirektor Leonhardt, erzählte ihm den Vorfall und sagte, dass ich hiermit das Lessing-Gymnasium verlassen würde. Es war ihm offensichtlich peinlich, und er versuchte, mich umzustimmen. Meine Mutter war zu der Zeit mit Minnie, ihrer MS-kranken

Halbschwester, in Ägypten. Ich sandte ihr ein Kabel ins Hotel und sagte, dass ich das Gymmnasium verlassen hätte und nun in die Schweiz ginge. Ich wusste, wohin meine Eltern geplant hatten, mich eines Tages zu schicken. Sie kabelte prompt zurück: «Bitte warte, bis ich zurück bin.» Im September fuhren wir dann nach Territet am Genfersee, wo ich in das Institut Fisher eintrat.

3. Kapitel

Schweiz – London – Amerika

In der Schweiz: Im Internat von Mrs. Fisher

Ich war schon als Kind zu selbstständigem Handeln erzogen worden, so dass ich eigentlich unbekümmert mein neues Leben begann. Immerhin waren meine Eltern sehr weit weg und auch nicht schnell erreichbar. Vater Charly war in Kolumbien und Mutter Olly war mit den Umzugvorbereitungen für die beiden Haushalte, Großmutters und unserem, von Frankfurt nach Berlin beschäftigt. Aber meine Eltern hatten auch diesmal meine Eigenverantwortung herausgefordert und bestätigt. Sie hatten arrangiert, dass ich die monatlichen Internatskosten von der Bank persönlich in Empfang nehmen und Mrs. Fisher, der Inhaberin und Leiterin des Instituts, geben sollte. Sie war eine durchaus kostenbewusste, wohlbeleibte Inderin. Aus meinen Unterlagen hatte sie ersehen, dass ich, trotz meiner Jugend, schon als Skilehrer aufgetreten war. In ihrem Stab befand sich keiner, der das konnte. So erhielt ich bei meiner Ankunft ein Einzelzimmer auf der obersten, der Lehrer-Etage. Darunter waren die Schülerinnen und unter ihnen die Schüler in Zweierzimmern untergebracht. Ich hatte ein kleines Zimmer mit eigenem Bad. Die alten Mauern des Instituts waren sehr dick und mein Fenster ziemlich hoch und klein, aber auf den Zehenspitzen stehend, sah ich vor mir den Genfersee mit dem berühmten Schloss Chillon. Noch heute habe ich dieses Bild vor Augen. Es beeindruckte mich besonders, weil ich im Fach englische Literatur Lord Byrons Gedicht «The prisoner of Chillon»,der Gefangene von Chillon, gelesen hatte. Bis zu meiner Ankunft im College in Territet war ich punkto Aufräumen sehr verwöhnt gewesen. Spielzeug und später Musikinstrumente lagen überall herum, und wenn unser Hausmädchen Käthe nicht aufräumte, tat es meine Freundin Barbara von Zeit zu Zeit. Kurz nach dem Einzug in mein Zimmer lagen meine Musikinstrumente herum. Das Hausmädchen machte mein Bett nicht und putzte wenig. Ich beschwerte mich bei Mrs. Fisher und sagte, dass ich viel Geld für guten Service zahle. Sie rief in meiner Gegenwart das Putzmädchen und stellte sie zur Rede. Diese sagte: «Ich rühre die Musikinstrumente nicht an, sonst bin ich noch schuld, wenn was nicht in Ordnung ist. Wenn der junge Herr sein Zimmer aufräumt, putze ich es gerne.» Der Blick, den mir Mrs. Fisher gab, genügte. Ich schämte mich, sah ein, dass das Dienstmädchen absolut recht hatte und dass es an mir lag, in geordneten Verhältnissen zu leben. Seit der Zeit halte ich meine Wohnung in Ordnung, lasse nichts herumliegen, manchmal im Gegensatz zu meiner ersten und meiner zweiten Frau.

Zu den angebotenen Lehrfächern gehörten neben den für das Abgangs-Zertifikat benötigten Kursen wie Sprachen, Literatur, Mathematik und Geschichte auch diverse Sportarten, Gesellschaftstanz und Benehmen in Gesellschaft. Ich machte zunächst überall mit und benötigte einiges an Kleidung und Geräten für Tennis, Eishockey und Landhockey. Eine Skiausrüstung hatte ich und setzte sie nur ein paarmal ein, als ich einige Kommilitonen zum Skiunterricht am Rochers de Naye mitnahm. Unser Tennislehrer war Jimmy Fisher, Sohn von Mrs. Fisher und Mitglied des Schweizer Davis-Cup-Teams. Landhockey gab ich auf, nachdem ein Kommilitone im Goal, den Mund offen, etwas rief und ein Ball ihm direkt in den Mund geschossen wurde. Die Zähne blieben ihm, aber der Mund verkrampfte sich so, dass ein Arzt dem Armen den Ball unter einer Teilnarkose rausholen musste. Ich hatte ein Tourenfahrrad, das ich in Frankfurt zur Fahrt ins Lessing-Gymnasium und dort auch zum Kunstradfahren benutzte. In Territet setzte ich es oft ein. Ich besuchte während der deutschen Schulferien meine Schulfreundin und Klavierspielerin Gretel Schott auf Tagesfahrten rund um den See bei ihrem Onkel in Genf.

Das Thema «Manners», Benehmen in der Gesellschaft, wurde von einer pensionierten, typisch englischen «Spinster» mittels «Afternoon High Teas» behandelt. Die Lektion fand in ihrer Wohnung in Lausanne mit Hilfe eines extra zu diesem Anlass engagierten Butlers statt. Wer teilnehmen wollte, musste einen kostenpflichtigen Schulbus benutzen oder konnte wie ich von Territet via Montreux und Vevey mit dem Rad nach Lausanne fahren. Französisch war eine Fremdsprache für alle Schüler des Instituts, daher gehörte zur «Benimm-Lektion, dass nur Französisch gesprochen werden durfte. Im Winter 1935 war ich einige Male am Wochenende Skifahren und nicht in Lausanne. Als ich dann wieder erschien, sagte die Gastgeberin zu mir auf Französisch: «Ich habe Sie lange nicht gesehen!» (Ich sprach damals fließend Italienisch, aber noch nicht so gut Französisch. «Skifahren» spricht man auf Italienisch «schiare» aus und auf Französisch «skier», denn «schier» heißt auf Französisch «scheißen.» Ich antwortete in Unschuld und guter Absicht in meinem damaligen Französisch: «Ja, ich war halt scheissen.» Darauf rief sie den Butler und befahl ihm: «Wirf ihn raus.» Ich wusste nicht warum, aber ich hatte zu gehen. Danach versuchte ich eine Woche lang von meinen lachenden Kommilitonen herauszufinden, was ich Schlimmes gesagt hätte. Keiner wollte mich aufklären. Es musste etwas Anrüchiges sein. So getraute ich mich nicht, unsere sehr alte, gebrechliche Französisch-Lehrerin Mlle. Bonvin, eine hübsche junge Lehrerin, die mir gefiel, oder die blutjunge Englisch-Lehrerin Miss Bridget de Courcy, eine sehr attraktive rothaarige Schottin, zu fragen. Nach einer Woche hatte Ignacio Portocarero, aus dem Präsidialclan von Nicaragua, Mitleid mit mir und klärte mich auf. Ich ließ der «Miss» in Lausanne ausrichten, ich hätte ihr stupides Benehmen nicht nötig, und ging nie wieder hin. An den formalen Gesellschaftstanz-Stunden nahm ich teil: Aufstehen – vor die Dame treten – Verbeugung mit Bitte zum Tanz – wo gehört welche Hand hin, wohin nicht – Körperabstand wahren – Dame zurückführen – Verbeugung mit Danksagung. Meine bevorzugte Partnerin war die 17-jährige Anita Gütermann aus dem Haus Gütermann Nähseiden. Sie war mit ihrer jüngeren Schwester im Internat, die 1942 Herbert von Karajans zweite Frau wurde und mit ihm nach Italien floh, wo die beiden bis nach Kriegsende blieben.

Ein Vater – Sohn-Gespräch

Anfang des Sommers 1935 kam mein Vater kurz nach Europa. Ich traf ihn in Lugano und ging mit ihm auf ein paar Tage nach Berlin. Wir wohnten im berühmten Hotel Adlon. Dort führten wir ein für mich zukunftbestimmendes Vater-Sohn-Gespräch. Dad sagte: «Bald machst du deinen Schulabschluss und musst entscheiden, was du studieren und werden willst.» Ich erklärte ihm, was ich schon früher gesagt hatte, dass ich ja leider kein Dirigent werden könne und sonst nicht wüsste, was ich tun sollte. «Dann werde doch ein Manager wie ich», antwortete er. In jugendlicher Gedankenlosigkeit hatte ich die Unverfrorenheit zu sagen: «So was Langweiliges!» Ich halte es Charly, meinem Vater, dem so erfolgreichen Manager, heute noch zugute, dass er mir nicht die zweite Ohrfeige meines Lebens verpasste. Er machte mir einen Vorschlag: «Du liest die derzeit gültige Volkswirtschafts-Lehre, den ‹Obst›, 2 Bände mit je etwa 800 Seiten. Wenn du das gelesen hast, eröffne ich dir ein Konto mit 5000 $ in New York. Dann kannst du das teuerste Studium, die Medizin, beginnen oder mit einer bildschönen Hure eine Reise um die Welt machen, oder dir einen Gemüseladen kaufen. Ich rate dir, kauf den Laden, dann hast du wenigstens immer was zu essen! «Er bestellte daraufhin Getränke aufs Zimmer und gab mir meinen ersten Schluck Whisky zum Anstoßen auf einen vernünftigen Entschluss meinerseits. Ich fand das «Zeug» nicht besonders gut. Cognac hatte ich schon gekostet und fand ihn viel besser. Die Wichtigkeit des Augenblicks wurde mir erst Tage später bewusst, als ich den «Obst» kaufte.

Olly war einige Jahre im Herbst mit Hans und Paula Steger in den Dolomiten zum Klettern. König Albert von Belgien tat das auch. Sie musste immer warten, bis er zurück nach Belgien fuhr, bevor sie die Stegers treffen konnte. Alberts Sohn Leopold III und seine Frau Prinzessin Astrid begannen mit Stegers zu klettern, nachdem Albert bei einer Kletterübung in Belgien tödlich verunglückt war. Leopold bekam ein tiefgründiges Vertrauen in Hans Steger. Im August 1935 waren Leopold und Astrid auf der Rückfahrt aus den Dolomiten, als sie bei Küssnacht am Vierwaldstädtersee verunglückten und Astrid an der Unfallstelle verblutete. Leopold litt sehr unter dem Tod seiner Frau. Er zog sich für einige Wochen zurück in eine Hütte am Meer und bat den äußerst natürlichen Bergmenschen Hans Steger, als Freund ihm alleine Gesellschaft zu leisten.

Umzug nach London

Im Frühjahr 1936 bestand ich das Examen für das Oxford School Certificate und zog nach London. Meine Cousine Lolo Bergenthal hatte mir ein Zimmer in Finchley, an der West-Seite des Regents Parks, gefunden. Ich schrieb mich an der London School of Economics für Buchhaltung (Accounting) und gleichzeitig am Pittman College für Hand- und Maschinen-Kurzschrift ein. Als Erstes nutzte ich die Möglichkeit, dass man mit 16 in England seinen Führerschein machen konnte. Fahren hatte ich illegalerweise unter den Augen meiner Mutter in ihrem «Wanderer» geübt. Mit dem Ausweis in der Hand kaufte ich einen uralten, kleinen Austin Mini dessen Anlasser nicht immer funktionierte. Ich musste ihn so parkieren, dass ich ihn abwärts in Richtung Finchley Road rollen lassen konnte, um den Motor in Gang zu bringen. Den Pittman-Kurs beendete ich mit einem Examen und bekam prompt ein Angebot, Gerichtsschreiber in Neuseeland zu werden. Eine Schiffspassage in der dritten Klasse würde bezahlt wie auch eine Rückfahrt, aber frühestens nach 3 Jahren. Das offerierte Gehalt war nicht besonders interessant. Ich wollte weder aus der Gerichtsschreiberei einen Beruf machen, noch reizte mich die lange Fahrt im untersten Schiffsdeck. So lehnte ich also dankend ab.

In London hatte ich neben dem Studium viele für mich wichtige Erlebnisse. Im Sommer 1936 lud mich Carl Ebert, der ehemalige Schauspiel-Direktor in Berlin und Frankfurt, der meine Mutter gut kannte, zum Mozart-Opern-Festival in Glyndebourne ein. Das kleine Haus mit 300 Sitzen lag in einem sehr gepflegten Park, wo die Gäste in der einstündigen Pause mit Champagner und Kaviar auf dem Rasen und in Zelten verwöhnt wurden. Die Preise entsprachen dem

Stil und Abendkleidung war «de rigeur». Ich war einige Abende eingeladen. Ich traf den Gastgeber, John Christie, und seine Frau, eine kanadische Sopranistin, für die er ursprünglich sein Landhaus um den Operntrakt erweitern ließ. Ich sprach auch kurz mit Fritz Busch, dem Dirigenten und Bruder des Geigers Adolph, dessen Frau die Schwester des Pianisten Rudolph Serkin war. Die Buschs waren Freunde von Grete Altschul in Düsseldorf, der engen Freundin meiner Mutter, die das erste Treffen meiner Eltern organisiert hatte. So schloss sich ein Kreis. Meine Kosten beschränkten sich auf die Miete für den Smoking und das Dritte-Klasse-Billet für die Fahrt. Die Musik in dieser Atmosphäre übertraf alles, was ich in späteren Jahren selbst in Salzburg erlebte.

Während der Semesterferien begleitete ich auch Olly und Johny auf einer Kreuzfahrt von Triest nach Athen. Endlich befand ich mich im Land der Griechen, über die ich im Gymnasium so viel, teilweise im Original, gelesen hatte. Ich hatte mich damit gebrüstet, dass ich mich auf Griechisch unterhalten würde, und empfand es als beschämend, von dem Unterschied zwischen Alt- und Neu-Griechisch nichts gewusst zu haben. Ich lernte auch, dass die schuldeutsche Aussprache wenig mit dem Originalton zu tun hatte. Johny fühlte sich nicht wohl, als wir in Athen ankamen. Mittags im Hotel Continental sollte ich für ihn Milch bestellen. Mein griechischer Auftrag resultierte in Eiscreme mit viel Schlagsahne. Mit rotem Gesicht korrigierte ich meine Bestellung in Französisch, was der französische Kellner lachend verstand.

Ich werde Kolumbianer

In London zurück, fand ich einen Brief aus Bogota vor, worin Charly mir mitteilte, dass die Familie nun die kolumbianische Staatsbürgerschaft besaß. Ich sollte meinen Pass in der Botschaft abholen. Dieser interimistische Fahnenwechsel betraf meine Eltern und meinen Bruder eigentlich mehr als mich: In Bogota war Charly mit Alfonso Lopez, dem damaligen, sehr liberalen kolumbianischen Präsidenten, gut befreundet. Lopez vertrat nach seiner zweiten Amtszeit

Kolumbien an der ersten UNO-Versammlung im Jahre1946 und leitete den UN-Sicherheitsrat 1947. Mein Vater erzählte, als er 1937 nach New York kam, dass er im Herbst 1935 während eines Treffens mit dem Präsidenten sehr verärgert auf die deutschen Nazis schimpfte, insbesondere auf den deutschen Botschafter, mit dem er als Chef von Ph. Holzmann Kolumbien zu tun hatte. Lopez bot darauf «seinem amigo» Don Carlos, der durch den Bau der Medellin-Bogota-Bahn, so viel für Kolumbien getan habe, die kolumbianische Staatsbürgerschaft an. Damals erkauften sich viele Flüchtlinge südamerikanische Staatsbürgerschaften. Charly lehnte dankend ab und sagte dem Präsidenten, dass er erstens keine Staatsbürgerschaft kaufe und zweitens bereits Vorkehrungen getroffen habe, eines Tages wieder US-Amerikaner zu sein. Lopez erklärte, dass der Senat von Kolumbien gerne ihm und seiner Familie, mit der Verleihung der Staatbürgerschaft für das, was er für das Land getan habe, danken würde. Charly akzeptierte freudig die Gelegenheit, endlich den verdammten deutschen Pass loszuwerden. Aus vier Einzelfotos ließ er ein Familien-Passbild fertigen, das auf den Senatsbeschluss gedruckt wurde. Er forderte mich in London auf, meinen neuen Pass bei der kolumbianischen Botschaft abzuholen. Mir war klar, dass der Botschafter über die Freundschaft zum Präsidenten informiert war. Ich fand, ich dürfte weder meinen Vater noch mich blamieren, indem ich mich nicht auf Spanisch unterhalten könnte. Ich konnte gut Latein, fließend Italienisch und Französisch und hatte eine kleine Ahnung von Spanisch. So kaufte ich mir einen Spanisch-Schnellkurs und schob meinen Besuch in der Botschaft ein paar Wochen hinaus. Als ich dann hinging, wurde ich, wie erwartet, zum Botschafter gebracht, der mir meinen Pass während eines netten Gesprächs aushändigte. Acht Jahre später waren mir meine Spanischkenntnisse beruflich sehr von Nutzen.

Außer meiner Cousine und ihrem jüngeren Bruder kannte ich niemanden in London. Ich freundete mich mit Mary, einer blonden Kommilitonin an der Universität, an. Wir trafen uns öfters im St. James Park über Mittag, unterhielten uns, hielten Händchen beim Spaziergang, gaben uns einen zaghaften Kuss auf die Wange, und das war's. Im Sommer 1937 hätte das dann bei der jungen, üppigen, schwarzhaarigen Maja ganz anders sein können, war's aber nicht, weil ich letztendlich zu scheu und unerfahren im intimen Umgang mit erwachsenen Mädchen war. Ich wollte die Pariser Weltausstellung besuchen und lud sie dazu ein. Im Nachhinein wurde mir klar, dass sie eigentlich im kleinen Hotel erwartete, mit mir nicht nur «breakfast», sondern auch «bed» zu teilen. Ich hatte zwei Zimmer reserviert, traute mich aber nicht, den nächsten Schritt zu tun. Kurz nach unserer Rückkehr nach London trennten sich unsere Wege. Ich fuhr nach New York und verlor jeden Kontakt mit meinen englischen Freundinnen.

Mit Salvador Dalí nach New York …

Ende September packte ich meine sieben Sachen und fuhr mit Olly nach New York. An Bord fiel mir ein sehr eingebildet auftretender Mann mit einem wild gebogenen Schnurrbart auf. Er diskutierte gestikulierend auf Spanisch mit einer etwas älter scheinenden Frau. Am folgenden Tag sah ich ihn im großen Salon eifrig auf einem Zeichenblock skizzieren. Ich sprach ihn auf Spanisch an, was ihn anscheinend so erstaunte, dass er bereit war, sich mit mir zu unterhalten. Er stellte sich als Salvador Dalí, Maler, vor und ich mich als Enkel gleichen Namens des amerikanischen Malers Toby E. Rosenthal. Mir war damals Dalí völlig unbekannt. Ich verwies auf meines Großvaters bekanntes Bach-Bild. Da stieß seine Frau Gala zu uns. Dalí hub in einem schnellen spanischen Wortschwall an, mir eine Lektion über die Entwicklung der Malstile zu erteilen. Er machte mir klar, dass der Genre-Stil meines Großvaters absolut out war und sein Surrealismus das einzig Wahre sei. Sein ernüchterndes Urteil über den Stil der Zeit meines Großvaters blieb mir für immer im Kopf.

Wir landeten am fünften Oktober und gingen ins Hotel Croyden auf der East Side. Bald fanden wir auch ein Zimmer für mich in der Westend Avenue 670 bei Dr. Albert Dingmann, einem netten, rundlichen deutschen Kinderarzt und seiner hochattraktiven Frau Ruth. Meine Mutter trat die Rückfahrt nach Berlin an und überließ mich meinem

Schicksal im guten Glauben, dass ich mich jederzeit an Prof. Kurt Goldstein und seine Familie wenden könnte. Er war der Frankfurter Neurologe, mit dem sie Hirnforschung betrieben und der meine Meningitis-Operation durchgeführt hatte. Er war schon 1933 nach New York ausgewandert und hatte sich in Manhattan als Arzt niedergelassen.

4. Kapitel

Ein junger Mann in den USA

Alleine

Auf der Überfahrt hatte ich den Stadtplan von New York gründlich studiert, um meine neue Heimat schnell kennenzulernen. Zunächst wollte ich mir ein Bild dieser riesigen Stadt machen und Manhattan erkunden. Ich wanderte tagelang, zu Fuß und mit Bussen auf der Westseite von der 68. Strasse bis zu den Landestegen der Staten-Island-Fähren. Nach jedem Teilstück fuhr ich mit der U-Bahn zurück zur Haltestelle an der 72. Strasse. Dann tat ich das Gleiche auf der Ostseite beginnend von der Fähren-Station bis zum Ende des Central Parks. Für die insgesamt über 40 km benötigte ich fast eine Woche, fühlte mich aber dann heimisch. Während dieser Woche hätte ich genügend Zeit gehabt, mich endlich zu entschließen, was ich eigentlich werden wollte. Den Traumberuf eines Dirigenten hatte ich ja definitiv abgeschrieben. Da ich immer noch keine endgültige Lösung fand, dachte ich, dass es mir im Leben sicher gut tun würde, etwas von Finanzen zu verstehen. Der erste Job meines Vaters war bei der Deutschen Bank in London gewesen, und das schien ihm gut zustatten gekommen zu sein. Ich sandte ihm ein Telegramm und fragte, ob er mir einen Job bei einer Bank besorgen könnte. Er kontaktierte seinen guten Bekannten Max Warburg, Chef der angesehenen Hamburger Banken-Gruppe. Warburg war damals maßgeblich beteiligt an der New Yorker Bank of The Manhattan Company, einer der ältesten Banken der USA. Warburg informierte seinen Sohn Erik, der an der Wallstreet Nr. 40 im Hochparterre in einem luxuriösen, holzgetäfelten Büro mit einem imponierenden, weichen Teppich den Aufsichtsrat der Bank präsidierte. Er ließ mich kommen, befragte mich auf Deutsch über mein Leben und sagte dann befriedigt:

45

«Well Toby, nun hast du den Marschallstab im Tornister, ich wünsche dir viel Glück.» Er rief den Personalchef, sagte ihm, er solle mich anstellen, und sagte: «See you again, Toby», was dem Personalchef, einem netten Herren mit viel Glatze und wenigen, ganz kurzen schwarzen Haaren, offensichtlich imponierte. Er ließ mich einige Formulare ausfüllen und unterschreiben. So erfuhr ich, dass ich als Page Boy mit einem Wochenlohn von 13.20 $ angestellt war. Im langen Gang vor seinem Büro hingen Uniformen, er forderte mich auf, mir eine passende auszusuchen und anzuziehen. Dann rief er Jack, den Chef der Page Boys, stellte mich ihm vor und forderte ihn auf, mir das Bedienen der Aufzüge zu zeigen.

Eine amerikanische Karriere

So begann ich meine Karriere, in typisch amerikanischer Manier, ziemlich weit unten. Gleich zu Beginn löste ich in der Belegschaft Erstaunen aus, als ich in Page-Boy-Uniform an einem Kassenschalter Geld von meinem Konto abhob. Der Kassierer stellte zunächst meine Berechtigung in Frage, denn ein uniformierter Page hatte eigentlich kein Konto bei einer ehrwürdigen Großbank. Nach kurzer Zeit wurde ich in die nächsthöhere Position zur Postverteilung in der Auslandsabteilung «befördert». Ich wollte schnellstens so viel wie möglich lernen, darum las ich in den Briefen und Dokumenten, die ich herum trug. Sehr bald merkten die Männer in der Kreditbrief-Sektion, dass ich fließend, Deutsch, Französisch, Italienisch und Spanisch lesen konnte. Sie arrangierten mit der Personalabteilung, dass ich in der Kreditbrief-Sektion arbeiten sollte. Dem Personalchef und mir war es recht. Ich lernte etwas und er sparte Lohnkosten. Für das Studium an einer amerikanischen Universität benötigte ich ein «College Equivalent Certificate». Ohne ein solches hätte ich vor der Uni zunächst zwei Jahre College-Studium absolvieren müssen. Ich kombinierte das Gute mit dem Nützlichen und schrieb mich am American Institute of Banking der American Bankers Association, das mit der Columbia University liiert war, ein und belegte einen Kurs in International Finance. Das Studium sollte einmal in der Woche an einem Abend stattfinden. Ich wollte das Ganze schnell hinter mich bringen und erhielt die Erlaubnis, das Studium an vier Abenden in der Woche mit einer abschließenden Diplomarbeit in einem Jahr durchzuziehen. Das von mir selbst zu bestimmende Thema war «The Value of Money». Es befaßte sich mit den wechselnden Devisen-Kursen. Das Institut befand sich im Woolworth Tower, den ich sehr einfach mit der U-Bahn von der Nassau Street Station erreichen konnte. Bald machte ich eine mich beeindruckende Entdeckung: Man kann, wenn man will, den Körper an einen Rhythmus gewöhnen. Ich stieg in die Bahn, schlief sofort ein und wachte einige Stationen später, als ich aussteigen musste, automatisch wieder auf. Nur einmal klappte es nicht, und ich musste an der 42. Strasse umsteigen und zurückfahren.

Familienbesuch

Zu Weihnachten ließ mein Vater mich wissen, dass er im Januar nach New York käme. Er kam am zweiten Januar, begleitet von «Tante Pushi». Sie hieß eigentlich Friedel Falk und war eine sehr attraktive, schlanke Blondine mit großen blauen Augen. Ich kannte sie als «die Märchentante vom Hessischen Rundfunk» und Bekannte meiner Eltern. Auch ihren Sohn Leo, einen hoch gewachsenen, rothaarigen Gymnasiasten mit Sommersprossen, der fünf Jahre älter war als ich, kannte ich. In den vielen Gesprächen, die ich mit Tante Pushi während ihres Aufenthaltes in New York führte, erfuhr ich viel über ihr Leben. Sie war sechs Jahre jünger als Charly, mein Vater. Anfang 1914 hatte sie, zwanzigjährig, geheiratet. Ihr Mann fiel als Leutnant in den ersten Kriegstagen, bevor noch ihr Kind geboren wurde. Ihr Verhältnis zum aufmüpfigen Sohn war angespannt. Als dieser 1932 nach dem Abitur mit einem Freund nach Nairobi in Kenia auswandern wollte, ließ sie ihn ziehen. Er lernte dort Automechaniker, gründete später einen eigenen Betrieb und heiratete 1940 eine Engländerin, die mit ihrer Schwiegermutter nicht zu Rand kam. Pushi zog 1933 zu meinem Vater nach Bogotá. Für ihn war es, wie er mir in New York sagte, als wir Zukunftspläne besprachen, eine freundschaftliche Bindung. Ich nahm das zur Kenntnis, im Wissen, dass nach seiner Abreise nach Bogotá Olly, meine Mutter, einen Flirt mit dem Chef von Holzmann Argentinien hatte.

Letzte Begegnung mit meinem Vater

Für die Zeit nach seiner geplanten Frühpensionierung im Juni 1938 hatte Charly bereits eine Anstellung in leitender Position in der Export-Abteilung von General Motors angenommen. Das Export-Büro von GM war in Jersey City am Hudson-Fluß, gegenüber von Manhattan. Wir besprachen, wo die Familie ein Haus suchen sollte, so dass er gut ins Büro und ich nach Manhattan gelangen könnte. Der wahre Grund seiner New Yorker Reise war seine Krankheit, wie ich nach seiner Ankunft erfuhr. Er hatte eine Röntgen-Therapie mit dem Radiologen Prof. Furtwängler vereinbart, um einen Thrombus in der Lunge, der von einer blutigen Fersenverletzung stammte, zu entfernen. Der Arzt hatte zu diesem Zweck zwei Zimmer im Hotel Croyden reserviert und in einem bereits einen Bestrahlungsapparat aufbauen lassen. Als nach drei Wochen der Thrombus kleiner zu werden schien, waren wir zuversichtlich, dass alles gut werden würde. Aber am 4. Februar rief mich Pushi in der Bank an und sagte, ich solle sofort kommen. Der Thrombus war nicht kleiner geworden, sondern hatte sich gedreht und war in die Aorta eingebrochen, so dass Charly in wenigen Minuten verblutet war. Pushi hatte in der Erwartung seiner baldigen Genesung ihre Reise nach Nairobi zu ihrem Sohn gebucht und reiste am nächsten Tag ab.

Ich ändere meinen Namen

Mir wurde bewußt, dass ich nun als 18-Jähriger das älteste männliche Wesen in unserer Familie war und ich mich der Verantwortung stellen musste. Ich wollte meine Zukunft in eigener Verantwortung, auf Grund eigener Leistung und nicht als Enkel des in ganz Amerika berühmten Malers und als Sohn eines bekannten Geschäftsmanns gestalten. So beschloss ich, meinen Namen zu ändern, und kreierte Rodes (Ro vom alten Namen), er sollte kurz und in allen Sprachen geläufig auszusprechen sein. Meine Mutter und mein Bruder nahmen den Namen an, als sie 1941 nach Amerika kamen.

Nach Vaters Tod musste zunächst alles sehr schnell gehen. Das Hotel-Management bestand darauf, den Leichnam noch am Todestag in der Nacht wegzubringen. Ich kontaktierte das nächstliegende Bestattungsunternehmen, und sie taten das Nötige. Die Höhe der Bestattungskosten erstaunte mich. Ich wusste nicht, dass es üblich war, den Leichnam zu waschen, zu schminken und schön gekleidet aufzubahren, bevor er besucht werden konnte. Ich hatte meinen Vater tot gesehen und fand diesen Kult unnötig. Schließlich war ich der einzige Betroffene vor Ort.

Zunächst aber galt meine Sorge meiner Mutter. Deutschland hatte die harten Devisengesetze, und ich war sicher, die kriminellen Nazis würden, wenn sie vom Tod meines Vaters wüßten, meine Olly und Johny in Deutschland festhalten, bis der letzte Dollar, den mein Vater im Ausland hatte, zurückgeflossen sei. Ich sandte ein Kabel an meine Tante Nelly Bergenthal, die Schwester meines Vaters, die mit ihrem Mann, einem Banquier, in Den Haag in Holland lebte, und bat sie, Olly telefonisch zu informieren und ihr zu sagen, dass sie sofort mit aller tragbaren Habe Berlin verlassen müßte. Sie sollte besonders alles Wertvolle wie Schmuck und Geld mitnehmen. Ich wusste, dass sie immer noch besorgt war, dass mein Bruder Johny die Höhe von Bogotá nicht gut vertragen würde. Deshalb war ich sehr beruhigt, als ich ein paar Tage später von ihr aus Paris hörte und ihr mitteilen konnte, dass sie nicht zu kommen brauchte, wenn in wenigen Tagen die Kremierung auf dem Forest-Hill-Friedhof stattfand. Die Bank hatte mir ein paar Tage Urlaub gegeben, und so konnte ich alles erledigen. Ich war so unter Druck gewesen, dass ich erst Tränen bekam, als der Sarg in der Trauerkapelle zum Ofen rollte und ein Harmonium mit Schuberts Liebeslied «Leise flehen meine Lieder» erklang. Man hatte mich gefragt, welches Musikstück man spielen sollte, und ich hatte den Trauermarsch von Schubert genannt. Anscheinend kannte der Organist nur Schubert-Lieder.

Die Atmosphäre der Emigranten

Von diesem Tag an lebte ich viel intensiver und bewusster. Meine Wochentage waren mit Arbeit und Studium voll ausgefüllt. An Wochenenden besuchte ich Konzerte und ging ein paarmal in die Metropolitan-Oper. Ich traf durch meine Vermieter deutsche Flüchtlinge und im Sommer durch meine Kusine Eva Schürmann, die mit ihrem Mann Georg aus Spanien nach New York umgezogen war. Er entstammte einer alteingesessenen Rheinländischen Kräuter-Handels-Familie, deren Aktivitäten er, zunächst in Madrid, dann in New York fortsetzte. Er amerikanisierte den Namen in George Shurman und integrierte sich schnell. Sie war die Tochter der Halbschwester meiner Mutter und mir nicht sehr sympathisch, seit ich sie in Berlin als verwöhnte Tochter des sehr wohlhabenden Kaufhaus-Besitzers, Paul Lindemann kennenlernte. Sie ging damals auf ein teures Gymnasium, wohnte in einer riesigen Villa am Rupenhorn, kommandierte die Dienstboten herum und nahm an kommunistischen Manifestationen teil. Mir paßte die Atmosphäre, die bei den meisten deutschen Emigranten herrschte, nicht. Dennoch fand ich ein paar nette Kontakte durch eine voll integrierte Jugendfreundin meiner Kusine. Durch sie lernte ich die Brüder Walter und Helmut Kuhn kennen, die eine Fechtschule betrieben. Ich kaufte mir die nötige Ausrüstung und lernte Florettfechten, was mir viel Spass machte. Meinen Lieblingssport, neben Skifahren, das Reiten, betrieb ich eifrig im Central Park. Im Winter 1937 war ich an ein paar Sonntagen zum Skifahren mit der Campus Coach Line in die Adirondak-Berge in Upper New York State gefahren. Auf einem dieser Ausflüge schloss ich Freundschaft mit einer jungen Skifahrerin, Ann Meuer. Wir wurden gute, platonische Freunde. Im März 1938 kaufte ich einen uralten Plymouth und holte mir einen New-York-State-Führerschein auf der Basis meines englischen. Wir unternahmen etliche Ausflüge mit dem Wagen. Leider fanden ihre Mutter und ältere Schwester unsere Zuneigung nicht so gut.

Touristiker und Skilehrer im Nebenamt

Da lernte ich Sohn und Tochter des Inhabers der Campus-Coach Busgesellschaft kennen. Sie wollten ihre Aktivitäten ausdehnen. Ich schlug vor, im Winter zusätzlich zum Transport Skiunterricht anzubieten. Daraus entwickelte sich 1939 eine fruchtbare Zusammenarbeit. Wir organisierten, je nach Wetterlage, ein- oder zweitägige

Fahrten in die Skigebiete von Pennsylvania, New Jersey, New York, New Hampshire und Vermont. Unter Immigranten fand ich erfahrene Skifahrer, denen ich mein Lehrkonzept für Anfänger beibrachte. Zwei hatten Erfahrung als Hilfsskilehrer, sie konnte ich für Fortgeschrittene einsetzen. Wir gründeten den «Ski-Club 40», entwarfen ein Klub-Logo, das auf Stoffetiketten aufgebracht an die Skijacke geheftet werden konnte, und verkauften es an die «Mitglieder», unsere Kunden. Zwischen 1939 und 1941 hatte ich zeitweise zehn Skilehrer im Einsatz, und wir errechneten, dass wir etwa 1000 Personen beider Geschlechter im Alter von 5 bis 80 Jahren erstmals auf die Ski gestellt hatten. Im Rahmen unseres Marketing-Efforts gab ich im Dezember 1940 am Barnard College, das zur Columbia-Universität gehörte, einen Ski-Gymnastikkurs für Mädchen. 1941 veranstaltete ich für Barnard-College-Studentinnen eine einwöchige Skiwanderung in Kanada.

Ein unvergesslicher Vorfall sollte mir plötzlich zeigen, wie wichtig es ist, sich über eine Verantwortung, die man übernimmt, im Detail Gedanken zu machen. Ich betreute, zusammen mit einem Assistenten, eine Gruppe junger Skifahrer auf einer Wochenend-Fahrt zum Mount Washington in den White Mountains in New Hampshire. Als wir etwa drei Viertel des Aufstiegs geschafft hatten, kollabierte eine sechzehnjährige Schülerin. Ich baute aus drei paar Skis einen Rettungsschlitten, ließ den Hilfsskilehrer mit den anderen zurückfahren, brachte das Mädchen schließlich mithilfe ihrer Freundin zurück ins Hotel. Es war so kalt, dass ich alle paar Hundert Meter stoppte, um die Ohnmächtige etwas zu wärmen. Im Hotel angekommen, kam sie wieder zu sich. Wir brachten sie zu Bett, und ich ließ einen Arzt kommen. Er untersuchte sie und stellte fest, dass sie eine Herzschwäche hatte und niemals eine anstrengende Tour auf einen hohen Berg hätte machen dürfen. Ich verbrachte die Nacht an ihrem Bett. Als sie sich wieder wohl fühlte, gestand sie mir, dass sie und ihre Eltern um ihr Herzproblem wussten. Ich erklärte ihr, in welche Lage sie mich versetzt hätte, wenn sie nicht überlebt hätte. Als ich sie dann endlich in New York zu Hause ablieferte, beschimpfte ich ihre Eltern wegen der unterlassenen Aufsichtspflicht.

Wie weiter mit meiner Karriere?

Schon das Jahr 1938 stand immer noch unter dem Druck der Wirtschaftskrise. Ich sah damals, dass, wenn es um die Vergabe von Krediten ging, den Bankern die Hände gebunden waren. Alle Bedingungen waren in einem Leitfaden festgehalten, der Banker hatte die vorgeschriebenen Fragen zu stellen und dann den Regeln gemäss zu handeln. Freie Risiko-Entscheide waren ausgeschlossen. Die leitenden Positionen in der Manhattan-Bank wurden alle von Vizepräsidenten gehalten. Sie waren alle weißhaarig und kamen mir uralt vor. Das bedeutete, ich hätte Jahrzehnte zu warten, bis ich die Position eines Vizepräsidenten würde erreichen können. Ich hatte viel gelernt und besaß nun mein BA-Zertifikat. Damit ging ich im Januar 1939 zu Erik Warburg, um mich zu entschuldigen, dass ich die Bank verlassen und Jus studieren wollte. Mein Vater hatte seinen Dr. iur. auch gut brauchen können. Auf meine Begründung hin sagte Erik Warburg zu meinem Erstaunen: «Toby, du hast Recht, wenn ich dein Alter hätte, würde ich dasselbe tun! Ich wünsche dir alles Gute.» Ich schrieb mich für das Frühjahrssemester an der New York University Law School ein, fand aber, dass ich nebenbei etwas Geld verdienen sollte, um weniger von meinem Kapital zu zehren. Schon in Frankfurt hatte ich fotografieren gelernt. Jetzt beschloss ich, mich auf Kinder-Fotos zu spezialisieren. Kontakte konnte ich über meinen Vermieter, den Kinderarzt, haben. Ich ging zu den Familien nach Hause, spielte auf dem Boden liegend mit den Kindern, während ich eine Rolle Film schoss. Dann entwickelte ich die Negative in einem Fotolabor, machte Ansichtskopien und ließ die Eltern die ihnen am besten gefallenden auswählen. Davon ließ ich dann Groß-Vergrößerungen machen und verkaufte diese zu einem guten Preis. Das dabei gewonnene Know-how war mir nützlich, als ich in den 50er-Jahren mit Fotografen arbeitete und Filme produzierte.

Ich verfolgte täglich die internationalen Nachrichten. Mich interessierte insbesondere, was sich in Deutschland abspielte, und ich war überzeugt, dass Hitler einen Krieg vorbereitete. In meiner Naivität war ich sicher, dass er am 12. September, an seinem Nürnberger Parteitag, den Krieg ankündigen würde. Ich wollte Olly unbedingt davon überzeugen, dass sie nicht in Frankreich bleiben konnte. Deshalb buchte ich während der Sommer-Semesterferien eine Schiffspassage nach Frankreich und traf Anfang August in Paris ein. Ich überredete Olly, wenn sie nicht nach Bogotá gehen wolle, wo Bankkonten meines Vaters wegen Devisenmangel blockiert waren, dann sollte sie wenigstens in die neutrale Schweiz ziehen, und Johny sollte in mein altes Fisher-College gehen. Aus Bemerkungen, die mein Bruder machte, erfuhr ich indirekt, dass Olly in Berlin eine Affäre mit Dr. Hans Klare, einem Lehrer, der jünger als sie war, gehabt hatte. Ich empfand dies irgendwie als Ausgleich zum Verhältnis meines Vaters zu Pushi. Olly und ich trafen die notwendigen Vorbereitungen, und sie fuhr am 29. August mit Johny nach Territet am Genfersee. Am 30. August konnte ich die vorletzte Fähre nach England erwischen. Zwei Tage später, am ersten September, täuschte der machtversessene Hitler mit Hilfe seiner Propagandamaschine einen polnischen Angriff vor, und seine ihm getreuen, eingebildeten Generäle begannen ihren lange vorbereiteten Krieg. Einige unter ihnen waren Nazis. Andere waren verblendete deutschnationale Militärs, die immer wieder an die «Schmach» des verlorenen Ersten Weltkriegs und des Versailler Friedensvertrags dachten. Neville Chamberlains Fehleinschätzung seines Treffens mit Hitler, nachdem er bei seiner Rückkehr nach London noch gerufen hatte: «Es ist Frieden in unserer Zeit» (peace in our time), wurde noch krasser, als Hitler zwei Tage später, am 3. September, den Krieg gegen Frankreich verkündigte. England war nach dem Abschluss des Hitler–Stalin-Pakts mit Polen verbündet und musste Hitler automatisch den Krieg erklären. Das paßte nicht in seine Pläne, denn Hitler wollte England erst später angreifen. Ich war überzeugt, dass wir Amerikaner auch gleich in den Krieg involviert würden. Dass ich dann auch aufgeboten würde, war klar, denn gegen Hitler mussten auch wir antreten.

Zurück nach Amerika

Da ich ja schon in London war, ging ich zur Bow Street Police Station, die für ausländische Besucher zuständig war. Dort traf ich ein paar andere Amerikaner, die sich, wie ich, den britischen Streitkräften zur Verfügung stellen wollten. Wir meinten, es sei wenig sinnvoll, nach Hause zu fahren, um gleich in Uniform wiederzukommen. Der nette, ältere Chief Sergeant Major, der uns empfing, schlug die Hände über dem Kopf zusammen und sagte uns, wir sollten schleunigst nach Amerika zurückgehen. Sie hätten nicht einmal genügend Gewehr-Holzattrappen, um die eigenen Truppen auszubilden. Bis zu unserer Rückreise könnten wir uns, wenn wir unbedingt wollten, nützlich machen, indem wir bei der Sicherung der Feuerwehr- und Polizei-Stationen durch Sandsäcke mithalfen. Ich befolgte den Rat und suchte krampfhaft nach einem Platz auf einem Schiff.

Die deutschen U-Boote hatten den Seekrieg bereits begonnen, und der Atlantik wurde grundsätzlich nur in Konvois überquert. Ich konnte endlich ein Bett in einer Zwei-Mann-Kabine auf der «Aquitania» buchen. Sie hielt damals das Blaue Band als schnellster Atlantik-Dampfer. Als ich an Bord kam, stellte ich fest, dass ich die Kabine mit einem anscheinend netten protestantischen Pfarrer aus New Haven, Connecticut, teilte. Die «Aquitania» fuhr alleine mit voller Kraft im Zick-Zack von Southampton nach New York, wobei sich das Schiff wechselnd leicht links und rechts seitwärts legte. Der Herr Pfarrer, der, wie sich herausstellte, verheiratet war und zwei Kinder hatte, entdeckte an Bord eine attraktive junge Frau und hoffte, wie er mir klar zu verstehen gab, sich mit ihr im Bett zu amüsieren. Sie hieß Brigitte Schönberg, war 21 und kam aus Berlin. Ihre «nicht arischen» Eltern schickten sie nach Amerika zu ihrem Onkel in New Jersey. Sie hatte mit dem aufdringlichen Pfarrer nichts am Hut, fühlte sich unsicher im ungewohnten Englisch und war froh, mit mir Deutsch zu sprechen. So wurde ich in kürzester Zeit eine Art freundschaftlicher Beschützer, obwohl sie ein Jahr älter und in manchen Dingen erfahrener als ich war.

Brigitte

Nach der Landung in Manhattan und dem Passieren von Zoll und Einwanderungskontrollen sah ich Brigitte verzweifelt nach ihrem

Onkel oder seiner Frau suchend, einsam und verloren am Kai stehen. Später stellte sich heraus, dass er ihren Besuch zu Hause in einem kleinen Vorort von Jersey City erwartete und offensichtlich kein großes Interesse an Kontakten und Hilfeleistung für die neue Immigrantin hegte. Brigitte gestand mir, dass sie eine einzelne Dollar-Note besaß und sonst nichts. Ich konnte sie nicht einfach dort stehen lassen und «uptown» verschwinden. Also nahm ich sie mit. Ich konnte ihr, mit Hilfe meiner Vermieterin, bei einer ihrer Bekannten, ein paar Häuser weiter, ein Zimmer finden. In den nachfolgenden Tagen nahmen wir alle Mahlzeiten gemeinsam auf meine Kosten ein. Ich half ihr, einen Job in einem Sekretariat zu finden und sich so auf eigene Füße zu stellen. Aus unserem freundschaftlichen Verhältnis wurde sehr schnell eine intime Beziehung, und Bridget Belmont, wie sich Brigitte Schönberg auf meinen Rat hin fortan nannte, wurde meine erste Geliebte.

Brigitte konnte und wollte nicht Skifahren. Als ich zur Weihnachtszeit eines Sonntags vom Skifahren zurückkehrte, fand ich Brigitte im Krankenhaus mit einem ziemlich schweren Beinbruch, den sie sich, auf eisiger Strasse ausrutschend, zugezogen hatte. Ich brachte sie auf ihr Zimmer. Sie konnte wochenlang nicht arbeiten und verlor ihren Job. Da blieb mir nichts anderes übrig, als neben meinem Leben als Student, wenn auch kurzfristig, auch ihren Lebensunterhalt von meinem Konto zu finanzieren. Ich hatte Angst, das Gefühl finanzieller Sicherheit vor dem Ende meines Studiums zu verlieren, und beschloss, vom Tagesstudium auf das Abendstudium umzusatteln und einen Job zu suchen.

Meine Kusine Eva hatte ihrer Mutter sehr abfällige Bemerkungen über meinen Lebenswandel gemacht, was diese natürlich bewog, meiner Mutter Horrormärchen über meinen Umgang zu erzählen. Olly war davon nicht beeindruckt. Eva hatte eine Bekannte, Yolanda, aus Berlin, die, wie sich herausstellte, Brigitte aus Schulzeiten kannte. Yolanda hatte eine kurze Zeit für Botho Lilienthal, einen früheren Berliner Export-Unternehmer, gearbeitet. Sie empfahl mich ihm, und er engagierte mich als Hilfe für die kränkliche Buchhalterin seiner American Near East Corporation. Buchführung hatte ich ja in den Grundzügen in London gelernt.

Bei der American Near East Corporation

Die Buchhaltung war keine Vollzeitbeschäftigung. Ich wurde schnell in das eigentliche Geschäft integriert. Wir waren die einzige amerikanische Exporthandelsfirma mit eigenen Büros in Kairo und Tel Aviv. Wir lieferten alles, was unsere Kunden in dem von Großbritannien kontrollierten Gebiet aus den USA haben wollten. Von Rohmaterialien, Maschinen, Halbfabrikaten bis zu industriellen und Haushalts-Endprodukten. Da ich in den Einkauf, die Preisberechnung und den Versand von unserem Vize-Präsidenten, Herrn Frederik Gleim, involviert wurde, erhielt ich eine breit gefächerte Warenkunde, die mir Jahre später als Marketing-Berater sehr hilfreich war. Mr. Gleim war ein aristokratisch wirkender grauhaariger Gentleman aus dem Süden. Er verließ das Büro nie ohne Hut, denn das war damals das Zeichen der seriösen Geschäftsleute. Ich trage seit meiner Jugend keine Hüte, außer in Schnee und Regen. Er bestand darauf, dass ich einen aufsetzen müsste, wenn ich ihn begleitete. Ich kaufte meinen ersten Hut und ließ ihn im Büro hängen, um ihn dann zu tragen, wenn ich musste. Im Frühsommer 1940 schied die Buchhalterin aus, und ich übernahm ihre Aufgaben. Inzwischen hatte ich Botho Lilienthal und seine Frau Eva privat kennengelernt. Er fuhr ein imposantes Packard-Kabrio, und wir nannten uns, in typisch amerikanischer Manier, beim Vornamen. Botho hatte schon damals volles Vertrauen in mich und erteilte mir Einzelunterschrift bei der Bank. Er vergaß, dass ich noch nicht volljährig und daher meine Unterschrift nicht rechtskräftig war. Ich wusste das. Im Oktober wurde ich 21. Botho fiel aus allen Wolken, als ich es ihm sagte. Er war froh, dass es niemand bemerkt hatte.

Im Geschäft mit Palästina

Etwas Vielseitigeres als das Geschäft der American Near East war in der Tat kaum vorstellbar. So hatten zum Beispiel jüdische Flüchtlinge aus Deutschland in Palästinien ein Baumaterial-Unternehmen und kauften zunächst Stahlnägel, dann Stahldraht und Maschinen für die Nagelproduktion und dann Rohstahl und Maschinen, um daraus Eisendrähte verschiedener Durchmesser und Längen herzustellen. Die NAAFI-Militärläden der Briten waren gute Kunden. Eines Tages kam eine Anfrage aus unserem Tel Aviver Büro für große Quantitäten von Kondomen, denn in Europa mangelte es an Latex. Ich besorgte ein Angebot, das zwei qualitätsrelevante Preise enthielt: ungeprüft und geprüft. In Englisch heißt Letzteres «tested», was in diesem Zusammenhang zweideutig interpretiert werden kann. Ich erhielt eine sehr große Bestellung. Als ich nach dem Krieg unser Büro in Tel Aviv an das Management verkaufte, fand ich die Offerte für «pretested Condomes» humorvoll, rot unterstrichen, an eine Wand geklebt. Aus Kairo kam eine Anfrage für Baby-Schnuller. Bei der Bearbeitung des Angebots war ich verblüfft über die Vielfalt der Formen und Farben. Auf Anfrage eines Warenhauses in Kairo sandte ich verschiedene Muster von Korsetts. Ich erinnere mich leider nicht an die damals in Amerika gängigen Größen (36 bis 46?), aber als der Auftrag kam, wurden nur wenige Korsetts in den Größen 42 bis 46 geordert, aber erhebliche Quantitäten in Größen 48 bis 56. Unser Lieferant meinte, die Zahlen seien falsch, denn so üppige Frauen, die Korsette trügen, gäbe es nicht. Mein Chef klärte mich auf: «Als Teenager sind die Ägypterinnen schlank, aber dann gehen sie sehr schnell sehr in die Breite. Du kannst das dem Lieferanten sagen, aber auch dass das keine Preiserhöhung bewirken dürfe.» Unser Lieferant blieb ungläubig, lieferte aber das Verlangte, und die Kunden sandten eine weitere Bestellung in der gleichen Größen-Aufteilung.

Der Ausbruch des Krieges brachte der American Near East Inc. viele große, teilweise voluminöse Aufträge. Botho beschloss im Januar 1940, ein Frachtschiff für eine Fahrt nach Alexandria und Haifa zu chartern. Die Straße von Gibraltar war von den Briten nach Kriegsbeginn geschlossen worden, um zu verhindern, dass sie blockiert werde und um die deutsche Marine aus dem Mittelmeer zu halten. Es blieb nur der Suez-Kanal. Aber der war durch das deutsche Afrika Korps gefährdet, und das Risiko der Passage wurde von den Versicherungsfirmen rundweg abgelehnt. Zum Schutz des Kanals wurden anfänglich die Frachtschiffe gezwungen, ihre Ladung südlich vom Kanal auf dem westlich gelegenen Terrain «Bitter Sea Lakes» abzuladen. Dann mussten die Frachten über Land abtransportiert werden. Aus meiner Zeit in England wusste ich aber: «Lloyds versichert alles, es ist nur eine Frage der Prämie.» Über unseren Versicherungsagenten nahm ich Kontakt mit der New Yorker Niederlassung auf und formulierte die «Bitter-Sea-Klausel», die nach der Genehmigung in London die Grundlage aller Frachtpassagen durch den Kanal bot. Unser Frachter hieß «Kotor», war in Panama registriert und von einer griechischen Besatzung betrieben. Unsere «Kotor» wurde im Hafen von Charleston, S. C., beladen. Sie war bereits voll, als wir einen Auftrag für hölzerne Eisenbahnschwellen erhielten und der Kapitän mir sagte, er könnte das Deck damit beladen. Gesagt – getan. Am nächsten Morgen hatte unsere «Kotor» einen unbrauchbaren Tiefgang und das Holz musste schnell auf einen anderen Frachter umgeladen werden. Als die «Kotor» endlich das südafrikanische Kap der guten Hoffnung passiert hatte, sandte uns der Kapitän ein Kabel: «Kotor grounded Cape.» Wir waren zutiefst enttäuscht. Ich bat Lloyds, sofort nachzuforschen. Zwei Tage später erhielten wir die beruhigende Nachricht: Schreibfehler des griechischen Funkers, der schreiben sollte: «Kotor rounded Cape.» Sie war dann das erste Frachtschiff, das den Suez Kanal durchqueren und Alexandria und Haifa anfahren konnte.

Beinahe-Karriere in Alexandria

Meine Aktivitäten bezüglich der Kanal-Durchfahrt wurden anscheinend in Kreisen der US-Marine in Washington bekannt. Im Juli 1941 erhielt ich ein Angebot, in die Marine einzutreten und als Hafenkapitän nach Alexandria zu gehen. Damals war ich überzeugt, ich würde bald zum Militärdienst einberufen, und fand das Angebot verlockend. Ich sagte es Botho und sandte meine Unterlagen gemäß der Aufforderung nach Washington. Einige Tage später erhielt ich den Anruf eines enttäuschten Marine-Kapitäns, der mir sagte, sie hätten ja nicht gewußt, dass ich Kolumbianer und nicht Amerikaner sei, und sie könnten natürlich keinen Ausländer zum Marine-Offizier machen.

Brigitte und ich hatten uns auseinandergelebt. Wenn sie heiraten wollte, mochte ich nicht, und umgekehrt. Sie hatte eine Wohnung in der Bronx bezogen, und ich war in ein Zimmer in der 103. Strasse umgesiedelt.

Dort wohnte auch die Tochter des ersten Cellisten in Toscaninis Sinfonieorchester. Sie gab mir die Möglichkeit, seinen Proben beizuwohnen, was für mich Himmel auf Erden bedeutete. Ich sehe ihn heute noch vor dem Dirigenten-Pult fluchend, singend, den Taktstock wütend zerbrechend. Auch wenn ich Dirigent geworden wäre, hätte ich mich sicher nie so aufgeführt und auch nie ein solch phänomenales Resultat erzielt. Brigitte und ich blieben sehr gute Freunde, und Olly und sie wurden und blieben Freunde bis zu Ollys Tod.

Ruth

Die Absage aus Washington war mir und meiner neuen Liebe, Ruth Foss in Boston, recht. So konnten wir noch längere Zeit miteinander verbringen. Wir hatten uns im Winter beim Skifahren kennengelernt und danach viele Wochenenden engst umschlungen gemeinsam verbracht. Außerdem hatte Olly ihre Ankunft aus Bogotá angekündigt. Sie wusste nichts von Ruth. Sie wollte Johny nach Harvard schicken und mit mir eine Wohnung in New York beziehen. Im Sommer 1941 kam Olly, wie angekündigt, übernahm den neuen Familiennamen für sich und Johny, den sie nach Cambridge brachte, wo er seine Universitäts-Studien weiterführte. Wir mieteten eine kleine möblierte Wohnung in Jackson Heights auf Long Island. Ich musste morgens früh aufstehen, um zum Parkplatz nahe unserem Büro zu fahren. Die Fahrt nach Manhattan an die Fifth Avenue bei der 42. Strasse bot zeitweise einen bilderbuchartigen Blick auf die Wolkenkratzer-Silhouette, besonders wenn sie über niedrige Wolken herausragten, oder wenn eine vorbeiziehende Wolke nur einen mittleren Teil der Türme verdeckte. Das war ein Bild, das mir bis heute im Kopf geblieben ist. Nicht vergessen habe ich auch meine erste Erfahrung mit dem englischen Brauch in «gehobenen Kreisen», dem Hausherren morgens ans Bett den «early morning tea» zu servieren. Olly verwöhnte mich an Wochentagen damit.

Anfang August 1942 erhielt ich von der Armee den erwarteten Marschbefehl zum Einrücken im September. Das war das Ende einer Epoche in meinem Leben und der Anfang einer ganzen Serie wahrhaft turbulenter Erlebnisse.

5. Kapitel

Lehren für das Leben: Militärdienst in den USA

Im Militärdienst: Lektionen in Management und Kommunikation

Die militärische Organisation der USA basiert auf der Geschichte und den in der Verfassung der Vereinigten Staaten festgelegten Grundsätzen. Die Organisation unterscheidet sich von jenen aller anderen Länder. Jeder Bundesstaat hat eine eigene Nationalgarde, die zwar enge Beziehungen zum Verteidigungs-Ministerium in Washington D.C. unterhält, aber ihm nur im Kriegsfall unterstellt ist. Die nationalen Streitkräfte bestehen aus einer kleinen Zahl von Berufsmilitärs und sogenannten aktiven Reservisten, die in einem gewissen Rhythmus regelmäßig an Weiterbildungs-Kursen teilnehmen. Eine National Garde besteht aus wenigen permanenten Mitgliedern und Reservisten, die auch Weiterbildungs-Kurse absolvieren und vom Präsidenten des jeweiligen Bundesstaates jederzeit aufgeboten werden können.

Die nationalen Streitkräfte sind aufgeteilt in Armee, Kriegsmarine (Navy), Marine-Infanterie (Marines) und Luftwaffe. Dazu gibt es die dem Handelsministerium unterstellte Küstenwache (Coast Gard). Sie hat auch eine Aufgabe in Kriegszeiten. Jede Waffengattung hat eine eigene Offiziers-Akademie. Die allgemeine Wehrpflicht wurde 1940 unter Präsident Franklin D. Roosevelt eingeführt und gesetzlich verankert. Sie wurde 1968 unter Präsident Ronald Reagan ausgesetzt, könnte aber im Kriegsfall sofort wieder eingesetzt werden.

Die Wehrpflicht galt für US-Bürger und Einwanderer, die eine «Green Card» besaßen, die sie zum Dauer-Aufenthalt in den USA berechtigte. Ich fiel unter diese Kategorie, da ich damals die kolumbianische Staatsbürgerschaft hatte.

61

Das letzte Wochenende im August '42 verbrachte ich mit meiner Freundin Ruth Foss. Es war unser letztes ziviles Beisammensein. Wir beschlossen, unseren Familien offiziell unsere Verlobung kundzutun und gerieten dann in einen furchtbaren Streit. Ruth wollte unbedingt gleich heiraten und ein Kind mit mir zeugen, bevor ich über den Atlantik in den Krieg zog. Ich wollte beides erst nach meiner Rückkehr aus dem Krieg. Ich hatte das Bild der Hirnverletzten aus dem Ersten Weltkrieg vor Augen, bei denen meine Mutter in den 20er-Jahren mit Prof. Goldstein Hirnfunktionsforschung betrieben hatte. Ich wollte auf jeden Fall vermeiden, dass Ruth einen Krüppel und ein Baby zu versorgen hatte. Sie akzeptierte meinen Wunsch widerwillig und entschloss sich, sich während meiner Militärzeit auch zu engagieren, und nahm im Dezember einen Job im Auswärtigen Amt in Washington an.

Rekrut in der US Army

Ein paar Tage später, am 2. September begann ich dann meine militärische Karriere. Ich wurde, zusammen mit einer Reihe anderer Rekruten, per Bus von Manhattan ins Rekruten-Empfangslager in New Jersey gebracht. Wir wurden zunächst äußerst gründlich medizinisch untersucht und auf Tauglichkeit geprüft. Das Resultat wurde akribisch auf der großen biografischen Karte notiert, die jeden während seinem aktiven und Reserve-Dienst bis zum endgültigen Ausscheiden begleitet. Erstens wollte man nur Menschen in den Kriegsdienst übernehmen, die ihn physisch leisten konnten. Zweitens wollte man verhindern, dass man am Ende der Dienstzeit wegen vor dem Eintritt vorhandenen Konditionen eine Invalidenrente verlangen könnte. Aufgrund meiner medizinischen Kenntnisse kam ich ins Gespräch mit dem untersuchenden Arzt und lernte eine Lektion fürs Leben. Er erzählte mir von einer unerlaubten Forschung, die er und seine Leute gerade in Bezug auf Cholesterin abgeschlossen hatten. Sie riefen eine Gruppe Rekruten, deren Cholesterinspiegel vollkommen normal gewesen war, zu einem neuen Bluttest und erzählten jedem Einzelnen, dass es einen Mangel an Soldaten im pazifischen Raum gäbe und er wahrscheinlich eine «Schnellbleiche» erhalten würde und in den Krieg geschickt werde. Nach einer Woche riefen sie dieselben Rekruten zu einem neuen Test, «weil beim ersten ein Fehler aufgetreten sei». Bei diesem Test wiesen fast alle, im Gegensatz zu vorher, einen überhöhten Cholesterinspiegel auf. Beim Test wurde ihnen mitgeteilt, dass sie doch die normale Ausbildung erhielten. Das Fazit des Experiments war: Ein erhöhter Cholesterinspiegel kann alleine durch Stress ausgelöst werden.

Training in Fort Bragg N.C.

Bei der Einteilung in die Waffengattung wurde mir eindringlich geraten, mich freiwillig für die Gebirgs-Infanterie zu melden. Ich würde dort als erfahrener Skilehrer ganz schnell den höchsten Unteroffiziers-Rang erreichen. Aufgrund meiner Erfahrungen mit den Alpini-Soldaten in den Dolomiten wusste ich sehr genau, was das bedeutete, und lehnte dankend ab. Dann wollte man mich zum militärischen Nachrichtendienst schicken, wo ich als sprachgewandter Gefangenen-Befrager auch ganz schnell einen hohen Unteroffiziersgrad erreichen würde. Aber ich sagte, dass ich zunächst Offizier werden wollte. Höhere Bildung wurde damals als nützlich für die Artilleristen gesehen, und so wurde ich zum Grundtraining nach Fort Bragg N.C. geschickt. Ich ging am 10. Februar nach New York, holte meinen alten Plymouth und fuhr hin. Dort mussten wir im Verlauf der Ausbildung neben anderem stundenlang mit schwerem Rucksack in glühender Hitze marschieren. Der dabei in Strömen fließende Schweiß kostete viel Kraft. Um dem entgegenzuwirken, wurden wir gezwungen, alle 2–3 Stunden eine Salztablette mit einem viertel Liter Wasser einzunehmen. Eine Lektion, die mir bis heute geblieben ist.

Der 7. Oktober '42 war der fünfte Jahrestag meiner Einwanderung. Ich konnte endlich offiziell Amerikaner werden. Mit einer Gruppe Gleichgestellter fuhr ich nach Fayetteville, North Carolina, zum dortigen Gericht, wo ein alter Richter jeden Soldaten über seine Herkunft befragte, bevor er ihm seine Nationalitäts-Urkunde überreichte. Als ich drankam, sagte ich: «Mein Vater war Amerikaner, mein Großvater war Amerikaner und mein Urgroßvater kam 1820 nach Amerika.» Er sah mich perplex an und sagte: «Zum Teufel, was tust du denn hier? Ich wurde in Irland geboren und du? Ist ja egal, jetzt bist du eben Amerikaner.»

Mein Geburtstag am 25. Oktober fiel auf ein Wochenende. Ich konnte Urlaub nehmen und verabredete mich mit Ruth als frischgebackener Amerikaner in New York. Mit der Bahn fuhr ich Freitagnacht, auf einer Holzbank sitzend, von North Carolina nach Manhattan und kam dort unrasiert und in einer zerknitterten Uniform frühmorgens an. So wollte ich Ruth, meine Verlobte, nicht am Grand-Central-Bahnhof bei ihrer Ankunft aus Boston treffen. Ich rief meine frühere Freundin, Brigitte Belmont, in der Bronx an und bat um die Möglichkeit, zu duschen und mich frisch zu machen. Sie sagte okay und hatte das Frühstück schon bereit, als ich kam. Ich duschte und rasierte mich. Sie fand, meine Uniform müsste gebügelt werden. Während ich im Badezimmer war, bügelte sie. Bevor sie fertig war, frühstückten wir, ich in meiner Militär-Unterwäsche und sie im Morgenmantel. Da kam ihr Freund und späterer Mann, Dr. med. Albert Hirschfeld, zur Türe rein. Er wusste von Brigitte und mir und ich von seiner Existenz, aber wir hatten uns noch nie gesehen. Seinen Blick, als er seine Freundin im Morgenmantel mit ihrem Ex-Freund in Unterhose beim Frühstück überraschte, werde ich nie vergessen. Es brauchte nur ein paar Sekunden, bis Brigitte und ich in ein großes Gelächter fielen, das die Situation sofort klärte und er sich dann selbst lachend zum Frühstück einlud. Albert war der Bruder von Otto Hirschfeld, dem Pressechef Ernst Reuters, des Regierenden Bürgermeisters im Nachkriegs-Berlin. Als ich später mit ihm zu tun hatte und ihm die Episode mit seinem Bruder erzählte, amüsierte es ihn ebenfalls, und es entstand ein nettes Verhältnis zwischen uns beiden.

Die Grundausbildung zum Artilleristen war physisch mühsam, deshalb nutzte ich jede Gelegenheit zum Ausruhen und war an den üblichen gesellschaftlichen Eskapaden der jungen Soldaten nicht interessiert. Am 10. Dezember war die Grundausbildung beendet, und ich konnte die Weiterbildung zum Unteroffizier beantragen. Die

Ausbildung war aufgeteilt in Theorie und Praxis in Artillerietechnik und Menschenführung. Die Theoriekurse fand ich interessant und lernte einiges. Die Artillerie-Praxis war eher körperlich anstrengend. Wo es haperte, war die Praxis im Kommandieren von Soldaten. Die Examen fanden am 8./9. Februar 1943 statt. Ich passierte den theoretischen Teil mit fliegenden Fahnen und hatte keine Probleme mit der Artillerie-Praxis. Aber ich wusste, dass ich Probleme im Kommandieren haben könnte. Da ich unbedingt gute Noten haben wollte, um meinen Eintritt in die Offiziersschule zu sichern, gab ich vor, erkältet und so heiser zu sein, dass ich nicht lauthals Kommandos ausrufen könnte. Die Prüfungsaufgabe war, einen 12-Mann-Zug auf einem Exerzierfeld zu befehligen. Das Feld war umringt von einem Graben. Der Trick bestand darin, den marschierenden Zug genau am Grabenrand zu stoppen und umzukehren. Wenn man es falsch machte, liefen die Soldaten in den Graben. Dann hätte der Prüfling diesen Test nicht bestanden. Da ich offiziell nicht brüllen konnte, gab man mir einen Oberfeldwebel zur Seite. Ich sollte die Kommandos ihm zuflüstern, und er würde sie laut weitergeben. Er hatte 12 schräge Streifen am linken Arm («hashmarks»), sie bezeugten 36 aktive Dienstjahre. Ihm war das Befehlen natürlich zur zweiten Natur geworden, er konnte daher eigentlich nicht anders, als das Richtige zur rechten Zeit zu rufen. Als «mein Zug» angetreten war, flüsterte ich ihm sehr leise und bewusst unverständlich Kommandos ins Ohr, er hatte nicht die Zeit nachzufragen, so gab er mit lauter Stimme die richtigen Befehle. Alle anderen Tests hatte ich mit «sehr gut» bestanden. «Unser» Auftritt machte mich zum besten Absolventen dieses Unteroffizierskurses und sicherte am 10. Februar 1943 meine Übersiedlung an die Artillerie-Offiziersakademie in Fort Sill, Oklahoma.

Selbstdisziplin ist (fast) alles

Hier erhielt ich einige harte, aber für den Rest meines Lebens sehr wichtige Einsichten, zum Beispiel, dass Selbstdisziplin für eine Führungsperson unabdingbare Voraussetzung für den Erfolg ist. Anstatt eines Nachttischs hatten wir ein Brett über dem Bett. Es war mittels einer an der Decke befestigten Strebe befestigt. Was auf dem Brett wo zu liegen hatte, war vorgeschrieben. Der Wecker hatte direkt an die Strebe angelehnt zu stehen. Wenn meiner schellte, bewegte er sich etwas seitwärts. Ich vergass zweimal, ihn abzustellen, als ich meinen Platz frühzeitig verließ. Der tägliche Inspektor bemerkte den unerlaubten Abstand, und ich erhielt zwei Strafpunkte. Der Sinn des Punkte-Systems war, dass ein Offizier sich diszipliniert zu verhalten hat, auch wenn er das System als wenig sinnvoll erachtet.

Die Artillerie war ja ursprünglich auf Pferdekraft angewiesen, und die Berufs-Offiziere hielten damals die kavalleristische Tradition aufrecht, indem sie sich auch eine Reituniform leisteten. Offiziers-Kandidaten wie ich, die gerne ritten, hatten am Sonntag einige Pferde zur Verfügung. Zur Tradition gehörte auch die weiterhin gültige eiserne Regel: Wenn es um Essen und Trinken geht, kommen zuerst die Tiere, dann die Soldaten, dann die Unteroffiziere und zuletzt die Offiziere dran. Eine weitere Grundregel lautet: Es ist die Aufgabe eines Vorgesetzten, Verantwortung für die Untergebenen nicht nur zu tragen, sondern auch explizit zu suchen.

Auf Werbetour für Kriegsanleihen

Am 15. April wurden wir feierlich zum Leutnant zweiten Grades ernannt und erhielten das Zertifikat, in dem der Präsident der Vereinigten Staaten uns zum «Officer and Gentleman of the United States» ernannte. Ich informierte Olly und Ruth spasseshalber, dass sie es nun mit einem präsidial zertifizierten Gentleman zu tun hätten! Beide nahmen es sehr amüsiert auf.

Gleichzeitig erhielt ich meine Überstellung zur Artillerie der 104. Infanterie-Division, die in Oregon in der Nähe von Portland stationiert war. Ich meldete mich beim Hauptmann, der das Hauptquartier der Divisions-Artillerie leitete. Er studierte meine Biografie und sagte aufatmend: «Gut, Musik ist dein Hobby, der Warrant-Officer-Dirigent unserer Band ist ausgefallen. «Du übernimmst als Erstes die Band und die von ihr betreuten zwei Maskottchen der Division. Übrigens, die Band soll demnächst beim Verkauf von Kriegsanleihen eingesetzt werden.» Warrant Officer ist ein Rang zwischen einem Chef-Feldwebel und einem 2. Leutnant. Ich war amüsiert und etwas erstaunt über meine erste Aufgabe als frisch gebackener 2. Leutnant. Ich hatte ja schon als Kind das Dirigieren am Radio geübt, in einem Orchester gespielt und fand das Üben und die öffentlichen Auftritte ziemlich einfach. Viel schwieriger zu handhaben waren die zwei riesigen ungarischen Steppenhunde-Maskottchen, die sehr nett aber ziemlich wenig erzogen waren. Beim Spaziergang zogen sie derart an den Leinen, dass es pro Hund zwei Soldaten brauchte, um sie zu halten. Zunächst hatte ich versucht, einen alleine mitzunehmen, aber als wir uns dem ersten freien Feld näherten, lag ich flach auf dem Boden und umklammerte die Leine mit beiden Händen. Gott sei Dank war der Boden trocken, so dass ich nicht ganz so dreckig zum Hundezwinger zurückkam.

Während zwei Wochen fuhr ich Anfang Mai mit meinem Orchester in zwei grossen Lastwagen durch Oregon. Wir hatten nur Blas- und Schlag-Instrumente und spielten Märsche und entsprechend arrangierte klassische Stücke und Operetten-Melodien. In Zusammenarbeit mit den lokalen Behörden verteilten wir dann Aufrufe an die Zuhörer, Kriegsanleihen zu zeichnen. Mir schien es, als ob wir nicht besonders erfolgreich waren. Kurz nachdem wir zurück waren, fand eine Kommunikationsübung statt. Für die interne Kommunikation des Hauptquartiers war der Kommandant zuständig. Als wir früh am Morgen aufbrachen, teilte mir der oberste Feldwebel des HQ mit, dass der Hauptmann krank und der erste Leutnant an einem auswärtigen Kurs engagiert war. Daher falle die Koordinationsaufgabe mir zu. Ich war zwar der Offizier und er mein Untergebener, aber ich sagte ihm, dass wir beide wüssten, dass ich weniger Erfahrung hätte als er und ich ihn deshalb beauftrage, das Notwendige in die Wege zu leiten und mich dauernd über sein Tun informiert zu halten. Es klappte alles vorzüglich. Der kommandierende Brigade-General William (Bill) Dunkel rief mich zu sich und gratulierte mir. Ich sagte ihm, wie ich den Feldwebel eingesetzt hatte. Meine Ehrlichkeit imponierte ihm dermassen, dass er mir aus dem Stegreif anerbot, fortan sein zweiter persönlicher Adjutant zu sein. Ich akzeptierte natürlich mit Freude und stellte mich am nächsten Tag dem ersten Adjutanten vor.

Persönlicher Adjutant von General Dunkel

Von da an trug ich die speziellen Adjutanten-Abzeichen am Kragen. General Dunkel fand, dass persönliche Adjutanten in Friedenszeiten sehr wohl zur Erledigung gesellschaftlicher Verpflichtungen da seien, aber im Krieg Wichtigeres tun sollten. Sein Führungskonzept schloss den kurzfristigen Ersatz eines plötzlich ausfallenden Offiziers seines Stabs ein. Zu diesem Zweck verlangte er von uns Adjutanten, dass jeder ein Büchlein zusammenstellen sollte, in dem alle notwendigen Daten, die damals ein kommandierender Divisions-Artillerie-General wissen musste, enthalten seien. Zum Beispiel: Verbrauch von Munition der verschiedenen Geschützarten in unterschiedlichen Einsätzen; Anzahl der Benzin- und Diesel-Kanister pro 100 km des gesamten Fuhrparks und der einzelnen Einheiten, einschließlich der Beobachter-Flugzeuge, Krankenwagen etc. Wir sollten unabhängig voneinander arbeiten. Wir mussten also alle Spezialisten, oft sehr gegen ihren Willen, besonders wenn es ein älterer Oberst war, nach Daten ausquetschen. Ich bin sicher, dass am Ende nicht nur wir Adjutanten sehr viel gelernt hatten, sondern auch einige andere Offiziere von dieser Aktion profitierten.

Manöver in Oregon

Die Probe aufs Exempel begann Ende Juli, als die 104 Division auf Manöver über die Berge in die Oregon-Wüste zog. Wir HQ-Offiziere schliefen in unseren Schlafsäcken in Einzelzelten. Meine erste Lektion war, dass es wie in der Nordafrikanischen Wüste nachts 0° Kälte und mittags 30° Wärme geben kann. Unsere Helme bestanden im Zweiten Weltkrieg aus einem äusseren Stahlhelm und einem inneren Plastikhelm. Am ersten Tag brauchte ich den Stahlhelm nicht, ich füllte ihn mit Wasser und wusch meine schweissigen Socken am Abend im warmen Wasser. Ich vergass, das Wasser auszuleeren, und fand am nächsten Morgen Eis im Helm. Dass nicht nur wir nachts warm schlafen wollten, erfuhr ich in der folgenden Nacht. Ich hatte mein Zelt nicht korrekt verschlossen und wachte auf, als eine kleine Schlange sich bei mir im Schlafsack wärmen wollte.

Ich wollte die Gelegenheit, mir als Adjutant billig einen Wunsch zu erfüllen, nützen und den Pilotenschein machen. Wir hatten ein paar einmotorige Artillerie-Beobachter-Flugzeuge, die von Warrant Officers pilotiert wurden. Eines davon war mir unterstellt, um den Kontakt zum HQ bei Portland zu halten. Leider wurde ich belehrt, dass Brillenträger keinen Militär-Pilotenschein machen durften. In späteren Jahren war mir die Ausbildung dann zu teuer und ich fand es auch nicht unbedingt nötig.

General Dunkel gestaltete das Manöver so realistisch wie möglich. Dazu gehörte, dass er öfters beim Frühstück einen Stabs-Oberst rief und ihm sagte: «Sie fliegen heute auf Urlaub in die Stadt und kommen erst morgen Abend wieder. Toby arrangiert Ihre Flüge.» Er nannte seine Adjutanten beim Vornamen. Dann rief er einen von uns beiden und sagte laut, so dass alle es hörten: «Du bist jetzt Quartermaster» (verantwortlich für den Nachschub). Alle Stabsoffiziere wussten, dass wir, wenn nötig, nur ihn fragen durften. Sein Konzept war, er wollte auf dem Schlachtfeld immer jemanden zur Verfügung haben, den er notfalls sofort für kurze Zeit überall einsetzen konnte.

Eines Tages war ich, während eines fingierten schweren Gefechts, verantwortlich für den Schießbefehl und die Anforderung der dazu notwendigen Munition. Ich ließ «donnern» und erhielt plötzlich die Nachricht von Battery (Kompanie) A, sie hätten noch Munition für knapp 10 Schüsse. Ich hatte vergessen, den Verbrauch zu berechnen und Nachschub anzufordern. Als der General davon hörte, pfiff er mich zu sich und sagte: «Toby, du hast gerade eine Schlacht verloren. Was tust du nun?» Ich konnte nur beteuern, dass mir so was sicher nie wieder passieren würde. Er nahm es gelassen hin.

Von der Artillerie zum Nachrichtendienst

Unser langes Wüstentraining verführte mich zur Überzeugung, fälschlich wie sich später herausstellte, dass die 104. Division ins asiatische Kriegsgebiet entsendet würde. Im Gegensatz zu Asien kannte ich mich in Europa aus und sprach vier europäische Sprachen. Von Asien wusste ich sehr wenig. Am Ende des Manövers sagte ich zu General Dunkel, ich würde sicher im Nachrichtendienst mehr leisten, als in der Artillerie und dass man mich ja schon mehrfach aufgefordert habe, mich dort zu melden. Er hörte es ungern und sagte: «Ich frage mich, warum ich dich so gründlich ausgebildet habe. Hier würdest du auch bald befördert. Ich möchte dass du bis Kriegsende bei mir bleibst. Aber du gefällst mir und wenn du unbedingt gehen willst, dann stimme ich halt deiner Versetzung zu.»

Marschbefehl nach Camp Ritchie M.D.

Ich war hin- und hergerissen ob dieser Worte, hatte aber auch eine gewisse Angst vor den ungekonnten asiatischen Sprachen, denn ich war gewohnt, wo immer ich auch war, mit meinen Sprachen gut durchzukommen. So überlegte ich meine Entscheidung zwei Tage lang und ging dann zu ihm, um mich zu entschuldigen, dass ich ihn doch verlassen wollte, und ihm für alles zu danken. Er machte ein beinahe mitleidiges Gesicht und sagte: «O.k., hau ab!» Ich schrieb mein Gesuch, er unterzeichnete es am nächsten Tag. Eine Woche später, am 15. Oktober 1943, erhielt ich vom HQ-Hauptmann meinen Marschbefehl zum Trainings-Zentrum des Nachrichtendienstes in Camp Ritchie, Maryland, ca. 50 km von Washington D.C. entfernt. Ich schaffte die Fahrt in meinem alten Plymouth quer durch Amerika in einer Woche. Nach meiner Ankunft in Camp Ritchie wurde ich zum deutschen Sprachkurs und dem Gefangenen-Befragungs-Kurs, die beide am 1. November begannen, eingeteilt. Zum 1. Leutnant, der mich abfertigte, erlaubte ich mir zu sagen: «Den Sprachkurs brauche ich nicht.» Er fuhr mich sarkastisch an: «Leutnant, haben Sie schon mal gehört, was ein Befehl ist?» Ich antwortete auf Deutsch: «Ist schon möglich...» und ging. Wochen später trafen wir zufällig aufeinander und ich stellte fest, dass er kein Wort Deutsch konnte. Wir sprachen uns aus und begruben das Kriegsbeil. Im Rahmen des Deutsch-Kurses sollte den Teilnehmern auch die deutsche Kultur nähergebracht werden. Das schloss Fussballspielen in Militärstiefeln auf einem nicht sehr ebenen Feld ein. Einmal sollte ich einen Elfmeter schießen. Ich legte den Ball auf ein erhöhtes kleines Hügelchen, nahm Anlauf, trat mit aller Kraft die Erde statt den Ball. Der Sanitäter musste mich ins Spital bringen, wo der Stiefel aufgeschnitten werden musste, weil mein Fuss so geschwollen war. Glücklicherweise war nichts gebrochen. Ich musste eine Woche lang mit hochgehängtem Fuss im Spital bleiben. Das blieb für immer mein letztes Fussballspiel. Wichtig war mir der interessante Kurs in psychologischer Kriegsführung, den ich auch absolvieren musste.

Dann begannen für mich einige luxuriöse Monate. Wir Offiziere erhielten, ausserhalb des Dienstes in einer aktiven Einheit, Lebensmittel-Marken, wie die zivile Bevölkerung. Der Küchenchef unserer Offiziers-Kantine war der italienische Chefkoch des berühmten Waldorf-Astoria-Hotels in New York. Er hatte sich freiwillig zum Dienst gemeldet. Wir gaben ihm unsere Verpflegungs-Entschädigung, zahlten ein bisschen drauf und speisten «wie Gott in Frankreich».

Kurz nach meiner Ankunft machte ich die Bekanntschaft von Leonid Gran. Er war in Shanghai als Sohn eines Russen und einer Amerikanerin geboren, sah aus wie ein Russe, sprach fliessend Englisch, Russisch und sehr gut Deutsch. Wir wurden schnell Freunde und blieben es bis zu seinem Tod im Jahre 1967. Wir spielten viel Schach im Camp, und er begleitete mich öfters abends auf meinen Fahrten nach Washington. Ich besuchte meine zukünftige Braut, Ruth, die fürs Auswärtige Amt arbeitete, und er seine Schwester, die ebenfalls in Washington wohnte. Wir brachten ihnen Fleischmarken, die freudig angenommen wurden. Wir fuhren am späten Nachmittag eine Stunde hin und mussten vor Torschluss um Mitternacht wieder im Lager sein. Einmal kamen wir zu spät und mussten die Wache wecken, sie akzeptierten den fingierten Grund unserer Verspätung und meldeten uns nicht. Mein Freund Leonid gab mir einmal eine Lektion in Kulturdifferenzen, die mein Menschenverständnis prägte: Auf dem Weg nach Washington fuhren wir in meinem Wagen, er hatte keinen, durch einige Dörfer, wo Kinder am Strassenrand spielten und Hühner über die Strasse liefen. Als ich einen Jungen am Strassenrand sah, bremste ich scharf ab. Leonid hatte vor sich hin gedöst und rief aus: «Warum, zum Teufel, bremst du so?» Ich sagte: «Wegen dem Kind», und er: «Na und?» Als ein paar Hühner im nächsten Dorf am Strassenrand liefen, rief er: «Langsam!» Ich tat nichts dergleichen und antwortete: «Was willst du, schlimmstenfalls gibt's heute Abend Brathuhn!» Meine Lektion: Im Gegensatz zur westlichen Welt, zählen in östlichen Kulturen Menschenleben weniger und Tierleben mehr. Das fehlende Verständnis für die tief verankerten Kulturunterschiede zeigte sich auch 1957 in den Verhandlungen beim Abschluss der Römer-Verträge und wird in der EU ein halbes Jahrhundert später von den meisten Politikern immer noch nicht beherzigt.

Nachrichtendienst-Leutnant Hans Habe

In der ersten Januar-Woche waren die Dolmetscher-Prüfungen angesetzt. Eigentlich gehörte ich ja nur zur deutschsprachigen Gruppe, war daher nur für Deutsch eingeteilt. Ich dachte, es könnte mir nicht schaden, mich auch für Französisch, Italienisch und Spanisch anzumelden. Ich nahm an, dass ich fünf einzelne Prüfungen zu bestehen hatte. Als ich aufgerufen wurde, saß ich vor einem Podest, auf dem ein Marine-Kapitän, drei Hauptleute und ein Leutnant der Armee sassen. Jeder von ihnen war für eine Sprache zuständig. Die Prüfung war mündlich. Ich musste Fragen beantworten und zuletzt einen Absatz aus einem Militär-Manual übersetzen. Zunächst war alles ziemlich einfach. Ich wurde zum Beispiel gefragt: «Welcher Tag ist heute?», ich antwortete: «Heute ist Mittwoch.» Diese Art von Befragung und die Übersetzung aus einem Artillerie-Manual gingen flott voran. Meine Schwachstelle war die zuletzt geprüfte spanische Sprache. Ich, als ehemaliger kurzzeitiger Kolumbianer, hatte keinen blassen Dunst von militärischen Ausdrücken. Der erste Teil der Prüfung verlief gut. Als es aber zum Artillerie Manual kam, bluffte ich und sagte: «Es tut mit leid, Gentlemen, aber ich bin so müde von der Vielsprachigkeit, ich kann nicht mehr.» Zu meinem Erstaunen erntete ich lachenden Applaus, die Herren nickten und der ranghöchste Kapitän gratulierte mir. Ein pikantes Detail zeigte sich später: Der

Prüfer für Deutsch war Nachrichtendienst-Leutnant Hans Habe (János Békessi), der mir später de facto unterstellt war und mit dem ich noch einiges erleben sollte.

Mein erstes Kommando: über 360 Brieftauben

Ich war nun diplomierter Dolmetscher in 4 Sprachen und wurde dem P&PW Detachment (Publizitäts- und Psychologische Kriegsführungs-Abteilung) der 12. Armeegruppe unter Generalmajor Clifford R. Powell zugeteilt. Als jüngsten Offizier ernannte er mich zum Verwaltungs-Offizier. Unsere 16 Mann starke Abteilung, 4 Offiziere, 12 Unteroffiziere und Soldaten wurden am 4. Februar 1943 zwecks Einschiffung nach Europa in ein Übergangslager in Brooklyn gebracht. Das Datum berührte mich, es war der Todestag meines Vaters. Wir mussten einige Tage warten, während ein grösserer Konvoi zusammengestellt wurde. Der Atlantik wurde wegen der deutschen U-Boote nur unter Marine-Schutz überquert. Am Tag, an dem wir an Bord gingen, wurde ich zum Hafenkapitän beordert. Er übergab mir die Verantwortung für 360 Brieftauben und zwei sie begleitende, lang gediente Feldwebel, die privat Taubenzüchter waren. Die Brieftauben waren für unser Bomberkommando in England bestimmt. Die Besatzungen konnten über Deutschland ihre Radios nicht benutzen. Sie orientierten ihre Basis-Station über ihre Position, indem sie Nachrichten an die Füsse von Brieftauben hefteten und sie zurückfliegen ließen. Als ich an Bord kam, fand ich mein erstes Kommando, die Tauben, in einem riesigen Holzverschlag an Deck und traf meine Feldwebel. Das alte Handelsschiff, auf dem wir uns befanden, hatte neben den Kabinen der Besatzung, eine Einzel-Kabine, die dem General zustand, und eine kleine Doppelkabine für die zwei Leutnants. Ich durfte alleine in der Arbeitskabine des Schiffsarztes schlafen, solange er sie nicht für einen Patienten benötigte. Ich hatte Glück und konnte während der ganzen, sehr bewegten Überfahrt dort wohnen. Am 13. Februar formierte sich der Konvoi für die Fahrt nach Liverpool. Damit begann für mich ein harter, wichtiger Lebensabschnitt.

6. Kapitel

Nach Europa in den Krieg

Unterwegs in den Krieg nach Europa

Solange die deutschen U-Boote im Atlantik ihr Unwesen trieben, fanden alle militärischen Transporte in von Kriegsschiffen begleiteten Konvois statt. Unser Konvoi bestand aus 10 Handelsschiffen und 3 Kriegsschiffen. Der nette Schiffsarzt entdeckte eine Lipom-Geschwulst an meiner Schulter. Er bot an, sie während der Überfahrt zu entfernen. Ich sollte mich auf der 10-tägigen Überfahrt ein paar Tage ruhig verhalten, damit der Schnitt schnell verheile. Ich nutzte die Gelegenheit für längere Gespräche mit Clifford R.«Cliff» Powell. Zunächst fragte ich ihn, wieso er, den ich als Generalmajor kennengelernt hatte, jetzt plötzlich anstatt der 2 Generalssterne nur noch die Adler-Insignien eines Obersten trug. Wir waren offensichtlich schnell auf einer Wellenlänge, so dass er mir bereitwillig von sich erzählte. Er war im Ersten Weltkrieg als einer der jüngsten Offiziere mit der Aufgabe betraut, Flugblätter über den deutschen Gräben abzuwerfen. Wir hatten keine eigenen Flugzeuge in Frankreich. So saß er in einem offenen französischen Doppelsitzer. Die französische Luftwaffe war anfänglich ein Teil der Kavallerie. Er verkehrte daher in ihrem Offiziersclub und lernte dort ein wenig Französisch. Er hatte eine gut gehende Anwaltspraxis in Newark, New Jersey, war verheiratet, hatte eine Tochter und einen Sohn. Cliff war kommandierender General der New Jersey National Guard gewesen und ehemaliger Vorsitzender des Interamerikanischen Verteidigungs-Rats. Er war entschlossen, aktiv an der psychologischen Kriegsführung teilzunehmen. Aber sein Generalmajors-Rang war zu hoch für einen Psychologischen Kriegsführungs-Chef der Ersten US-Armee-Gruppe, die zur zwölften umbenannt wurde. Er bot an, sich, während er in

Europa war, zwei Grade tiefer mit dem Rang eines Obersten zu begnügen. Die für den psychologischen Krieg gegen Deutschland zuständige Einheit war die P&PW Section 12th Army Group (Press & Psychological Warfare Section). Ihr Chef und Powells Vorgesetzter war, im Rang einen Grad unter ihm stehend, der Brigade General Fitzgerald, der sich aber nur für die amerikanische Presse interessierte und uns direkten Zugang zu General Omar Bradley gestattete. Er war Chef der 12. Armeegruppe, direkt unter General Eisenhower. Auf dem Schiff bestand unser Psychologisches Kriegsführungs-Detachment-HQ neben Powell aus drei Offizieren, beiden 1.-Leutnants Hans Habe und Sven Beckman, einem ehemaligen norwegischen Ingenieur und mir. Wir wurden begleitet von einer Gruppe von zehn Feldwebeln, Korporalen und Soldaten für das Büro sowie Eddie Sczepanik, Oberst Powells Fahrer, mit unseren Jeeps samt Anhänger. Unsere großen Kastenwagen befanden sich auf einem anderen Schiff.

Ich hatte zusätzlich meine beiden Taubenzüchter-Feldwebel und die 360 Brieftauben in Obhut. Ich war mir der äußerst wichtigen Aufgabe der Tauben als Not-Kommunikationsmedium für die US-Bomber sehr bewußt.

Am vierten Tag brach ein Unwetter über den Konvoi herein. Haushohe Wellen und Windböen schüttelten unser altes Schiff und behinderten die Sicht, es krachte allenthalben, man konnte nicht umherlaufen, ohne sich festzuhalten. An Deck musste man sich anseilen. Die Motoren konnten die vorgegebene Geschwindigkeit nicht einhalten. In der Nacht verlor der Kapitän den Kontakt zu der Marine-Begleitung, und am nächsten Morgen fanden wir uns allein auf weiter See.

Der Sturm begann sich zu legen. Wir fuhren einen wirren Zickzag-Kurs volle Kraft voraus und mussten Vorkehrungen auf eine U-Boot-Attacke treffen. Das bedeutete, schleunigstes Springen in die beiden Rettungsboote, die sich an Bord befanden. Ich war entschlossen, meine Tauben, für die ich mich verantwortlich fühlte, vor dem Ertrinken in ihrem Verschlag zu bewahren und ihnen wenigstens die Chance zu geben, von Schiff zu Schiff nach Hause zu fliegen. Sie mussten auch während des Unwetters gefüttert und getränkt werden. Als die Betreuer beim schwierigen, gefährlichen Zugang die

Türe öffneten, entkamen zwei Tauben. Eine flog sofort in Richtung USA, die andere ließ sich auf dem Mast nieder. Wir versuchten sie mit Futter herunterzulocken, aber die Freiheit gefiel ihr zu sehr, sie kam nicht. Der Aufenthalt auf Deck war zu gefährlich. So musste ich meinen Feldweibeln befehlen, wieder unter Deck zu gehen und den Vogel seinem Schicksal zu überlassen. Ich frage mich heute noch, ob die beiden den Weg nach Hause meisterten oder was sonst mit ihnen geschah. Wir kamen drei Tage später als geplant in Liverpool an. Ich übergab mein Kommando dem amerikanischen Hafen-Kapitän, meldete den Verlust durch «äußere Einwirkung» und konnte so eine negative Beurteilung meines ersten eigenständigen Kommandos vermeiden. Wir übernahmen unsere Fahrzeuge und fuhren am 29. Februar zu unserem ersten Standort Weston super Mare in Südostengland, in der Nähe von Bath, und begannen sofort mit Vorbereitungsarbeiten für unseren Einsatz auf dem Kontinent.

Das Ziel einer «psychologischen» Kriegsführung, d. h. der Psychological Warfare oder kurz Psy-War, ist, die Zielgruppen zu demoralisieren und zu Handlungen zu bewegen, die den Krieg verkürzen. Das feindliche Militär soll sich ergeben und überlaufen und die Zivilbevölkerung soll aufhören, den Krieg in irgendeiner Weise zu unterstützen. Menschenleben sollen durch Psy-War geschützt werden.

Psychologische Kriegsführung

Zu den Mitteln, die bei uns im PsyWar zur Anwendung gelangten, gehörte die Verteilung von Flugblättern. Der Inhalt der Flugblätter variierte je nach der Situationslage. Wir mussten also sowohl die Soldaten an und hinter der Front als auch die Zivilbevölkerung ansprechen. Nach der Invasion sollten wir ein Luftgeschwader zur Verfügung haben, mittels dessen Flugblätter in Kartonbehältern mit Zeitzündern abgeworfen wurden. Die Behälter waren Bomben aus Karton, in denen die dafür vorgesehenen Rauchkanister durch Faltblätter ersetzt waren. Gezielter war die Verteilung direkt an der Front, wo man im Text viel mehr auf lokale Situationen eingehen konnte. Die Verteilung fand durch die Artillerie mittels der 155er-Kanonen statt. Hier wurden Rauch- und Gas-Geschosse in ähnlicher

Weise verwendet. Die Kanonen hatten automatische Distanz-Regler, die anhand von Schieß-Tabellen eingestellt wurden. Da dabei das Inhaltsgewicht eine ausschlaggebende Rolle spielt, mussten für die Papier-Munition neue Schieß-Tabellen entwickelt werden.

Als einziger Artillerie-Offizier in unserem Stab fiel mir diese Aufgabe zu. Wir besorgten uns ein paar 155er-Geschosse mit Rauch-kanistern und Zeitzündern (die Geschosse sollten in der Luft explo-dieren und so die Ladung über eine größere Strecke verstreuen). Wir stellten den Gewichtsunterschied zwischen den beiden Ladungen fest. Dann konnten wir die Tabellen adjustieren. Ich konnte einer Probeschießübung beiwohnen, um die Richtigkeit unserer Berech-nungen zu prüfen. Dieser erste Beitrag zum aktiven Psy-War freute mich. Allerdings weniger als das nächste Erlebnis.

Operation Overlord

Anfang Mai befahl mir «Oberst» Powell, ihn auf einem Spaziergang zu begleiten, weil er mit mir alleine sprechen wollte. Er eröffnete mir unter der Bedingung absoluter Geheimhaltung, die bei Nichtbe-achtung unter höchster Strafe stand, das damalige «Top Secret» – Datum von «Overlord», der geplanten Invasion Frankreichs. Der Tag wurde von General Eisenhower im letzten Moment kurz auf den 6. Juni verschoben. Der Grund der Einweihung war, dass er mich als Teilnehmer an einer sehr geheimen englischen Informations-Ta-gung angemeldet hatte. Sie fand in einem einsam in der Nähe von London gelegenen Schloß statt, das vom Britischen Geheimdienst genutzt wurde. Wir sollten zwei Deutsch und Französisch spre-chende englische Spione treffen, die mit Fallschirmen über Frank-reich abgesprungen waren und, im Hinblick auf die Invasion, zu-rückgeholt wurden. Sie gaben uns ein höchst interessantes Bild der Atmosphäre im seit Jahren von den Deutschen besetzten Frankreich. Unsere Gruppe bestand aus englischen und amerikanischen Offizie-ren. Ich teilte einen Raum mit mehreren Kameraden. Im Schloß wa-ren wir zehn Tage in Klausur, weil wir auf die Ankunft unserer In-formanten warten mussten. Das waren für mich die schlaflosesten Nächte meines Lebens. So weit ich wusste, redete ich nie im Schlaf.

Das Geheimnis war mir aber, in seiner ganzen Bedeutung, auch für meine Person, ständig so bewußt, dass ich, der ich schon lange immer alleine geschlafen hatte und es nun nicht tun konnte, panische Angst hatte, das geheime Datum im Schlaf preiszugeben. Ein leichteres Erlebnis ließ einige von uns leise grinsen: Das Schloss wurde von WAAFs (Women's Auxiliary Air Force) standesgemäss für englische Gentlemen in einem Schloss betrieben. Die netten, adretten jungen Damen weckten uns morgens um 6 Uhr, indem sie uns den Früh-Morgen-Tee, den berühmten «early morning tea», ans Bett brachten und gleichzeitig unsere Uniform-Jacken zum Bürsten holten. Bei den Engländern war es üblich, dass die Jacken nach dem Frühstück zurückgegeben wurden. Am ersten Morgen waren wir Amerikaner beim Bettbesuch der frisch-fröhlichen jungen Damen natürlich etwas befangen, fanden die Sorge um unser Aussehen aber sympathisch. Als ich ins Arbeitszimmer der WAAFs ging, um meine Jacke zu holen, fand ich zwei fluchende Blondinen, die mit hochroten Köpfen versuchten, die Knöpfe an zwei amerikanischen Uniformjacken mit Nähnadeln zu säubern. Die Armen hatten übersehen, dass unsere Messingknöpfe ein filigranes Wappen hatten, während die britischen Knöpfe eine geschlossene Oberfläche aufwiesen, die man leicht mit Sidol zum Glänzen bringt. Unsere Knöpfe sahen, mit Sidol gefüllt, hässlich aus. An meiner Jacke waren ein paar Knöpfe schon einigermaßen sauber, ich beruhigte das Mädchen, nahm die Jacke und versprach, sie am Abend vor dem ins Bett Gehen vor die WAAF-Türe zu hängen. Nach drei Tagen hatte ich dann wieder eine präsentable Uniform. Die Gespräche mit den Spionen ergaben ein nützliches Bild der allgegenwärtigen Kollaboration der Vichy-Franzosen mit den sehr selbstsicheren Nazis. Aber es schien auch zwischen höheren deutschen Berufsoffizieren und den Nazi-Generälen zu gären. Das Gros der Bevölkerung hingegen hoffe auf ein baldiges Kriegsende.

Zurück in Weston informierte ich unsere Leute über das, was ich erfahren hatte, und schlief endlich wieder ruhig und tief alleine in meinem Zimmer.

Omaha Beach

Am 6. Juni begann «Overlord». Am 9. sagte mir Powell, dass ich ihn am nächsten Tag auf eine eintägige Erkundungstour begleiten sollte. Eddy Szepanik, unser Fahrer, sollte den Jeep und zwei Reserve-Kanister voll tanken, Abfahrt sei um 4 Uhr morgens. Gegen 11 Uhr landeten wir mit einer Infanterie-Truppe in der Normandie am Invasions-Sektor «Omaha Beech». Wir fuhren vom Strand hinauf über die nun leeren deutschen Befestigungen, um den ersten Standort unseres P&PW HQ zu bestimmen. Am späten Nachmittag fuhren wir auf einem leeren Landeschiff zurück und waren spätnachts wieder in Weston.

Am 12. Juni landeten wir dann endgültig mit unserem gesamten Fuhrpark, einschließlich des Kastenwagens mit den Radio-Abhörstationen und des Linotype-Druckerwagens.

Wir hatten auch eine kleine OSS-Gruppe von 3 Männern im Schlepptau. Das OSS (Office of Strategic Services – Amt für strategische Dienste) unterstand direkt den Vereinigten Stabschefs im Kriegsministerium und war u. a. ausgebildet, um hinter der Front Informationen zu sammeln, dort Kontakte zu Regimegegnern zu pflegen, Sabotage zu betreiben und Flugblätter zu verteilen. Sie trugen keine Uniform und waren, in einem gewissen Sinn, Konkurrenten des Heeresnachrichtendienstes G2 und von uns.

Wohl der erfolgreichste OSS-Mann war Allen Dulles, der in Bern unter dem Mantel eines biederen Geschäftsmanns agierte. Die «neutralen» Schweizer Behörden wollten keinen Ärger mit den Deutschen haben. Sie bemerkten offiziell nicht, dass er eifrig die kriegsnotwendige damalige Schweizer Spezialität, künstliche Diamanten, aufkaufte und nach Amerika schmuggelte. Er war vor allem Anlaufstelle für Fritz Kolbe, den wichtigsten Spion der USA im Berliner Auswärtigen Amt. Dulles war auch in die Verhandlungen auf neutralem Boden um die Kapitulation der Nazis in Italien verwickelt.

Wir hatten am 10. Juni eine Reihe deutscher «fox holes» (individuelle Schutzgräben) gefunden, die es uns leicht machten, unsere Bettrollen aufzumachen. In einem solchen Graben kochte Korporal Stevenson, der als mein Assistent und späterer Sekretär fungierte, auf einem Feldkocher für den Oberst und mich. Die drei OSS-Leute, die, ja viel mehr als wir, für ein Leben im Freien ausgebildet waren, taten das Gleiche, nicht weit von uns entfernt. Plötzlich gab es einen lauten Knall, jemand schrie: «Pass auf!», und ein Aluminiumtopf flog an uns vorbei. Die OSS-Kameraden hatten ein viel besseres Kochgerät neuester Art, aber konnten es zu unserem Erstaunen und geheimer Genugtuung nicht einmal richtig bedienen. Wir fragten uns, wie lange sie wohl mit dieser Unbeholfenheit unerkannt hinter den deutschen Linien bleiben würden. An dem Abend aßen sie kalt. Unsere Informationssammler und die Textschreiber, die alle ehemalige deutsche Emigranten waren, begannen ihre Arbeit. Sie wurden unterstützt von einigen zivilen Mitgliedern des OWI (Büro für Kriegsinformationen), die zu ihrer persönlichen Sicherheit Offiziers-Uniformen trugen, damit sie im Fall der Gefangennahme unter den Schutz der Genfer Konvention fielen.

Unter unseren Text-Schreibern befanden sich die Feldweibel Stefan Heym und Janos Burger. Powell wusste, dass beide überzeugte Kommunisten gewesen waren, sagte es mir aber nicht, sondern gab den Befehl, mir seien alle Texte vor dem Druck vorzulegen. Cliff konnte kein Deutsch. Mir befahl er, zu meiner Genugtuung und Freude an verantwortlicher Tätigkeit, die Texte auf Einhaltung der vorgegebenen Politik zu prüfen und ihn im Zweifelsfall zu unterrichten. Diese Kontroll-Aufgabe blieb mir bis zu unserer Rückkehr nach Amerika.

Auf dem Weg nach Paris

Auf dem Weg von der Normandie nach Paris fielen mir weissgefärbte Bäche auf. Zunächst dachte ich an Industrieabfälle. Aber bei den Bauern gab es keine Industrie. Dann fand ich heraus, dass Milch das Wasser färbte. Dieses Bild der milchweißen Bäche habe ich nie vergessen. Die Normandie war (und ist) der Hauptlieferant von Milchprodukten für Paris. Grundsätzlich ist der gesetzliche bakterielle Reinheitsgehalt der Milch in Amerika höher als in Europa. Amerika-

Selbstbildnis meines Grossvaters, ca. 1912.

Zeichnung meines Grossvaters, signiert TER, meiner Grossmutter Sophie ca. 1916.

Meine Mutter, Olivia Veit als Salome, 1915 im Düsseldorfer Schauspielhaus.

Mein Vater, gemahlt von meinem Grossvater, ca. 1912.

I

GI 's gehen an Bord eines Landungsschiffes.

10. Juni 1944: Genau so fühlten wir uns bei unserer ersten Landung in der Normandie ...

Ein Gutshof in der Normandie. Die Verwüstungen des Krieges und die Idyllen einer unberührten Landschaft lagen oft nahe beieinander.

8. Mai 1945: Es gab am Ende des Krieges auch unversehrte Zeugen aus alten Zeiten: Strassburg.

Mein Elsässer Glocken Projekt im August 1945 war ein voller Erfolg mit sehr gutem Medienecho.

Sowohl französichsprachige als auch deutschsprachige Texte erschienen in der Elsässer Presse.

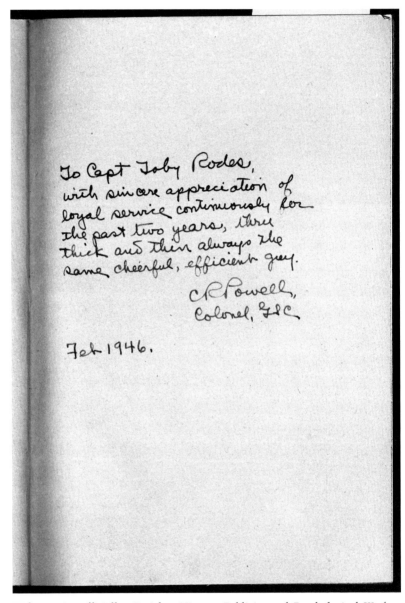

Widmung im offiziellen Bericht «History: Publicity and Psychological Warfare 12th Army Group 1943–1945» von Colonel (Maj. Gen.) Powell, meinem militärischen Vorgesetzten im Krieg.

RESTRICTED

HISTORY:

Publicity
and Psychological Warfare
12ᵗʰ Army Group

January 1943 — August 1945

RESTRICTED

Titelblatt der geheimen Publikation der zwölften Armee-Gruppe über Publizität und psychologische Kriegsführung.

Kommunikationsmittel der
Marshall-Plan Organisation
für das Europäische Wieder-
aufbau-Programm.

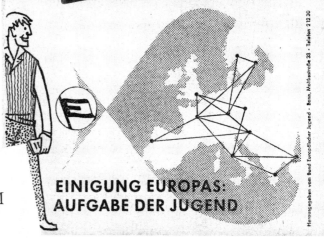

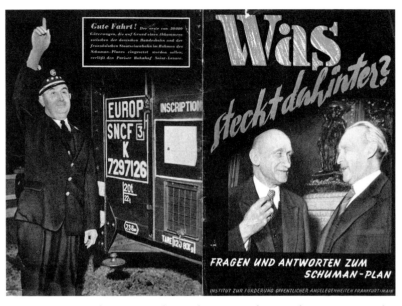

Wir unterstützten die Vortragenden an den Veranstaltungen des RKW's mit Lehr- und Instruktionsmaterial.

Ein historisches Dokument: Die Erstausgabe der «Neuen Zeitung» die wir namens der US Militärregierung für die amerikanische Besatzungszone und auch im amerikanischen Sektor in Berlin verteilten. Sie war zunächst zur Information der Bevölkerung und als Ersatz für die verbotene Nazi-Presse gedacht und unterstützte, nach der Lizenzierung deutscher Medien, bis 1955 unsere Aktivitäten.

Im Marshall Haus veranstalteten wir diverse Ausstellungen.

Plan aus dem Konzept für die Freie
Europ. Universität Wissenbourg.

Grosse KPM-Vase mit Dankeswidmung
der Stadt Berlin für meine Arbeit für die
Stadt 1951.

1957: Besuch bei den von Trothas mit meiner Freundin Wippi, Elisabeth Prinzessin von Schönburg-Hartenstein, geb. von Trotha. Wippis Grossvater war Flottenchef von Kaiser Wilhelm II, eine Tante die Frau des Grafen von Paris, des Anwärters auf den französischen Thron.

In den frühen Fünfzigerjahren: Mein erster grosser BMW, mit KFZ-Kennzeichen der amerikanischen Beatzungszone.

Barbara Lohmeyer, meine erste Liebe, 1933.

Meine Mutter Olivia und mein Bruder Johny auf der Überfahrt von Lissabon nach Kolumbien, Ende 1940.

Brigitte Schönberg-Belmont, meine erste Lebensgefährtin.

Barbara Eckert, meine erste Frau, 1960.

1953: Meine kurzzeitige Lebensgefährtin Antonie «Toni» Seidel (rechts) mit ihrer Schwester.

Selbstbildnis Dr. Hubert Mumelter mit Widmung an uns.

Die Langkofel-Gruppe von der Seiseralm aus, Wasserfarbengemälde von Hubert Mumelter.

ner trinken viel Milch, ihre Mägen sind auf ihre Milch eingestellt. Frische französische, unbehandelte Milch direkt vom Bauern zu trinken konnte Verdauungsbeschwerden auslösen. Ein Soldat mit Bauchweh kämpft nicht besonders gut. Daher war es uns strikt verboten, die von den Bauern freudig angebotene Milch zu trinken. Statt dessen mussten unsere Leute Milch trinken, die aus chloriertem, in Wasser aufgelöstem Milchpulver bestand und entsprechend grausig schmeckte. Die Desinfizierung von Trinkwasser mit Aktiv-Silber Kugeln kam erst später auf. Noch war die Normandie von ihrem Pariser Markt vollkommen abgeschnitten. Den Bauern blieb nichts anderes übrig, als einen Großteil ihrer Milch in den nächsten Bach zu gießen.

Die kulturellen Unterschiede…

In den US-Streitkräften gilt eine unumstössliche Regel, die jede Ansprache an die eigenen Militärs der Personal-Verwaltung vorbehält. Psy-War-Krieger dürfen sich nur an Nicht-Amerikaner wenden. Wir durften daher leider unseren eigenen Leuten das Problem der französischen Bauern sowie die Einstellung und Kultur der Franzosen nicht näherbringen. Erschwerend war die Unkenntnis der Sprache der anderen Nation und die Reduktion der Kommunikation auf die Zeichensprache. Unsere Soldaten hatten im Grund Mitleid mit den «von den Nazis besetzten» Franzosen. Von der Existenz der Kollaborateure hatten sie natürlich keine Ahnung. Sie schenkten zunächst den Kindern ihre Schokolade-Rationen und den Bauern Zigaretten. Die Normannen hatten bei Ankunft der Deutschen vier Jahre zuvor, Flaschen mit Calvados, ihrer weltweit bekannten Spezialität, einem aus Äpfeln destillierten Schnaps, vergraben. Kaum waren die Deutschen weg, gruben sie die, nun gut gelagerten und daher wertvollen, Flaschen aus und offerierten amerikanischen Soldaten zunächst ein paar Schluck in kleinen Schnapsgläsern. Alkohol war natürlich strikt verboten, drum schmeckte das «Zeug» ihnen besonders gut, aber sie kannten, wenn überhaupt, nur schwarz gebrannten Bourbon Whiskey und konnten die Milde und den Geschmack eines alten Calvados nicht erkennen. Also verlangten sie große Gläser und wurden im Nu volltrunken. Da die Bauern gerne mit der Zigaretten-Reservewährung einkauften was sie nicht selber produzierten, entspann sich schnell ein Handel. Sie produzierten neuen Calvados, den sie ein paar Tage über dem Herd «alterten», und verkauften ihn gegen Zigaretten, Schokolade, Benzin und Feuersteine für Anzünder und dergleichen. Die Bauern fanden die saufenden Amerikaner unkultiviert und die Amerikaner fühlten sich bei dem Handel übers Ohr gehauen. Reden konnten sie ja nicht miteinander.

Ende Juni wurde uns ein französischer Verbindungsoffizier, Hauptmann Jean Auberjaunois, ein Schriftsteller, zugeteilt, um den englisch-französischen Dialog zu erleichtern. An einem heißen Julitag machten wir auf einem abgeernteten Feld Mittagspause. Jean kam von einem Besuch bei Bauern und brachte eine Flasche alten «Calva» (Calvados), die er Powell als ein Geschenk Frankreichs übergab. Powell kannte das Wort «Calva» nicht. Er rief nach einem unserer Plastik Wassergläser, goß es voll, im Glauben, es sei Wein. Mit einem herzhaften «cheers» nahm er einen guten Schluck und merkte sofort, dass es ein starker Schnaps war. Er wollte seinen Fehler nicht vor der ganzen Truppe preisgeben, rief daher: «Eddie bring my bed.» Eddie brachte das Gestell, machte es auf, Powell ließ sich drauffallen und sagte zu mir: «Weck mich in einer Stunde» und schlief prompt sehr entspannt ein.

Unterwegs in Frankreich

Die Franzosen waren ja unsere Alliierten. Charles de Gaulle, nachweislich ein hervorragender General, war Chef der französischen Exilregierung und benahm sich in London wie ein Kaiser. Für die Invasion der Normandie wurde aus Exil-Franzosen die 2ième Division Blindée (2. Panzer-Division) unter General Philippe Leclerc de Hauteclocque zusammengestellt. Eisenhower wollte sicher sein, dass die Franzosen bis zur Einnahme von Paris in keine verheerende Schlacht verwickelt würden. Als Geste für de Gaulle war geplant, dass er, der Chef des freien Frankreich, triumphierend als Befreier von Paris auftreten konnte. Wir konnten die Befreiung Frankreichs von Hitlers Wehrmacht und seinen Vichy-Verbündeten durch Franzosen in unseren Kommunikationen an die Deutschen als Beweis für Hitlers großmäulige Verlogenheit nutzen. Aber General Leclerc war ein Draufgänger, was er sehr erfolgreich in Afrika bewiesen hatte. Er wollte schnellstens Paris befreien. Entgegen Eisenhowers Befehl preschte er voran und geriet zwischen zwei deutsche SS-Divisionen. Sie hätten de Gaulles einzige militärische Einheit an der europäischen Westfront ausschalten können, was im letzten Moment verhindert werden konnte. Leclerc erhielt schriftlich den, von uns zur Sicherheit ins Französische übersetzten Befehl, in Ramboulliet zu stoppen, bis General Eisenhower ihm persönlich den Einmarsch nach Paris gestatten werde.

Die Gefühle und Einstellung vieler von uns gegenüber «den verdammten Deutschen» hatten sich stark verhärtet, nachdem wir am 13. Juni vom SS-Mord der Frauen, Kinder, Greise und Kranken in Oradour-sur-Glane gehört hatten. Waren vorher Hitler und seine Nazihorden der Feind, den es zu besiegen galt, waren es für viele von uns nun «die Deutschen». Die Zerstörungen deutscher Städte durch alliierte Bomber wurden begrüßt, in der Hoffnung, dass die Bevölkerung endlich verstehen würde, wie «ihr» Führer ihnen wissentlich den totalen Ruin und Tod brachte.

Erfahrungen in der psychologischen Kriegsführung

Auf dem Weg nach Paris machten wir drei interessante Psy-War-Erfahrungen, die den Grundsatz einer erfolgreichen Kommunikation bestätigen: Der psychische Zustand des Empfängers ist ausschlaggebend für den Erfolg einer Kommunikation.
1. Ein deutsches Bataillon hatte sich auf einem Hügel eingegraben und war von einer US Kompanie umzingelt. Den Hügel im Kampf zu nehmen hätte sehr verlustreich sein können, aber man konnte ja keinen Feind hinter den eigenen Reihen operieren lassen. Der US-Kompanie-Chef sandte einen Leutnant mit einer weißen Fahne, um dem deutschen Oberst die Sachlage zu erklären und ihn aufzufordern, sich zu ergeben. Der Oberst sagte, seine Ehre als deutscher

Offizier verbiete es ihm, sich aus seiner starken Position heraus dem Feind zu ergeben. Er könnte nur aufgeben, wenn er bei einer Attacke von vorherein unterlegen wäre und er seine Soldaten nutzlos dem Tod aussetzen würde, z. B. hätten seine Leute keine Gasmasken dabei. Es wurde vereinbart, wir würden ein paar Rauch-Kanister am Fuß des Hügels zünden. Dann würden die Deutschen ihre Waffen niederlegen und eine weiße Flagge hissen und in die bereitgestellten Wagen steigen. Gefangene zu machen, ohne einen Schuss zu feuern, war ja unser höchstes Ziel, das wir auch hier erreichten.

2. Etwas Ähnliches geschah in Cherbourg. Die Stadt war fast erobert. Ein deutscher General hatte sich aber mit seinem Stab und einer Einheit in der Festung verschanzt. Am 27. Juni fuhr Patrick «Pat» Dolan, einer unserer OWI-Zivilisten, als Hauptmann uniformiert mit einem unserer Lautsprecherwagen vor das Tor der Festung und forderte den kommandierenden Offizier zur Aufgabe auf. Der ließ wissen, er könne das nur angesichts einer absoluten Übermacht tun. Das Tor konnte nur mit einem großen Geschoß gesprengt werden. Pat hatte Schwierigkeiten, einen Tank-Kommandeur zu überreden, einen Tank vor das Tor zu fahren. Am 29. Juni stand ein Tank da. Das Tor öffnete sich, und der deutsche General stand mit der gesamten Besatzung im Hof. Er trug seinen dekorativen langen Säbel, nahm ihn vom Gürtel und überreichte ihn zeremoniell unserem «Hauptmann». Pat wusste zunächst nicht, was er tun sollte, wie er mir später erzählte, dann erinnerte er sich an eine Hollywood-Filmszene, wie, in altritterlicher Art, ein ebenbürtiger, besiegter Feind geehrt wurde. Er legte den Säbel auf beide offenen Hände und gab ihn dem General mit einer Verbeugung zurück.

3. Etwas ganz anderes trug sich Ende August vor der U-Boot-Hafenstadt Brest zu. Ab dem 26. war die Stadt endlich umzingelt. Der Super-Nazi General Ramcke hielt die befestigte Stadt mit ihren Vororten und wollte, gemäss Hitlers Befehl, nicht aufgeben. Aber sollte er dazu gezwungen werden, würde er die Stadt vorher vollkommen zerstören. General Bradley wollte den Kampf um Brest so schnell wie möglich beenden. Wir sandten ein kleines Lautsprecher-Team vor

die Tore und luden die Deutschen ein, sich in Kriegsgefangenschaft gemäss der Genfer Konvention in Sicherheit zu bringen. Wir boten auch erste medizinische Hilfe an. Das brachte einen deutschen Unteroffizier bei Nacht und Nebel zum Überlaufen, weil er glaubte, sich bei einer Prostituierten angesteckt zu haben. Eine detaillierte Befragung, bevor er weggebracht wurde, ergab eine nützliche Strategie zur Demoralisierung der eingeschlossenen deutschen Einheiten. Wir konnten unter Namensnennung einiger Offiziere höflich-rhetorisch fragen, ob sie sich auch angesteckt hätten. Die Strategie wirkte. General Ramcke fand sich immer mehr isoliert, eine Reihe deutscher Militärs flohen zu uns in Gefangenschaft. Am 18. September kapitulierte Ramcke mit 37 382 Soldaten, ohne Brest vollkommen zerstört zu haben. Positiv gesehen, hatte die Prostitution viele Menschenleben gerettet!

Eisenhowers Passierscheine

Das Problem der Logistik war eines der größten in General Eisenhowers europäischer Kampagne. Nicht zu Unrecht hing ein Plakat hinter dem Schreibtisch des verantwortlichen General Smith mit der Aufschrift: «Das Schwierige erledigen wir sofort, das Unmögliche dauert etwas länger!» Über größere Distanzen mussten immer mehr Menschen mit Lebensmitteln versorgt und immer mehr Treibstoff, Reparatur- und Ersatzmaterial vorwärts transportiert und Kranke, Verwundete und Tote von den Fronten weggebracht werden.

Der antibolschewistische, mit Hitler verbündete russische General A. Wlassow musste auch eine Division gegen die westlichen Alliierten einsetzen. Viele seiner Soldaten sahen wenig Grund, gegen Amerikaner und Briten zu kämpfen. Sie nutzten zahlreich unseren meist verteilten, beliebten «Passierschein», der, über der Unterschrift «des Oberkommandeurs der West-Alliierten, General Dwight D. Eisenhower», gemäss der Genfer Konvention sofortiges freies Geleit aus der Kampfzone, medizinische Versorgung, gute Verpflegung und Behandlung garantierte. Moskau hatte angeboten, alle bei uns auftauchenden Russen zu übernehmen, und Eisenhower hatte das Angebot angenommen.

Zum Input-Teil unserer HQ-Arbeit gehörte kontinuierliches Radio-Monitoring. Das schloß gelegentlich auch russische Sendungen ein. So hörten unsere Beobachter per Zufall, was mit den ersten Wlassow-Soldaten, die den Russen übergeben worden waren, geschah: Sie wurden unter Anklage der Fahnenflucht sofort ermordet. Als Eisenhower das erfuhr, befahl er, keine Russen mehr auszuliefern.

Eine Vorahnung des Kalten Krieges

Ein Phänomen, das mir in meinen Unterhaltungen auf dem Weg von der Küste nach Paris auffiel, war die innere politische Zerrissenheit der Franzosen. Es gab demokratische Chauvinisten, Faschisten unter Leon Degrelle und von Stalin finanzierte Kommunisten. Sobald die Deutschen aus einer Ortschaft vertrieben waren, begannen die Auseinandersetzungen zwischen den Widerständlern und den Kollaborateurinnen und Kollaborateuren. In den Städten tauchten gut organisierte französische, von Moskau finanzierte Kommunisten auf. Sie behaupteten, echte Widerstandskämpfer gewesen zu sein und daher, wie die wirklichen Untergrundkämpfer, berechtigt, die lokale Verwaltung zu übernehmen. De Gaulle bekämpfte diese Entwicklung nicht. Im Gegenteil, er unterzeichnete im Dezember 1944 seinen Zusammenarbeits-Vertrag mit dem «alliierten» russischen Herrscher Stalin. Für mich war diese Entwicklung eine Vorahnung des Kalten Kriegs.

Einzug in Paris

Anfang August, als der alliierte Vorstoß sich beschleunigte, spitzte sich die Lage in Paris zu. Am 10. August organisierte der Pariser Widerstand den ersten Aufstand. Die Stimmung wurde aufgeheizt, als die Deutschen und rabiate Vichy-Anhänger 35 jugendliche Pariser erschossen. Am 18. August gab es einen Generalstreik und Widerständler kämpften gegen Vichy-treue Polizisten und Deutsche. Am 22. gab General Bradley den Befehl, Paris zu erobern. Leclerc und seine Truppe brachen von Rambouillet aus auf und trafen am 24. in Paris ein, als bereits ein Großteil der Stadt unter ziviler französischer

Kontrolle stand. Am 25. August morgens war alles vorbei. Am Nachmittag kapitulierte, entgegen Hitlers Befehl, General Dietrich von
Choltitz und begab sich mit rund 10 000 Mann in Gefangenschaft.

Wir kamen gegen Abend in die Stadt und zogen ins Hotel Casti-
glione in der Rue St. Honoré. Es war offensichtlich erst kurz vorher
von den Deutschen in Hast geräumt worden. In meinem Zimmer
stand noch das Wasser in der Badewanne und das Bett war nicht gemacht. Wir sollten nur ein paar Tage in Paris bleiben und uns auf die
nächste Etappe vorbereiten. Am nächsten Tag hatte ich Zeit, mich
etwas in Paris, das ich von meinen früheren Besuchen her kannte,
umzusehen. Ich hatte gehört, dass die Soldaten Leclercs nicht kaser-
niert waren, sondern in Zelten auf den Grünstreifen an Alleen, die
vom Etoile zum Bois de Boulogne führten, wohnten. Ich fand zu meinem Erstaunen dort eine lange Reihe von Ein-Mann-Zelten, vor denen adrette, junge Französinnen standen und darauf warteten, einen,
im Moment noch nicht freien «Befreier» zu beglücken. Der Anblick
und gewisse Geräusche animierten mich zu meinem ersten und letzten Besuch bei einer Prostituierten. Sie sprach mich in einem Café
am Boulevard des Tuileries an. Sie wohnte im selbem Haus. In der
Nacht vom 26. August schickte Hitler, wegen der vernünftigen Kapitulation wutentbrannt, Kampfflugzeuge zur Bombardierung von
Paris. Ihnen fielen fast 600 Gebäude zum Opfer.

Dinner bei Hans Habe

Am 27. kamen Eisenhower und Bradley offiziell nach Paris, es
herrschte eine festliche Stimmung. Am Abend gab Hans Habe ein
Nachtessen in der Pariser Residenz seiner zweiten Frau, der in
Washington D. C. lebenden Millionärin Eleanor Davies. Das Haus in
der supervornehmen Rue de la Faisandrie 16 war während des Krieges
von einem Hausmeister-Ehepaar unterhalten worden. Die Gäste waren drei französische Obersten mit ihren Frauen, Cliff Powell und
ich. Als Ranghöchster saß er am Kopfende der Tafel, ich links von
ihm und Hans am anderen Ende. Als der Weißwein zur Vorspeise
serviert war, klopfte Powell an sein Glas und rief in die aufmerksame
Stille mit einem miserablen französischen Akzent, was er im Ersten

Weltkrieg im Kavallerie-Kasino gelernt hatte: «Meine Damen, meine Herren, einen Toast – auf unsere Frauen, auf unsere Pferde und auf die, die sie reiten!» Es entstand eine eisige Stille. Er zischte zu mir: «Was habe ich gesagt?» Ich zurück: «Sagen Sie kein weiteres Wort.» Eine braunhaarige, sehr zierliche Frau eines französischen Obersten hatte uns beobachtet und verstanden, dass Powell nicht wusste, welchen Fauxpas er sich geleistet hatte. Sie lächelte die anderen Gäste an und klatsche. Das Eis war gebrochen, und die Atmosphäre entspannte sich. Dieses Erlebnis brachte Clifford Powell und mich gegenseitig irgendwie noch näher. Wenn wir von da an alleine waren, sprach ich ihn mit seinem Vornamen-Kürzel Cliff an.

Auf dem Weg nach Deutschland

Am 28. August verließen wir Paris und fuhren nach Verdun in die Kasernen aus dem Ersten Weltkrieg. Wir schliefen in den Kavallerieställen, die seit jener Zeit kein Pferd mehr gesehen hatten. Es regnete viel, alles war feucht. Cliff und ich schliefen in einem Stall, der immer noch so nach Pferdeurin stank, dass wir fast jeden Abend gemeinsam eine Flasche Hochprozentiges tranken, um einschlafen zu können.

Anfang September hörten wir von den Vorschlägen zur Friedenssicherung, die der US-Finanzminister Henry Morgenthau ausgearbeitet hatte, und dass Präsident Roosevelt den «Plan» letztendlich ablehnte. An der Konferenz von Quebec wurden von Churchill und Roosevelt die westlichen Besatzungszonen festgelegt. Dieser Beschluß war für unsere weitere Arbeit sehr wichtig.

Mit Hans Habe und Stefan Heym in Luxemburg

Am 12. September kamen wir nach Luxemburg. Wir etablierten uns im Radio-Luxemburg-Komplex, dem späteren RTL, der von Mathias Felten, einem der Besitzer, geleitet wurde. Wir bewohnten ein kleines Hotel in Bahnhofsnähe.

Meine Zeit in Luxemburg war gefüllt mit unvergeßlichen persönlichen Erlebnissen und wertvollen beruflichen Erfahrungen. Wir hatten zu wenig Zimmer im Hotel. Ich teilte daher eins mit Hans Habe. Er hatte in der Vergangenheit viel Mut bewiesen, trug maßgeschneiderte Uniformen und war ein gut aussehender Mann mit dunkelblonden Haaren. Eines Morgens beobachtete ich mit Erstaunen, dass Hans nicht nur seine Kopf-, sondern auch seine Brusthaare färbte. Ich wusste nicht, dass es so was gab. Wahrscheinlich erachtete er es als notwendig für seine Rolle als Frauenheld.

Gravierender einerseits und amüsant andererseits fand ich das Erlebnis mit Stefan Heym, den ich dennoch wegen seiner schriftstellerischen Leistungen zur direkten Beförderung vom Oberfeldwebel zum Leutnant vorschlug. Im Vergleich zur Luxemburger Bevölkerung lebten wir 1945, was die Ernährung betraf, in Saus und Braus. Ich befahl meinem Küchenchef, alle übrig gebliebenen, brauchbaren Lebensmittel dem lokalen Krankenhaus zu geben. Unser Kaffee wurde nur einmal aufgebraut. Sie hatten keinen Kaffee und waren froh, den Satz zu trocknen und noch einmal zu nutzen. Schlimmer noch war es um Fleisch und einige Gemüse bestellt. Ich ließ das auch in den USA rationierte Fleisch in Portionen jedem Einzelnen servieren, alles andere aber «family style» auf den Tisch stellen. Jeder sollte sich nehmen, was er essen wollte, der Rest ging ans Krankenhaus. Eines Tages kam unser Koch zu mir und sagte: «Der Heym lädt sich immer den Teller bis oben voll und läßt dann einen Haufen zum Wegwerfen.» Ich zitierte mir Heym und sagte ihm, dass er, wie die anderen, nur das zu nehmen habe, was er tatsächlich esse, er könne sich ja so oft nehmen, wie er wolle, aber der Rest käme den Patienten im Krankenhaus zugut. Feldwebel Heym schaute mich verärgert an und ging. Am nächsten Tag wiederholte sich das Schauspiel, er hinterließ einen Viertel Teller voll Gemüse. Ich ließ ihm das Übriggelassene zum Abendessen servieren. Er aß es nicht und bekam es zum Frühstück wieder vorgelegt. Mittags sagte mir der Koch, jetzt sei das Zeugs nicht mehr gut, und ich ließ es wegwerfen. Aber Heym erschien nicht zum Essen. Er verköstigte sich zunächst auf dem Schwarzmarkt. Dann fügte er sich. Aber in «The Cruisaders» (Die Kreuzfahrer), seinem ersten Nachkriegs-Buch von 1948, beschrieb er einen kriegerischen amerikanischen Major, mit dem er offensichtlich mich meinte. Als er Ende 1945 im Kalten Krieg wegen seiner kommunistischen Haltung aus der Armee entlassen wurde und 1952 seinen amerikanischen Pass gegen einen bolschewistischen ostdeutschen tauschte, ärgerte ich mich doch über meine voreilige Beurteilung und seine Beförderung zum Leutnant.

Psy-War Aktivitäten basieren auf Informationen über den Feind, die aktuelle Lage an der Front und im Landesinneren. Eine wichtige Quelle für solche Informationen waren die Kriegsgefangenen. Die meisten Soldaten sehnten sich nach dem Ende des Kriegs. Unter den Offizieren befanden sich gelegentlich auch gut informierte höheren Grades. Aber aus Angst vor Hitlers Gestapo wollte kaum einer vor mehr als vier Augen reden. Wir mussten sie also für die Befragung isolieren. Um dies bewerkstelligen zu können, erhielten wir Erlaubnis, 20 von Eisenhower unterzeichnete, persönliche Ausweise auszustellen. Sie verpflichteten alle ihm unterstellten Militärs, den Träger und eventuell Mitfahrende mit Treibstoff und Essen zu versorgen, ohne die Mitfahrer nach ihrem Namen zu fragen. Obwohl ich eigentlich an den Befragungen nicht beteiligt war, stellte ich mir auch einen Ausweis aus, der mir in der Folge sehr nützlich war. Die Deutschen ließen bei ihrem Rückzug aus Luxemburg eine Reihe französischer Privatwagen stehen, die sie irgendwo hatten mitgehen lassen. Uns fehlten Militärwagen. Ich requirierte einen Rosengart Cabrio, ein Citroen-Luxus-Modell, ließ es als US-Armeefahrzeug registrieren und fuhr es, aufgrund des Spezialausweises, bis wir im März 1945 nach Bad Nauheim, nördlich von Frankfurt, zogen.

Die im Herbst '44 immer schneller aufeinander folgenden Kriegsereignisse ließen sich mit unserem kleinen Stab nicht mehr adäquat verfolgen. Wir stellten daher vier junge Luxemburgerinnen, die fließend Englisch konnten, als Sekretärinnen an. Wir besorgten englische Mädchen-Uniformen ohne Rangabzeichen und gaben ihnen 12th-Army-Group-Schulterabzeichen zum Annähen. Als meine Sekretärin bestimmte ich Odette Brausch, Tochter eines kürzlich verstorbenen Arztes, dessen schwarzer Chevrolet ihr zur Verfügung stand. Es gab kurz nach der Befreiung natürlich keinen Treibstoff für

Privatpersonen in Luxemburg. Ich stellte sie offiziell als Sekretärin/Chauffeuse an und gab ihr entsprechende Papiere. Ich ließ mich auch von ihr auf meine Fahrten nach Reims zum Alliierten-HQ chauffieren. Ihr Wagen war bequemer als mein Cabrio und eine Zeit lang sicherer. Wir hatten gehört, dass der deutsche SS-Geheimdienst-Offizier Skorzeny mit ein paar Soldaten in US-Uniform in der Dunkelheit noch sein Sabotage-Unwesen hinter unseren Linien trieb und dass er versuchen wollte, nach Reims zu gelangen, um Eisenhower zu ermorden. Eines Abends saß ich daher auf der Fahrt neben Odette mit meiner geladenen 9-mm-Pistole, als ein Hase, von den Scheinwerfern geblendet, am Straßenrand saß. Ich ließ sie halten und sagte, ihre Mutter könnte sicher einen Hasen zubereiten, stieg aus, zielte und schoß. Der Schuß landete vor dem Hasen, der nächste hinter ihm. Ich dachte an Artillerie-Übungen «zu kurz – zu lang – bum in die Mitte.» Der nächste Schuß ging auf die Seite, Odette lachte und ich lief zum Hasen hin und verscheuchte ihn.

Mitte Oktober lernte ich den Leiter einer Luxemburger Brauerei kennen, wurde nach Hause eingeladen, traf seine Frau, den Sohn und zwei Töchter. Sie halfen mir, im Zentrum der Stadt, an einer Kreuzung mehrerer Strassen, eine von den Nazis geräumte, kleine, einfach möblierte Wohnung zu finden. Endlich konnte ich alleine schlafen. Sie ließen ihre Putzfrau die Wohnung betreuen. Auf der Kreuzung herrschte Tag und Nacht ein reger Verkehr, oft kreuzten sich Kolonnen. Daher war in der Mitte des Platzes ein Militär-Polizist stationiert, der den Verkehr regelte.

Die Nazis ärgerten sich sehr über Radio Luxemburg. Wir betrieben Radio Luxemburg, weit nach Deutschland hinein hörbar, als Sprachrohr des Alliierten Oberbefehlshabers. Unsere Sendungen richteten sich an die verschiedenen Zielgruppen in Deutschland, das heisst an die Zivilbevölkerung, an Nazi-Partei-Führer, Militär und Zwangsarbeiter. Hauptthemen waren die Nutzlosigkeit des weiteren Widerstands und das zunehmende Leiden der Menschen, insbesondere der kleinen Kinder und der seit dem 25. September zum Militärdienst gezwungenen Jungen ab 16. Jahren. Wir riefen auch zur Sabotage der militärischen Transporte auf. Ich gehörte nicht zum Team der Moderatoren. Aber bei der Prüfung deutscher Texte, die zur Sabotage aufforderten, kam mir die Idee, die italienischen Zwangsarbeiter, die, wenn überhaupt, kaum Deutsch konnten und sicher sehr unzufrieden waren, direkt in ihrer Muttersprache anzusprechen. Ich stellte mich als ein mit den Amerikanern kooperierender italienischer Major vor und erklärte ihnen, wie sie Eisenbahnwagen einfach, schnell und wirksam zum Stehen bringen konnten, indem sie ein bißchen Sand in ein paar Rad-Achsen gossen.

Die Dicke Bertha und die Beinahe-Gefangenschaft

Eines Abends fuhren die Deutschen eine mobile «Dicke Bertha»-Kanone an der Mosel entlang, nahe an die Stadt Luxemburg heran. Sie feuerten nur ein Geschoß ab und zogen die Kanone wieder zurück, um sie vor unserer Artillerie zu schützen. Dieser Schuß, der wahrscheinlich der Radio-Station galt, weckte mich, als er genau in der Mitte der Kreuzung vor meiner Wohnung einschlug und den verkehrsregelnden Polizisten buchstäblich zerfetzte. Das Geschoß hinterließ nicht nur einen furchtbaren Anblick von Blut und Körperteilen, sondern auch ein Stück Schrapnell, das durch das offene Fenster meines Schlafzimmers 10 cm über meinem Kopf im hölzernen Kopfende der Bettstatt stecken blieb.

Im November erfuhr Powell, dass sein Sohn Paul in einer Infanterieeinheit südlich von Luxemburg war. Er beschloß, die dort in der Nähe operierende mobile Radio Brodcasting Company zu inspizieren und gleichzeitig den Sohn zu sehen. Er forderte mich auf, die Fahrt zu organisieren. Ich hatte in meinem Büro eine Landkarte an der Wand, auf der die aktuelle kurvige Frontlinie durch einen mit Stecknadeln befestigten roten Wollfaden gekennzeichnet war. Sobald die tägliche Frontmeldung eingegangen war, wurden die Nadeln entsprechend umgesteckt. Bevor wir wegfuhren, markierte ich die Front auf meiner Straßenkarte, merkte aber nicht, dass eine Nadel heruntergefallen war und daher die Front tatsächlich anders verlief. Wir fuhren in unserem Jeep los, Powell saß vorne neben Eddie, ich auf der Hinterbank. Wir fuhren auf einer hügeligen Landstrasse, von der ich einige Kilometer vor der Front abbiegen wollte. Ich warnte Eddie: «Nach der übernächsten Kurve biegen wir rechts ab». Powell, der gedöst hatte, wachte auf, las ein Ortsschild und brüllte Stopp! Er erinnerte sich, wo die Front tatsächlich verlief, und realisierte, dass wir bestenfalls schnurstracks auf dem Weg in deutsche Kriegsgefangenschaft waren. Powells Blick genügte, wahrscheinlich auch weil er mir ansah, dass ich mich gleichzeitig schämte, erleichtert war und mich wunderte, wie uns das passieren konnte.

12 nach 12 auf Welle 1212

Am 22. November wurde, im Rahmen der Elsaß-Lothringen-Kampagne, Metz von der 7. US-Armee und der 1. Französischen-Armee unter General Jean de Lattre de Tassigny befreit. Das Oberkommando der deutschen Wehrmacht benutzte einen Kodier-Telegrafen, «Hellschreiber» genannt. Mittels diesem sandten sie nachts ihre Tagescommuniqués an die Medien. Sie sandten sie auch, wenn immer möglich, an die Stäbe der im Land operierenden Armee- und SS-Einheiten.

Ein solcher Hellschreiber war in einer Zeitungsredaktion in Metz gefunden und zu uns gebracht worden. Er gab uns die Möglichkeit, in Deutschland wirklich Unruhe zu stiften. Wir wussten, dass deutsche Radiostationen nachts nicht senden durften, weil Goebbels Angst hatte, sie könnten den alliierten Bombergeschwadern als Zielscheibe dienen. Das Berliner Wehrmachts-Communiqué erschien also immer am folgenden Morgen in den Zeitungen und Radio-Nachrichtensendungen. Auf Radio Luxemburg beendeten wir die offiziellen Sendungen um 23 Uhr.

Wir richteten eine Sende-Kabine im Monitor-Wagen ein und fuhren ab Dezember jeden Abend die Sendestärke von 100 auf 50 Kw herunter und wechselten die Wellenlänge von 1250 auf 1212. Dann identifizierten wir uns als «deutsch – nationale, nicht national-sozialistische» Armee-Offiziere, die, im Hinblick auf die Probleme in der Kommunikation, die Truppen mit Informationen unterstützen wollten, zumal die Kämpfenden selten eine Tages-Zeitung lesen konnten.

Wir sendeten «um 12 nach 12» auf «Welle 1212» bis 6 Uhr früh. Ich arbeitete von etwa 10 Uhr an meistens bis 19 Uhr im Büro und nach dem Nachtessen noch bis 21.30. Dann ging ich kurz nach Hause oder besuchte die Bierbrauer-Familie auf ein frisch gebrautes dunkles Starkbier. Gegen 23.30 Uhr fuhr ich dann zu «Radio 1212» und blieb da bis etwa 5 Uhr morgens. Ich hatte im Schnitt 4 Stunden Schlaf, bis wir die Station schlossen und Mitte März nach Deutschland weiterfuhren. Während dieser Zeit hielt ich mich mittels Aufputsch-Tabletten wach und wurde zum Pall-Mal-Kettenraucher. Außer beim Essen oder Schlafen hatte ich immer eine im Mund und zündete die nächste daran an. Mir war klar, dass das nicht gesund war, aber wir waren im Krieg, andere riskierten nicht nur ihre Gesundheit, sondern auch ihr Leben.

Ärger mit dem Bischof von Aachen

Neben den Communiqués nutzten wir andere Informationen, um unsere Glaubwürdigkeit als deutscher Geheimsender zu festigen. Am 21. Oktober war Aachen als erste größere deutsche Stadt endlich in unsere Hände gefallen. Die Stadt war vorher von einem Artillerie-Großangebot umzingelt gewesen. Der kommandierende Nazi-General hatte zunächst die Bevölkerung gezwungen, die weißen Tücher, die als Signal der friedlichen Übergabe dienen sollten, wieder zu entfernen. Wir hatten es in Flugblättern und Lautsprecher-Sendungen vorgeschlagen. Als dann die ersten Geschosse einschlugen, bekam der tapfere Nazi Angst und verschwand. Wir sandten einen unserer Soldaten, der ein hohes katholisches Amt in seiner Heimatgemeinde innehatte, zum Bischof von Aachen. Er sollte mit ihm besprechen, wie die Kirche mit uns gemeinsam der darbenden Zivilbevölkerung helfen könnte. Wir waren der irrtümlichen Meinung, dass die katholische Hierarchie froh wäre, Hitler und seine Horden los zu sein und in Frieden leben zu können. Seine verblüffende Antwort lautete: «Zuerst bin ich Deutscher und dann Katholik!» Er verweigerte seine Hilfe. Wir fanden bald heraus, dass die katholischen Pfarrer sich fast ausschließlich als verantwortungsvolle Seelsorger sahen, was man von den höheren Kirchenbeamten nicht sagen konnte. In unserer Radiosendung sprachen wir natürlich nur von der fast friedlichen Übergabe der Stadt und der Flucht des SS-Generals.

Ein Zufall ermöglichte schließlich eine markante Festigung unserer Glaubwürdigkeit. Ein Kölner, ein im Untergrund lebender sozialdemokratischer Parteisekretär, hatte sich nach Luxemburg abgesetzt und war von der lokalen Polizei festgehalten und uns auf seinen Wunsch hin überstellt worden. Er wollte helfen, den Krieg und damit das Nazi-Regime zu beenden. Jahrelang hatte er im Rheinland, von Köln bis Koblenz, SPD-Partei-Mitglieder geworben und betreut und kannte viele Familien und Zusammenhänge. In Luxemburg gab es ein 12.-Armee-Gruppen-Regional-Kommando-Zelt, in dem jeweils die letzten Luftaufnahmen nach den Bombardierungen zu sehen waren. Kraft unseres Spezialausweises hatten wir Zugang zum Zelt. Wir hatten den SPD-Sekretär in unserer Spezialvilla für Gefangenenbefragungen untergebracht. Anhand der Fotos und detaillierter Straßenkarten konnte er immer wieder zerstörte Gebäude identifizieren und sagen, wer da gewohnt oder gearbeitet hatte. Wir drückten dann in Radio 1212 «der Familie XY unser Beileid aus», etc. Manchmal konnten wir einzelne Namen, auch von Kindern, nennen. Neben unseren Frontberichten wurden diese quasi nur an die rheinische Zivilbevölkerung gerichteten Sendungen bis zur Überquerung des Rheins auf der Brücke bei Remagen am 7. März fortgesetzt.

Die Ardennen-Offensive

Während der deutschen-Ardennen-Gegenoffensive, die am 16. Dezember begann, hatten wir zunächst große Sorge, dass wir uns aus Luxemburg zurückziehen müßten. Aber der trotz der gefährlichen eisigen Kälte erfolgreiche Blitz-Vorstoss des Haudegens General Patton und seiner 3. Armee ließ uns bald aufatmen. Ich hatte aber in diesem Zusammenhang noch eine Nuß zu knacken: Auf dem Weg nach Bastogne hatte Patton einen Leutnant der 2. Radio-Mobil-Broadcasting Company getroffen, der mit einem Lautsprecher-Jeep unterwegs war, aber anstatt des von Patton in seinem Sektor vorgeschriebenen Stahlhelms nur seine Mütze trug. Patton hatte ihn ange-halten, der in Psy-War ausgebildete Leutnant erklärte, dass sein Stahlhelm bei einem notwendig gewordenen schnellen Rückzug un-ter deutschen Beschuß verloren gegangen sei. Patton ließ das nicht gelten und sandte einen Strafversetzungs-Befehl zur Infanterie an Po-well. Der Befehl landete ordnungsgemäß zunächst bei mir. Ich fand ihn ungerecht, typisch für Patton und unseren Erfolg beeinträchti-gend. Da ich Powell einen Krach mit Patton ersparen wollte, ließ ich das Papier einfach verschwinden. Damit war die Sache erledigt. Ich wusste von seinem Chief-Intelligence-Oberst, dass Patton Psy-War als nutzlos und unkämpferisch verurteilte. Ich wusste aber auch, dass wir bislang sehr erfolgreich gewesen waren und Hunderttau-sende Kriegsgefangene gemacht hatten und dabei nur einen Verwun-deten und zwei Verkehrstote zu beklagen hatten. Im Sommer 1945 wurden Beweise gefunden, dass wir mit Radio 1212 Pattons Süd-Nord-Feldzug in Bayern erheblich erleichtert hatten. Zwei SS-Pan-zer-Divisionen, die ihn von zwei Seiten her angegriffen hätten, waren aufgrund unserer Falschmeldung über den Frontverlauf abgezogen worden. Ich war damals nicht nur stolz auf unseren Erfolg, sondern fand, dass ich dem Haudegen bewiesen hatte, dass Psy-War auch für ihn wichtiger war als die Strafversetzung eines Spezialisten.

Nächstes Ziel: Frankfurt am Main

Mitte März beendeten wir Radio 1212 und bereiteten uns auf die Fahrt nach Bad Nauheim vor. Wir überquerten den Rhein auf der inzwischen fertigen Ponton-Brücke bei Mainz in Richtung Frank-furt. In Erwartung meines ersten Besuchs der mir gut bekannten Re-gion nach zehn Jahren hatte ich mich gefragt, wie ich mich dabei fühlen würde. Tatsächlich empfand ich kein Mitleid mit den Men-schen und kein Bedauern für die furchtbaren Zerstörungen. Aber mir kam in den Sinn, dass die Deutschen schon 1917 meinen Großvater, den Maler, in der Internierung als Amerikaner sterben ließen.

Wir fuhren nach Bad Nauheim nördlich von Frankfurt und be-zogen Quartier im Hotel Bristol am Kurpark. Unsere Luxemburger Sekretärinnen hatten uns in Odettes Chevy begleitet und waren separat in einem kleinen Hotel in der Nähe untergebracht. Unser HQ war auf der gegenüberliegenden Seite des Parks.

Wir hatten bislang die «Front Post»-Zeitung über deutschen Linien abgeworfen. Im April war dann die ganze amerikanische Besatzungszone unter unserer Kontrolle. Die noch bestehenden Nazi-Medien wurden verboten, und es war höchste Zeit, die dortige Bevölkerung in unserem Sinn anzusprechen.

Die komplexen Vorarbeiten wurden durch das «Fraternisierungs»-Verbot, das den Kontakt zu Deutschen vor ihrer «Entnazifizierung» betraf, erschwert. Unser kleines Team ging fast jeden Abend nach dem Essen auf einige Stunden zurück ins Büro. Während unsere Besatzungs-Einheiten sich mit den dringend notwendigen Reparaturen von Leitungen und Strassen und mit der Verpflegung der Bevölkerung befaßten, schmiedeten wir Pläne für die Lizenzierung der Medien und der Unterhaltungs-Veranstaltungen. Aufgrund der täglichen Informationen aus dem Frankfurter HQ erwarteten Powell und ich die baldige deutsche Kapitulation. Wir sprachen über die Folgen für einen Teil unserer Streitkräfte, die einen Einsatz im pazifischen Kriegstheater bedeuteten. Es gab ein Punkte-System. Gemäß diesem erhielt man Punkte für Verwundungen, Länge der Dienstzeit, Anwesenheit bei Schlachten und Auszeichnungen. Wer eine gewisse Anzahl Punkte kumuliert hatte, durfte nach Kriegsende die Heimfahrt nach den USA beantragen. Wir Offiziere hatten genügend Punkte auf dem Konto, beschlossen aber, noch zu bleiben, weil wir noch wichtige Aufgaben in der Informationskontrolle zu erledigen hatten. Am 8. Mai war es dann endlich so weit. Der Krieg in Europa war beendet. Nach dem Nachtessen ging ich rüber ins Büro und verkündigte das freudige Ereignis und sagte: «Ab jetzt ist Nachtarbeit verboten!»

Nachkriegszeit – Vorbereitung für die Zukunft

Wir hatten beunruhigende Informationen über das Verhältnis französischer, besonders schwarzer Besatzungssoldaten zur weiblichen Bevölkerung in der französischen Zone erhalten. Cliff beauftragte mich, informell hinzufahren und zu berichten, da ich fließend

Deutsch und Französisch sprach und die Sache in Bezug auf unser Verhältnis zu de Gaulle sehr heikel war. Ich ließ mir einen Jeep bringen und fuhr alleine in die französische Zone, zumal ich ja meinen Spezialausweis hatte. Ich nahm reichlich Schokolade zur Entspannung der Atmosphäre mit und plante auch einen Besuch im HQ von General de Montsabert, dem Oberbefehlshaber der Französischen Zone in Baden-Baden. Weil ich wusste, dass die Offiziere kaum Feuerzeug-Benzin und Feuersteine hatten, nahm ich welche mit.

Wie mein Jeep verschwand

Ich fuhr um Stuttgart herum und stellte fest, dass wenn sich jemand unkorrekt oder sogar strafbar benommen hatte, waren es nicht die Nord-Afrikaner, sondern Franzosen, deren Familien unter der Besetzung gelitten hatten und die meinten, sie könnten sich an jungen deutschen Mädchen rächend austoben. Morgens fuhr ich auf dem Rückweg nach Baden-Baden auf einer Landstrasse ein paar Kilometer südlich von Rottweil. Die gepflasterte Landstrasse verlief auf einer Böschung. Sie fiel beidseitig etwas ab, um Regenwasser ablaufen zu lassen. Auf dem mit Gras bepflanzten Straßenrand standen Bäume. Ein französischer Militärlastwagen kam mir in der Mitte der Strasse entgegen. Um eine frontale Kollision in meinem offenen Jeep zu vermeiden, rettete ich mich auf den nassen Seitenstreifen, geriet ins Rutschen, der Jeep überschlug sich, und als wir die Böschung herunterfielen, blieb ich auf der Oberseite liegen. Glücklicherweise war ich herausgeschleudert worden und fand mich mit der Nase in der Erde wieder. Meine Brille lag unzerbrochen neben mir. Der Benzin-Reservekanister war ausgelaufen. Damals war unser Benzin rot gefärbt, um den Diebstahl zu erschweren. Der Rücksitz mit meinem Koffer lag neben dem Wagen. Mein Gesicht und die Uniform waren von der Erde verdreckt. Die Brust tat mir weh, aber sonst funktionierte alles. Ich realisierte, dass ich etwas unter Schock stand, aber es gelang mir, auf den Straßenrand zu kommen. Kurz darauf kam ein älterer Radfahrer daher, sah mich und den Jeep mit dem roten Benzin und fragte mich verwundert: «Wo sind die Toten?» Er war sichtlich erleichtert, mich deutsch antworten zu hören: «Die Toten bin ich. Helfen Sie mir bitte, indem Sie die Rückbank und meinen Koffer heraufbringen, damit ich mich setzen kann.» Er tat es und fuhr seines Weges. Er wollte offensichtlich nichts mit dem Militär zu tun haben. Kurz danach kam ein französischer Luftwaffen-Laster, den ich stoppte und dem ich befahl, mich nach Rottweil zur Kommandantur zu bringen. Der französische Stadtkommandant, ein Major, empfing mich und war sichtlich unangenehm berührt, dass hier ein Französisch sprechender amerikanischer Offizier mit Sonderausweis auf dem Weg zum Oberkommandierenden in Baden-Baden ein Opfer eines seiner Militärfahrzeuge war. Ich bat ihn, meinen Jeep holen zu lassen. Er lud mich zum Mittagessen ein und gab mich zur Verbesserung meines Aussehens in die Obhut einer hübschen, charmanten Leutnantin. Sie nahm mich mit nach Hause, ich konnte Gesicht und Hände waschen, und sie reinigte meine Uniform. Als wir in die Offizierskantine zum Essen kamen, eröffnete mir der Major, dass man nur noch den Benzinfleck gefunden hätte, aber keinen Jeep.

Damals hatte de Gaulle große Probleme in Indochina, wo es vor allem an Material mangelte. Wir wussten, dass seine Truppen versuchten, Ersatzteile für ihre amerikanischen Wagen zu finden. Mir war klar, dass mein Jeep bereits zu irgendeinem Ersatzteillager unterwegs war. Der sich gar nicht wohl fühlende Stadtkommandant bot an, mich in einem requirierten Opel Sedan nach Baden-Baden bringen zu lassen. Im Schwarzwald operierten damals noch einige hitzköpfige junge Nazis. In Wäldern spannten sie Stahlseile hinter einer Straßen-Kurve und schossen dann auf die Fahrer. Da ich unbewaffnet war, gab man mir ein Infanteriegewehr, das die ganze Breite des Autos lang war. Ich saß auf dem Hintersitz mit dem blöden Gewehr, das ich von dort aus im Notfall nicht hätte benutzen können. Wir kamen unversehrt im über der Stadt gelegenen französischen Hauptquartier an. Ich war angemeldet worden und wurde sofort mit Entschuldigungen vom Stabschef empfangen. Dann gab ich ihm meine Mitbringsel zum Verteilen. Schließlich traf ich General de Montsabert, machte ihm aus Höflichkeit einen kurzen mündlichen Bericht und nahm sein freundliches Angebot, mich in seinem Flugzeug nach Frankfurt bringen zu lassen, an. Ich hatte mein Büro in Bad Nauheim informiert und wurde am Flugplatz Rebstock abgeholt. Im Hotel angekommen, empfand ich doch ziemliche Schmerzen auf der Brust und ließ den Arzt kommen. Ich beschrieb den Unfall, und er meinte, Prellungen auf der Brust seien eben schmerzhaft. Ich solle ein paar Tage im Bett bleiben, bis der aufkommende Bluterguß im Abklingen sei. Das tat ich und nahm dann die Arbeit wieder auf.

Wiedersehen mit Sascha

Erst als ich meine medizinische Demobilisierungs-Untersuchung passierte, stellte man fest, dass ich den 11. Brustwirbel gebrochen hatte, aber glücklicherweise das Rückenmark nicht verletzt wurde. Als ich im Bett lag, besuchte mich unser Chefkoch, um zu besprechen, wie er mich verpflegen sollte. Er bat auch um die Erlaubnis, abends ein kleines Zigeuner-Orchester aufspielen zu lassen. Die Bezahlung wäre jeweils ein einfaches Nachtessen. Zigeuner waren Naziverfolgte und durften daher auch ohne Lizenz arbeiten, und ich war froh, unseren Leuten am Abend etwas anderes als Arbeit bieten zu können. Beim ersten Abendessen, das ich dann wieder im Speisesaal einnahm, hörte ich mit Freude gut gespielte ungarische Musik. Als sich der Kapellmeister umdrehte, um sich für den Applaus zu bedanken, sahen wir einander, sprangen auf uns zu und umarmten uns, sehr zum Erstaunen der Anwesenden. Sascha war das Violin-Genie unserer «Blue Boys»-Band in den Jahren 1933 und 1934. Seine Familie war 1935 untergetaucht, er wurde erst 1943 gefaßt und in Konzentrationslagern eingesperrt, durfte für die Gefangenen (und Aufseher) spielen und entging so dem Tod. Als Sascha dann irgendwo bezahlte Auftritte fand, verließ er Bad Nauheim, und ich verlor leider den Kontakt zu ihm.

Mit Marlene Dietrich im Lift – Einkaufstour in Brüssel

Im Juni ließ ich mich von Odette in ihrem Chevy nach Brüssel und Holland fahren, um noch offene Papier- und Druck-Rechnungen zu bezahlen. In Brüssel manifestierte sich mir der belgische Geschäftssinn. Als die Deutschen in Brüssel einmarschierten, versteckten viele Händler einen Großteil ihrer Lagerware. Kaum war Brüssel endgültig befreit, gab es wieder Produkte, die es schon lange nicht mehr gegeben hatte. Odette suchte nach Unterwäsche für Maria, ihre Mutter. Ich begleitete sie und entdeckte, dass es da echte Latex-Hüfthalter gab. Ich hatte von Ruth, meiner Verlobten, gehört, dass sie sich ärgerte, in Washington keine mehr zu finden, denn das wenige Latex, das in den USA zur Verfügung stand, wurde für militärische Zwecke benötigt. Zum Amüsement der Verkäuferin diskutierte und probierte ich mit Odette, die kleiner und zierlicher als Ruth war, über ihrer Uniform, welche Größe ich kaufen müßte. Ich kaufte zwei in verschiedenen Größen und schickte sie per Militärpost an Ruth in die US-Botschaft in Moskau, wo sie damals arbeitete. Im Lift des Palace-Hotels traf ich am nächsten Morgen Marlene Dietrich, die auf Tour zur Truppenunterhaltung war. Ich grüßte sie als ein Verehrer und erwähnte, dass meine Mutter, die bekannte Berliner Schauspielerin, wie sie auch in Los Angeles lebte. Im Erdgeschoß hatten wir dann ein nettes, kurzes Gespräch.

Zweimal «bellen»

Auf dieser Fahrt hatte ich dann in Holland ein ernüchterndes Erlebnis. In Eindhoven ließ ich Odette anhalten, um mich nach einer Strasse zu erkundigen. An einer Haustür war ein kleines Schild: «2 x bellen» (läuten), ich tat es, eine nett aussehende ältere Frau öffnete. In meiner US-Sonntagsuniform begrüßte ich sie auf Englisch. Sie antwortete auf Holländisch: Ich verstehe nicht. Ich versuchte es auf Französisch mit gleichem Resultat. Ich war sicher, dass sie, nach den Jahren der Nazibesetzung, etwas Deutsch verstand, und versuchte es damit. Worauf sie mich wutentbrannt zum Teufel jagte und mir die Tür vor der Nase zuknallte. Danach wunderte es mich nicht, dass die Holländer so viele Jahre nach dem Krieg brauchten, bis sie wieder mit Deutschen verkehren wollten.

Von Den Haag nach Knokke

In Den Haag traf ich zufällig auf einen holländischen Geschäftsmann, mit dem ich in New York zu tun gehabt hatte. Er hatte mit den Briten gekämpft und lud mich ein, am Abend auf einen Drink ins englische Offizierskasino zu kommen. Als ich mit Odette ankam, hatte ich meine Zigaretten vergessen. Als Ersatz konnte ich nur typische, scharfe «Virginia Players» kaufen. Zu trinken gab es Wasser und «Pink Gin» (Gin mit Angostura Bitters). Ich rauchte und trank sehr reichlich, obwohl es mir nicht schmeckte. Für unsere leeren Mägen gab es nur Crackers. Als ich ein komisches Gefühl in meinen Händen spürte, ließ ich mich ins Hotel fahren. Dort hatte ich Mühe, alleine auszusteigen, meine Hände waren vollkommen kraftlos, meine Beine wackelig. Odette musste den Portier holen. Zusammen brachten sie mich auf mein Zimmer und mussten mir beim Ausziehen helfen. Da erkannte ich, dass ich dieselben Symptome hatte, wie mein Vater bei seiner Nikotinvergiftung. Ich war beruhigt, zu wissen, was los war, und beruhigte Odette, die aufgeregt war und nicht wusste, was sie mit ihrem Chef tun sollte. Am nächsten Morgen konnte ich jeweils nur ein paar Schritte gehen und meine Finger waren vollkommen kraftlos. Odette half mir beim Anziehen. Ich hatte die Psy-War-Papierrechnungen bezahlt. Aber statt direkt zurückzufahren, ließ ich Odette uns nach Knokke sur Mèr, einem belgischen Ferienort an der Küste, fahren. Ich war als Kind dort mal in den Sommerferien gewesen. Wir wohnten in einem kleinen Hotel, von wo Odette mich an den Strand fuhr, mir in einen Liegesessel half und mich apathisch ruhen ließ. Am ersten Tag konnte ich keinen Löffel halten, sie musste mich füttern. Mir ging es täglich besser. Am fünften Tag konnte ich wieder selbst für mich sorgen, und wir fuhren zurück. Mein Körper hat die Vergiftung nie ganz überwunden. Seit diesem Abend habe ich nie wieder Gin getrunken.

Mit dem Flugzeug des Chefs unterwegs

Als Psy-War-Chef hatte Powell ein kleines einmotoriges Observationsflugzeug mit einem Piloten zur Verfügung. Es war am Frankfurter Flugplatz Rebstock stationiert. Auf dem noch intakten Autobahnstück, das von Frankfurt an Bad Nauheim vorbeiführte, gab es sehr wenig Verkehr. Einmal war ich mit dem Flugzeug unterwegs und wollte dringend an einer Sitzung in Nauheim teilnehmen. Anstatt mich am Rebstock abholen und auf den langen Weg nach Bad Nauheim fahren zu lassen, leistete ich mir das nicht ganz den Regeln entsprechende Vergnügen, über unser HQ zu fliegen. Der Pilot ließ den Motor aufbrummen, um jemanden aus dem Haus zu locken. So konnte ich einem verblüfften Soldaten ein Info-Säckchen abwerfen. Darin wurde mein Feldweibel aufgefordert, mit einem Soldaten auf die Autobahn zu fahren und die Strasse kurz zu blockieren, damit wir da landen könnten. Gesagt – getan. Sie kamen schnell, und ich war bald im Büro.

Entnazifizierung

Nach Kriegsende wurde Informations-Kontrolle unsere Hauptarbeit. Vor unserem Umzug nach Bad Homburg musste ich mich kurz persönlich mit dem Kultur-Wiederaufbau befassen. Aus den verschiedensten Gründen hatten viele Deutsche sich an Strammstehen, Heil oder Heil Hitler oder Siegheil-Brüllen und möglichst nicht unabhängig Denken gewöhnt. Goebbels hatte dafür gesorgt, dass alle Medien und kulturellen Veranstaltungen der Nazi-Propaganda dienten. Rein unpolitische, objektive Berichterstattung war unter Strafe verboten. Es war unsere Aufgabe, dafür zu sorgen, dass sich die Deutschen selbst von dieser Plage befreien. Zuerst war die Non-Fraternisation, kein privater Kontakt zu Deutschen, befohlen. Gutgläubige alliierte Militärs sollten daran gehindert werden, auf die Nazi-Propaganda reinzufallen. Wir hatten die Erfahrung gemacht, dass, am Tag nach unserem Einmarsch in eine Ortschaft viele Nazi-Partei-Mitglieder und -Mitläufer plötzlich «schon immer gegen die Nazis waren». Daher sollten alle eingetragenen Parteimitglieder sich zunächst einem

Entnazifizierungs-Gremium stellen. Alle Medien und Kulturschaffenden mussten eine Arbeits-Lizenz beantragen.

Unser für die Lizenzierung von Musikern Verantwortlicher war abwesend. Ein großer, dünner blonder Mann mit militärischem Haarschnitt wollte eine Lizenz als Orchester-Dirigent haben. Mein Schreibtisch stand am Ende eines langen, engen, ehemaligen Gangs. Er erschien an der Tür, klackte ganz unkünstlerisch mit den Hacken zusammen und stand stramm. Ich forderte ihn auf, näher zu treten. Er tat es und klackte wieder. In seinem ängstlichen Gesicht gefielen mir seine netten, friedlichen Augen. Ich bat ihn, sich doch wie ein Musiker und nicht wie ein Soldat zu benehmen. Er atmete sichtlich auf und meinte, er müsse sich erst an den Frieden ohne Nazis gewöhnen. Seine Papiere waren in Ordnung, und er bekam seine Lizenz.

Walter Gieseking und Beethovens Bourbon Whiskey

Das Gegenteil geschah bei Walter Gieseking. Ich wusste, dass der weltberühmte Pianist, der oft in New York spielte, durch seinen Agenten eine Lizenz für Auftritte in Deutschland hatte beantragen lassen. Da Gieseking in der Nähe von Bad Nauheim war, arrangierte unser Musikreferent im Theater von Nauheim ein kostenloses Konzert für dort und in der Umgebung stationierte amerikanische Militärs. Das wollte ich mir nicht entgehen lassen. Ich ging hin, begrüßte ihn und hörte mir mit viel Freude einen Beethoven-Abend an. Den Applaus quittierte er mit dem Angebot, die Mondschein-Sonate als Zugabe zu spielen. Er wusste sehr genau, dass sie auf Englisch «Moonlight Sonata» heißt, aber in seinem perfekten Englisch sagte er «Moonshine». Natürlich wusste er, dass in den USA schwarz gebrannter Bourbon Whiskey so genannt wird. Er machte sich genüßlich über das vermeintlich niedrige Kunstverständnis seiner amerikanischen Zuhörer lustig.

Gieseking hatte etwas länger auf seine Lizenz zu warten ...

Anfang Juli zogen wir nach Bad Homburg, etwas näher bei Frankfurt. Powell, Odette und ich bewohnten eine kleine, luxuriöse

Villa, aus der ein Nazi-Funktionär geflohen war. Eine «Displaced Person», eine aus Lettland stammende ehemalige Zwangsarbeiterin, besorgte den Haushalt. Ich hatte mir anscheinend auf meiner Fahrt in die französische Zone eine Unterleibsentzündung geholt. Der Urologe im größten US-Militär-Krankenhaus in Europa meinte, eine Beschneidung sei die beste und permanente Lösung des Problems. Leider, wie sich Jahrzehnte später herausstellte, hatte er, verständlicherweise, nicht viel Erfahrung mit dieser Prozedur. Als ich wieder in Bad Homburg war und Cliff über das Geschehen informierte, sagte er grinsend: «Jetzt heißt du eben nicht mehr Toby, sondern Samy.»

München unmittelbar nach Kriegsende

Im Juli nutzte ich die Gelegenheit einer Fahrt nach München, um die Vorarbeiten zu unserer Publikation «Die Neue Zeitung» zu überprüfen, für einen Besuch bei meiner Tante Vroni Rosenthal. Ich traf sie mit ihren Söhnen Christian und Sebastian (Wastl) und deren Familien. Onkel John Rosenthal war im Ersten Weltkrieg Königlich-Bayrischer Rittmeister gewesen und danach der Regierungsbaumeister von München. Vroni, seine Frau, war eine typische «arische» Münchnerin. Onkel John wurde von den Nazis gefeuert, wollte aber Deutschland nicht verlassen. Er war überzeugt, als Rittmeister a.D. würde er in Ruhe gelassen. Sein baldiger Tod ersparte ihm die Erkenntnis, wie sehr er sich irrte. Ich hatte mich reichlich mit Schokolade und Zigaretten eingedeckt und erwartete, mit offenen Armen und Herzen empfangen zu werden.

Stattdessen wurde ich als US-Offizier im Sinne eines Ex-Feindes von Vroni freundlich, von Christians Frau, die er bald danach samt Tochter sitzen ließ, herzlich begrüßt. Die anderen nahmen die Schokolade für ihre kleinen Kinder, lehnten aber Zigaretten als eine Art Bestechung oder Wiedergutmachung ab. Ich schrieb Olly, meiner Mutter, sie könne diesen Familienteil vergessen, wie ich es auch tat. Später hörte ich, dass Christian über nicht ganz grade Wege erfolgreich eine Chemische Firma aufgebaut hätte und Wastl, wie sein

Vater, kurz, bis er sehr krank wurde, Regierungsbaumeister von München war.

Ali und Svetlana

Die sehr langsam fortschreitende Normalisierung des im Wiederaufbau begriffenen zivilen Lebens brachte uns immer mehr Arbeit. Um den Kontakt zu ausländischen Medien zu erleichtern, kam ein französischer Reserveoffizier, Ali Colombet, ein Pariser Chirurg, zu uns. Er sprach etwas Englisch, aber kaum Deutsch. Am liebsten unterhielt er sich daher mit mir und Odette. Ali und ich wurden bald Freunde und blieben es bis zu seinem Tod 15 Jahre später. Ali war ein schnauzbärtiger normannischer Hüne und geübter Jäger. Sein Vorname hatte eine für den französischen Snobismus typische Geschichte: Seine Eltern gaben ihm den Namen, weil er auf ihrer Hochzeitsreise in Marokko gezeugt wurde. Als er als Reserveoffizier aktiviert wurde, sollte er sich auf ein militärisches Transportschiff begeben. Im Hafen angekommen, fand er sich, aufgrund seines Namens Ali, auf der Passagierliste im untersten Deck bei den Afrikanern. Die super-chauvinistischen französischen Streitkräfte behandelten damals noch, trotz ihrer laut propagierten Staatsmoral «Freiheit – Gleichheit – Brüderlichkeit» weiße und schwarze Franzosen betont unterschiedlich. Auf seine Beschwerde hin wurde Ali statt auf das Schiff gleich an einen anderen Posten versetzt und kam so letztendlich zu uns.

Im Rahmen der Kontakte unter den nicht-russischen Alliierten, entsandte die polnische Exilregierung zwei Verbindungsoffiziere zu unserer Informations-Kontrollabteilung. Es waren dies Major Poniatowski und eine höchst attraktive Leutnantin Svetlana. Ich erinnere mich nicht mehr an ihren Familiennamen, weil ich sie nur mit Vornamen ansprach. Ich hätte so gerne mehr mit ihr gesprochen als nur gerade die dienstliche Besprechung, was ich mir aber pflichtbewußt verkniff.

Ali hatte wenig zu tun. Ich arrangierte mit einem Homburger Metzger, dass ich ihm Wild gratis liefern lassen würde, er müsse es häuten, zerlegen, abhängen und uns die guten Stücke bringen. Den Rest könne er verwerten, wie er wolle. Ich gab Ali ein paar Soldaten als Treiber mit und schickte ihn einige Male auf die Jagd in den nahe gelegenen Taunus. Ali nahm dann selbstverständlich zusammen mit Cliff, Odette und mir an den höchst befriedigenden Essen teil.

Besuch von meinem Bruder Johny

Ende Juli war mein Bruder Johny als frischgebackener Leutnant nach Deutschland gekommen und erhielt die Erlaubnis, mich auf seinem Weg zu seinem Standort Berlin, zu besuchen. Wir verbrachten ein familiäres Weekend im VIP-Schloßhotel in Kronberg. Ich hatte vorher erfahren, dass die berühmte Weinhandlung des Luxushotels Frankfurter Hof im Krieg verlagert worden und unversehrt war. Ich hatte mir eine Lagerliste besorgt und schickte nun meinen Bruder mit Korporal Stevenson, meinem Assistenten, zum Einkaufen. Der Wechselkurs war für uns mehr als günstig, der Preis spielte daher eine unwichtige Rolle. Von da an tranken wir eigentlich nur erlesene Köstlichkeiten. Unser Koch-Wein war ein Gevrey Chambertin 1937. Die Zusammenarbeit mit den Franzosen und, so weit es die obere Etage mit Marshall Montgomery betraf, den Briten verlief nicht immer reibungslos. Vor allem die sich als Widerstandskämpfer darstellenden französischen Kommunisten betrieben kalten Krieg gegen Amerika. Sie versuchten, ihre Landsleute mit boshafter Propaganda gegen die Amerikaner aufzuwiegeln. Aufgrund der Kämpfe im Jahre 1944 war die französische Weizenernte zu gering ausgefallen. Um auszuhelfen, lieferte die USA Maismehl, das sogar nahrhafter ist. Aber die Bäcker wussten nicht, wie man damit gutes Brot backt. Sie behandelten Mais wie Weizen und produzierten praktisch ungenießbare Knüppel. Das nahmen die Kommunisten als Grund, um zu verbreiten, die Amerikaner wollten die Franzosen vergiften.

Die Glocken aus dem Elsass

Ich hatte Ali gebeten, in unserem Flugzeug zu einer Erkundung über die Entwicklung nach Hamburg zu fliegen. Auf dem Rückflug sah er nördlich von Hannover in einem Kanal neben Eisenbahngleisen große Kirchenglocken und erzählte es mir mit der Bemerkung, es könnte sich um Nazi-Kriegsbeute handeln, denn die Deutschen hätten Glocken gestohlen, um sie für Kriegszwecke einzuschmelzen. Ich sorgte dafür, dass die Glocken geborgen und in die Orangerie des Schlosses in Hannover gebracht wurden. Nachdem der Schlamm entfernt war, zeigte es sich, dass sie Elsässer Kirchen gehörten. Ich erkannte die Möglichkeit, die in ihrer Meinung gegenüber Amerika verunsicherten Franzosen positiv zu beeinflussen. Ich organisierte eine franco-amerikanische Feier im Straßburger Münster, ließ die Glocken durch eine Kompanie schwarzer US-Soldaten auf offenen Lastwagen über die Brücke in Kehl in die Stadt bringen. Die Ankunft hatte ich vorher bekanntgeben lassen. Die Freude war so groß, dass eine Reihe junger Mädchen die Laster anhielten, die Soldaten umarmten und ihnen Blumen schenkten. Ich ließ die Glocken auf der Seitentreppe, die zur berühmten astronomischen Uhr im Münster führt, aufstellen. Mir war ein junger französischer Leutnant aus der Stadtverwaltung für diesen Anlaß als Assistent zur Verfügung gestellt. Zum feierlichen Te Deum in Kooperation mit Bischof Weber wurden hohe französische Militärs und der Präfekt der Region eingeladen. Ich hatte den Chef des US-Information-Control-Büros in München eingeladen. Der Oberst war mir bekannt als zugeknöpft und sehr autoritär. Erst später erfuhr ich, dass das nur die Maske eines sonst sehr lebenslustigen Mannes war, der ein Verhältnis mit einer Zirkusreiterin hatte, die er heiratete, als er zurück nach Amerika ging. Mit ihm hatte ich ein tragikomisches Erlebnis: Der Leutnant hatte mir eine Reihe von Zimmern für meine Gäste reserviert. Ich ließ den Obersten zu seinem Zimmer begleiten. Kurz danach stürmte er mit rotem Kopf in mein temporäres Büro und brüllte mich, damals noch Hauptmann, an: «Was soll diese Beleidigung? Warum hast du mich in einem Bordell untergebracht?» Er verlange sofort ein anständiges Zimmer ohne «Hure.» Ich verkniff mir, die mir auf der Zunge liegende Antwort, entschuldigte mich und sorgte für Abhilfe.

Eine Auszeichnung der Franzosen

Für die erfolgreiche Veranstaltung erhielt ich bei der späteren Verleihung eine der höchsten französischen Auszeichnungen, die «Médaille de la Reconnaissance Française», die Accolade von einer sehr attraktiven, jungen französischen Leutnantin. Mit dieser Medaille und dem Kriegsverdienstkreuz mit Silberstern bin ich für immer in Frankreich administrativ als ein «cas priviligié» eingestuft. Das heißt, auf Verlangen kann ich jederzeit in Frankreich eine Wohn- und Arbeitsbewilligung erhalten.

Unsere Aufgabe, die Entnazifizierung und der Wiederaufbau des Medien- und Kulturlebens, hielt unsere ziemlich kleine Mannschaft auf Trab, aber der Druck, unter dem wir bis zur deutschen Kapitulation gestanden hatten, war weg. Die Suche nach geeigneten Führungspersonen, vor allem unter den Medienschaffenden und Filmproduzenten, glich der Suche nach der Nadel im Heuhaufen. Die meisten, die Erfahrung hatten, waren Nazis oder aber zu jung, um etwas anderes als das Nazitum zu kennen. Die mutigen, aber vollkommen unerfahrenen Bewerber stellten ein wirtschaftliches und psychologisch wichtiges Risiko dar. Wir wollten nicht riskieren, dass sich die Meinung verbreitete: «Ach sieh mal, was die Amis da auf die Beine stellen!»

Das Ende einer Dienstfahrt

Ich beteiligte mich an der auf eine langfristige Zukunft ausgerichteten Arbeit in der Überzeugung, etwas wirklich Wichtiges zu leisten. In diesem Sinn half ich aus, wo ich konnte. Die Verwaltungsarbeit ging meist unkompliziert und schnell voran. Cliff, pragmatisch wie er war, ließ mich seine Unterschrift auf mein Gutdünken einsetzen. Ich tat das fast ein Jahr lang und kann heute noch seine Unterschrift fälschen. Wichtige Dokumente legte ich ihm manchmal vorher, meistens nachher vor. Einmal wäre es beinahe schiefgegangen. Ich hatte wieder einmal einen Befehl für eine Dienstfahrt herausgegeben, die einem Obersten nicht paßte. Er stürmte zu Cliff, der davon noch gar nichts wusste und den Befehl auch nicht für besonders gut hielt, um sich zu beschweren. Cliff deckte mich, verteidigte den Beschluß und las mir hinterher die Leviten. Mit der Lizenzierung der Zeitungen hatte ich wenig zu tun, musste mich aber am Zensurieren der propagandistischen Unterhaltungsfilme beteiligen. Daher musste ich mir stundenlang alte Filme ansehen. Darunter befand sich der seinerzeit sehr bekannte Film «Fredericus Rex», in dem der Schauspieler Otto Gebühr als preußischer König auf einem Schimmel galoppierte. Es war das Pferd Columbine meines Onkels, auf dem ich bei meinem Besuch in Berlin am Wannsee meine ersten Reitstunden absolvierte!

Trink-Kultur ...

Zu den wichtigsten «Umerziehungsmaßnahmen», die wir trafen, gehörte «Die Neue Zeitung», die am 15. Oktober 1945 unter der Leitung von Hans Habe erschien. Die Berliner Ausgabe unter Hans Wallenberg, dessen Familie den Berliner Ullstein Verlag besessen hatte, erschien Anfang 1946. Zur Vorbereitung gehörten Verhandlungen mit der russischen Kommandantur. An meiner ersten Sitzung mit den Russen tagten wir in Ost-Berlin. Ich wusste, dass die russischen Offiziere die Gelegenheit von Treffen mit West-Alliierten aus zwei Gründen schätzten: Sie versuchten uns mit Wodka zu alkoholisieren und dadurch nachgiebig zu machen. Vor allem aber gab es ihnen Gelegenheit, sich selbst offiziell und kostenlos mit Wodka abzufüllen. Ich hatte geübt, wie man ein volles, kleines Schnapsglas vor sich zum Tost hochhebt und dann in einem Schwung am Mund vorbei über die Schulter leert. Es funktionierte perfekt. Aber die russische Menschenwertung wurde mir wieder vorgeführt, als ein mir gegenüber sitzender Oberst betrunken vom Stuhl rutschte und von zwei Mongolen an Armen und Füssen die Treppe hinuntergeschleift und, unsanft durch die Luft geworfen, rücklings auf einem offenen, von den USA geschenkten Klein-Laster landete.

... und Pfannkuchen-Kultur

Ein amüsanteres Beispiel von Kulturmix ereignete sich eines Morgens in unserer Villa in Homburg. Odette bereitete unser Frühstück.

110

Die Lettin kam später aus ihrem Lager. Cliff und ich aßen gerne Pfannkuchen mit Ahornsirup, eine amerikanische Spezialität. Ich hatte Odette gezeigt, wie man den einzelnen Pfannkuchen in der Pfanne durch Hochwerfen wendet. Als ich in die Küche kam, starrte sie verzweifelt an die Decke, wo ein Pfannkuchen klebte. Sie hatte ihn mit zu viel Kraft hochgeschleudert. Wir mussten beide herzlich lachen, als er bald von selbst auf den Boden klatschte.

Dienst-Ende in Europa

Wer an genügend Schlachten beteiligt war und Dekorationen erhielt, durfte nach Beendigung des Kriegs mit Japan im September 1945 den Aktiv-Dienst quittieren. Das Team um Powell hatte beschlossen, dass seine Aufgabe noch nicht beendet sei und dass wir weitermachen sollten und wollten. Aber Ende Januar 1946 änderten wir unseren Beschluß und sagten frustriert und verärgert: «Ohne uns!» 22 leitende Mitarbeiter des US-Informations-Kontroll-Dienstes schifften sich gemeinsam zur Rückkehr ins zivile Leben ein. Ausschlaggebend dafür war folgendes Ereignis gewesen:

Im Winter 1945 wollte der Münchner Kardinal Faulhaber sein Kirchenblatt wieder herausgeben. Unsere Leute vor Ort waren überzeugt, dass er kein Nazi war, und genehmigten die Publikation ohne Vorzensur. Wie sich herausstellte, war er aber, ähnlich wie der Bischof von Aachen, ein Deutsch-Nationaler. Alsbald fanden sich antiamerikanische Bemerkungen in seinem Blatt. Sein Redaktor wurde darauf hingewiesen, dass er sich auf religiöse Themen zu beschränken habe. Als beim Versuch, seine Gläubigen wieder einzufangen, wieder so ein Artikel erschien, erhielt der Redaktor eine letzte Mahnung: Entweder er unterließe die Publikation solcher Texte, oder sein Blatt unterliege zukünftig der Vorzensur. Daraufhin telefonierte Faulhaber über unsere Telefon-Linie mit dem US-Kardinal Spellman in New York. Dieser beschwerte sich im Weißen Haus über unsere «Einmischung in kirchliche Angelegenheiten.» Darauf erhielten wir vom US Kriegsministerium in Washington, ohne uns über den Fall befragt zu haben, den Befehl, «die katholische Kirche in Ruhe zu lassen».

Wir packten unsere Sachen; ich zusätzlich einen Karton mit den allerbesten Weinen und Cognacs, die ich noch im Keller hatte, und wollte, zusammen mit Cliff und dem einen oder anderen Kameraden, von der Abfahrt in Cherbourg bis zur Ankunft in New York, uns den Krieg so gut wie irgendmöglich aus den Knochen spülen. Wir befanden uns auf einem Schiff der Kriegsmarine, Alkohol war verboten, aber Cliff hatte eine Kabine, während wir eine Massenunterkunft hatten. Ich stellte den Karton in seine Kabine. Nach der Abfahrt sagte er mir, dass er die Kabine mit einem Methodisten-General teile. Also bei ihm nicht getrunken werden konnte. Es gelang uns nur ein paarmal, eine Flasche herauszuschmuggeln und an einem versteckten Ort auf Deck zu trinken. Ein richtiger Genuß war das nicht. Momente bevor wir das Schiff in New York verließen, nahm ich die Adler-Insignien des Obersten von Cliffs Uniform und ersetzte sie durch die ihm in der Heimat zustehenden zwei Sterne des Generalmajors. Cliff hatte seiner Familie den Tag unserer Ankunft mitgeteilt und wurde von seiner Tochter abgeholt.

Rückkehr eines Soldaten

Als wir uns entschieden, heimzukehren, hatte ich Ruth in Moskau informiert. Sie hatte geantwortet, ihre Arbeit in Moskau sei sowieso beendet und sie käme noch vor mir zurück.

Als ich sie bei meiner Ankunft nicht am Hafen sah, war ich enttäuscht, denn ich hatte gehofft, sie jetzt endlich wiederzusehen. Aber ich machte mir keine Sorgen, weil ich wusste, wie kompliziert es für sie war, eine Auskunft über unsere Ankunft von der Marine zu erhalten. So nahm ich ein Taxi und ging in ein Hotel in der Nähe meines Büros, wo ich mich am nächsten Morgen, noch in Uniform, an den Schreibtisch setzte, um Ruth in Washington anzurufen. Da ich ihre private Nummer nicht hatte, konnte ich sie abends nicht erreichen und musste warten, bis die Telefonauskunft im Auswärtigen Amt den Tages-Betrieb aufnahm.

7. Kapitel

Frieden in Europa – Ein neues Leben

Ein neues Leben

Als ich endlich, nach der Begrüßung von Botho Lilienthal und den Mitarbeitern, im Auswärtigen Amt nach Ruth fragen konnte, hieß es, sie sei nicht auffindbar. Ich rief ihre Eltern in Boston an, konnte sie nicht erreichen, aber fand ihren Bruder in seinem Büro. Er wusste sehr gut von unseren Heiratsplänen, war aber, wie auch Ruths Eltern, nicht erbaut von einer konfessionslosen Hochzeitsfeier. Anstatt mir zunächst zu sagen, was passiert war, meinte er ziemlich kalt, ich hätte der Familie ruhig mein Beileid ausdrücken können. Erst dann kam die Antwort auf meine drängende Frage: Ruth sei vor ein paar Wochen, drei Tage nach ihrer Rückkehr, an akuter Leukämie gestorben und bereits beerdigt. Mir war plötzlich klar, sie war in Moskau erkrankt, wollte mich aber nicht beunruhigen. Ich fiel aus allen Wolken. Während der Überfahrt hatte ich mir immer wieder ausgemalt, wie wir unsere ersten Tage und Nächte im Nachkriegsleben verbringen würden, und war tief getroffen. Gleichzeitig wurde ich wütend über seinen Ton und sagte ihm, er und die Eltern hätten mich benachrichtigen müssen, und brach für immer den Kontakt zur Familie Foss ab.

In meiner Betroffenheit erinnerte ich mich an die Tage, als ich 1938 alleine in New York den Tod meines Vaters mit allen Konsequenzen zu verkraften hatte. Ich war irgendwie erleichtert, dass mir so vieles diesmal, durch meine erzwungene Abwesenheit in Übersee, erspart geblieben war. Gleichzeitig war ich froh, dass ich ihren Wunsch, bevor ich in den Krieg zog, ein Kind von mir zu tragen, abgelehnt hatte. Für mich war viel mehr als nur der Krieg zu Ende.

113

Wiedersehen mit Botho Lilienthal

Ich hatte noch viel Militärurlaub zugut, fühlte aber, dass es für mich besser sei, mich sofort in die Arbeit zu vertiefen, als mich mit meiner traurigen, unerwarteten Schicksalswende zu beschäftigen. Ich lud Olly, meine Mutter ein, mich zu besuchen. Sie kam und blieb eine Woche bei mir im Hotel. Den fast vollen Karton mit den alkoholischen Getränken hatte ich vom Schiff mitgenommen und schenkte ihn ihr als «Beute»-Mitbringsel aus dem alten Europa. Während dieser Woche fiel mir auf, dass Olly, bevor sie zu mir kam, immer wieder etwas an meiner offenen Bürotüre vorbei zu meiner Sekretärin brachte. Als sie nach Los Angeles zurückflog, erklärte sie mir, sie hätte den gesamten Inhalt ihres Koffers meiner Sekretärin zum Postversand gegeben, damit sie alle Flaschen bruchsicher nach Hause bringen könnte.

Im Büro sprach Botho Lilienthal, der Inhaber-Präsident unserer American Near East Corporation ANEC, mit mir über die zukünftige Geschäftsentwicklung. Wir sahen unseren Export-Markt viel mehr im Nachkriegs-Europa als im Mittleren Osten. Wir konnten aber in Europa kaum unter unserem Geografischen Namen auftreten. Botho schlug vor, eine Tochter, die ANEC Trading Company, zu gründen, in der ich als Vize-Präsident uns einen Markt in Europa aufbauen sollte. Ich akzeptierte natürlich mit Freuden und begann mit den Vorbereitungen. Vor meinem Militärdienst hatte ich den Vertreter einer Spinnerei, Robert Browne, und seine Frau Ruthe kennengelernt. Mary, ihre Mutter, hatte einen langjährigen Mietvertrag für eine möblierte 2-Zimmer-Wohnung im New Yorker Künstler-Viertel Greenwich Village. Sie wohnte aber meistens bei ihrer Tochter in Connecticut. Ich konnte dort in Untermiete wohnen, wenn ich in New York war. Als ich Mary zum ersten Mal traf, war sie in Begleitung der attraktiven, jungen Sekretärin Margret (Maggie) Higgins. Maggie, eine tiefgläubige katholische Jungfrau verliebte sich in mich, war aber überzeugt, dass man sich erst intim küssen sollte, nachdem man verlobt sei. Zum Abschied schenkte sie mir eine von ihrem Priester gesegnete St.-Christophorus-Medaille (der Heilige der Reisenden). Ich trug sie am Schlüsselbund, ohne an den Heiligen zu glauben. Den Bund schenkte ich eines Tages meiner Frau Puck. Sie benutzt ihn heute noch.

Etwas Landleben in Frankreich ...

Ende Juni 1946 war ANEC Trading funktionsfähig für den Export nach Europa. Ich kaufte einen gebrauchten 1942er-Buick, ließ ihn auf einen Frachter verladen, auf dem es vier Passagier-Kabinen gab, und hatte eine sehr gemütliche Überfahrt nach Le Havre. Dort erhielt ich rote «Zollfrei»-Autoschilder, fuhr nach Paris zum Grafen Jacques d'Allemagne, einem Freund von Botho. Sein Pariser Wohn- und Büro-Haus befand sich in der Rue des Maturins 16. Ich konnte den großen Buick im Hof parkieren. Jacques' Familiensitz lag in der Nähe von Troyes. Wir bauten bald eine freundschaftliche Beziehung auf, und ich besuchte Jacques, der unverheiratet war, auf dem Land und lernte das adlige, französische Landleben kennen. Wir gründeten unter seinem Namen die ANEC Trading France. Ich fand bald das kleine Hotel des Acacias in der Rue des Acacias Nr.18, wo ich dann eineinhalb Jahre wohnte. Zunächst brauchte ich eine Arbeitserlaubnis. Im zuständigen Pariser Polizei-Büro verweigerte mir der junge Beamte die Genehmigung hochnäsig mit der Bemerkung: «Wo kämen wir denn hin, wenn jeder x-beliebige Amerikaner hier landete und arbeiten wollte!» Das traf einen Nerv bei mir. Ich fragte ihn mit erhobener Stimme: «Wo waren Sie im Juni '44, als ich an der Omaha Beech landete, um zu helfen, Paris zu befreien und dafür auch noch die Médaille de la Reconnaissance Française erhielt? Ich zeigte ihm meinen Reserve-Offizier Ausweis. Auf dem Porträt sieht man auf der Brust die Schnalle mit den verschiedenen Auszeichnungen. Er antwortete etwas kleinlaut: «Ah dann sind Sie ein cas privilégié ! Zeigen Sie mir bitte Ihre (Militär-) Papiere Herr Major.» Da platzte mir der Kragen: «Glauben Sie wirklich, dass ich zum Wiederaufbau der französischen Wirtschaft auch noch meine Medaillen herumschleppen würde. Jetzt langt's mir, rufen Sie den Marschall Juin an. Er kennt mich!» Seine sofortige kleinlaute Antwort war: «Oh, das ist nicht nötig.» Ich hatte meine Bewilligung ganz schnell in der Hand.

Als Nächstes lud ich Odette ein, nach Paris zu kommen. Sie war nach Luxemburg zurückgekehrt, als wir Bad Homburg im März verließen. Zunächst wohnte sie bei einer Bekannten. Sie hatte seit Kriegsende viel erlebt, einschließlich einer sehr schiefgegangenen Beziehung zu einem unserer Offiziere. Beide waren wir derzeit «Single», wurden ein Paar, und sie zog zu mir ins Hotel. Wir hatten eine schöne Zeit miteinander. Neben dem Hotel betrieb Madame Zina mit ihrem Mann eine kleine russische Bar mit Restaurant. Wir aßen dort fast jeden Abend. Da wir lieber im Zimmer frühstückten, durften wir unsere verderblichen Speisen bei Tante Zina im Kühlschrank aufbewahren. Bis Zina 20 Jahre später in Pension ging, brachte ich alle meine Freundinnen und Ehefrauen wenn ich in Paris war, mindestens einmal zu Zina. Sie hatte mütterliche Gefühle für mich und bestand darauf, alle meine Freundinnen zu begutachten.

Ein Amerikaner in Paris

1946/47 war Paris mein Hauptquartier. Von dort aus unternahm ich meine Geschäftsreisen für ANEC, meistens mit meinem dunkelgrünen Buick. Für unverzollte Autos benötigte man einen «Passierschein», der jedes Mal am Zoll abgestempelt werden musste. Um meinen Wagen als amerikanisches Eigentum zu dokumentieren, wehte ein Stars-and-Stripes-Wimpel vom Kotflügel. Ich besaß aus dem Krieg meine sehr bequeme, mit Original-Pelz gefütterte Fliegerjacke, die ich meistens unterwegs trug. Eines Abends kam ich von Luxemburg her an die bereits vom Zoll für die Nacht geschlossene Grenze. Der Polizei-Beamte weigerte sich, meine Zollpapier abzufertigen, da er dazu nicht berechtigt sei. Ein Amerikaner, der fließend Französisch sprach, beeindruckte, weil er so gar nicht ins damals vorherrschende Bild des typischen «Ricain» (Chauvinistische Bezeichnung eines «Americain» mit Anklang an «Requin» = Haifisch). Ich verlangte vom Beamten, er solle den zuständigen Zöllner anrufen und um Erlaubnis bitten, mich abfertigen zu können. Ich hörte ihn sagen: «Da ist so eine Art amerikanischer General, der unbedingt jetzt noch nach Paris fahren will!» Es schien zu wirken. Jedenfalls schlief ich jene Nacht in meinem Pariser Bett.

Hans Habe: Die Spuren eines Schwerenöters …

Im Winter 1946 traf ich in Luxemburg, zufällig, Ali Ghito. Ich hatte sie in München kennengelernt. Die bekannte 40-jährige, sehr attraktive, echten Schmuck zur Schau tragende deutsche Filmschauspielerin lebte dort mit Hans Habe, als er «Die Neue Zeitung» leitete. Hans hatte mir vorher schon von einer «alten Freundin» erzählt, als er sie nach Kriegsende wieder traf. Ali, die nun hager, krank und verarmt aussah, erzählte mir, Hans und sie würden heiraten, sobald seine Scheidung von Elenore Davies endgültig sei. Er hatte sie, bevor er sich mit uns nach den USA einschiffte, in Luxemburg in einem kleinen Hotel untergebracht und ihr nur etwas von ihrem Geld gelassen. Den Rest ihres Barvermögens und ihren gesamten Schmuck hätte er mitgenommen. Er wollte ihn in den USA verkaufen und damit ihre Immigration finanzieren. Nun seien Monate vergangen, sie habe kein Geld mehr und er würde sich in Schweigen hüllen. Ich ahnte warum, denn ein früherer Kriegskamerad hatte mir von einer neuen Beziehung von Hans erzählt. Ich fand Hans' Verhalten inakzeptabel und kriminell, lieh Ali etwas Geld und versprach Hilfe. Ich informierte Cliff Powell, der Hans Habe wütend aufspürte und mit sofortiger Strafklage drohte. Hans erkannte die Gefahr und begann seine Schuld an Cliff als Anwalt Dollar um Dollar abzustottern. Cliff arrangierte Alis Einwanderung nach Texas, wo sie ihr Lungenproblem kurierte, Arbeit fand und, so weit ich weiß, noch zwanzig Jahre lebte.

1946 war der Pariser Verkehr noch schwach. Ich fuhr eines Tages auf dem Weg ins Büro hinter der Oper vorbei. An einer Kreuzung, kurz vor der Rue des Maturins, dirigierte ein Polizist den Verkehr. Ich machte einen Fehler, er stoppte mich vor sich, verlangte meine Papiere, ich tat, als ob ich kein Französisch verstünde, und zückte nur meinen Pass. Hinter uns begann es zu hupen. Er gab gestikulierend auf und ließ mich fahren. Im Büro lud ich Jacques auf einen Kaffee in der Bar an der Ecke ein, um ihn dort über meinen erfolgreichen Besuch zu informieren. Wir standen, französisch plaudernd, an der Bar. Plötzlich spürte ich von hinten einen Schlag auf der Schulter, drehte mich um und gewahrte «meinen» Polizisten mit hochrotem Kopf, der mich anbrüllte: «Das nächste Mal krieg ich dich, du Dreckskerl!» Ich entschuldigte mich, lud ihn zu einem Glas ein und versprach nie wieder zu behaupten, ich spräche kein Französisch. In seiner Pariser Mentalität nahm er an und vergaß seinen Ärger.

Unverhofftes Wiedersehen mit Ali

Zum Ausgleich der Büroarbeit ritt ich damals regelmäßig alleine im Bois de Boulogne. Eines Tages schlug der Reitstallbesitzer vor, ihn auf einem ganz jungen Hengst zu begleiten. Er ritt einen alten, ruhigen Wallach. Auf dem Reitweg sprangen wir nebeneinander über kleine Hürden. Einmal gab ich meinem jungen Pferd nicht genug Hilfen, und es stoppte vor einem nur 30 cm hohen quer liegenden Baumstamm. Der Reitlehrer hielt nach dem Sprung an. Ich beruhigte mein etwas nervöses Pferd, als es plötzlich das andere Pferd hinter dem Baumstamm entdeckte, losrannte und mich mit seiner 90°-Drehung überraschte. Dabei erhielt ich einen schmerzhaften Aductor-Sehnen-Riß, den ich einige Jahre später in Zürich operieren lassen musste. Ein anderes schmerzhaftes Reiterlebnis hatte ich einmal bei einer Turnierspring-Übung, als mein Pferd vor einem Sprung stieg und ich im Sattel rückwärts fiel. Es sprang dann sofort über den Oxer. Ich fiel dabei unvorbereitet vorwärts, mit der Brust auf den Sattelknopf. Der einzige Arzt, den ich in Paris kannte, war mein Freund aus der Bad Homburger Besatzungs-Zeit. Der Chirurg Ali Colombet arbeitete wieder in seiner Praxis in Aubervillers. Er kam ins Hotel und bepflasterte meine schmerzende Brust, setzte sich zu mir ans Bett und erzählte Witze. Lachen tat ziemlich weh, aber für ihn waren es Witze, die er Frau und Sohn nicht erzählen wollte. Ali war Mitglied im ehrwürdigen Cercle Républicain pour le Commerce et l'Industrie Française, dessen Mitglieder, meist ältere, Würdenträger aus Wirtschaft, Politik und Wissenschaft waren. Er sponserte meine Klub-Mitgliedschaft, die mir eine gewisse Akzeptanz in der chauvinistischen französischen Gesellschaft einbrachte.

Mit Helen Curtis im Geschäft

Wir hofften, in Europa für die gleichen US-Firmen tätig zu sein, für die wir in Ägypten und Palästina Wirtschaftsgüter verkauft hatten. In meinem damaligen Weltbild schloß Europa den frankophonen nord-afrikanischen Markt ein.

Unsere Minoritäts-Partner in der Tel-Aviv-Niederlassung, Heinz Oppenheim, Otto Weichselbaum und Abraham Vromen, hatten eine Lizenz der Chicagoer Helene Curtis Company. Helene Curtis, kurz HC, war eine der bekanntesten amerikanischen Schönheits-Produkt-Marken. Seit Anfang 1946 produzierten unsere drei Partner HC-Lippenstifte und -Shampoos in einer winzigen Fabrik in Paris. Die damals neuartigen elektrischen Haar-Trockner-Hauben ließen sie in Paris auf 220 Volt umrüsten. Das ganze Geschäft lief über unsere American Near East Corp. als Exporteur. Helene Curtis beharrte auf diesem System, um sicher zu sein, immer ihr Geld zu erhalten. Die Herren Lizenznehmer kümmerten sich zu wenig um ihre Pariser Fabrik, verloren Geld und häuften Schulden gegenüber uns an. Im Januar 1947 übernahm ich die Führung der HC Paris mit der Zusage, die Leitung an die Besitzer zurückzugeben, sobald ihre Schulden an uns beglichen waren. Für Helene Curtis France (HC) stellte ich einen Geschäftsführer/Verkaufsleiter ein. Mit ihm besuchte ich namhafte Pariser Friseure und lernte, für mich ganz neu, verschiedene, nicht nur künstlerisch, sondern auch geschäftlich erfolgreiche Homosexuelle kennen. Mein Verständnis für diese sexuelle Gen-Entwicklung wurde korrigiert und meine Einstellung zur Homosexualität grundlegend verändert.

Im Bemühen, für HC einen Markt in Frankreich aufzubauen, fand ich einen Werbeschlager für Friseure: die echt vergoldeten Haartrockner, die wir weit über dem kostendeckenden Preis mit großem Gewinn verkauften, trotz langer Lieferfristen. Namhafte Friseure hatten festgestellt, dass viele Frauen langfristig im Voraus Termine vereinbarten, um unter der goldenen Haube zu sitzen, und sich diesen Luxus gerne leisteten. Das war etwas, womit sie sich vor ihren Freundinnen brüsten konnten. Neu für mich war auch die Kostenstruktur bei Schönheits-Produkten. Ein ungewöhnliches Verhältnis zwischen Produktions-, Verpackungs- und Werbekosten. Beim Lippenstift kostete die Verpackung (das Gehäuse) viermal so viel wie der Stift und die Werbung zweimal so viel wie das Produkt. Beim Nagellack war das Verhältnis Lack zu Flasche weniger groß. Beim Marketing von luxuriösen Gebrauchsgütern sind die visuellen und taktilen Aspekte mindestens so wichtig wie die Qualität.

Nordafrika lockt ...

Damals war in den Gedanken der Konsumenten weibliche Schönheit mit Mode verbunden und diese wiederum mit Paris. Aus diesen und aus Kostengründen war es angesagt, die Endprodukte in Paris herzustellen und damit in Frankreich als französische Produkte zu werben. Das galt auch für Algerien und Marokko. Ich hatte zwei Brüder aus der berühmten algerischen Bastos-Zigaretten-Familie kennengelernt und eröffnete mit ihnen in ihrem Büro in Oran eine Filiale. Sie führten mich dann in Marokko ein.

Bei meinen Flügen nach Nord-Afrika hatte ich zwei lehrreiche Erlebnisse. Am Abend meiner Ankunft in Oran aß ich abends im Hotel und, wie aus Paris gewohnt, bestellte eine halbe Flasche «guten» Rotwein denn ich kannte keine Weinsorten. Der Kellner brachte eine ganze, auf Verbrauch zu zahlen. Der Wein schmeckte hervorragend, ich genoß reichlich davon. Dann ging ich auf mein Zimmer, breitete meine Unterlagen auf dem Bett aus, um sie für die Besprechungen zu ordnen. Am nächsten Morgen erwachte ich und fand mich auf dem Bett liegend, so wie ich mich am Abend kurz einen Moment ausgestreckt hatte. Gute algerische Weine sind eben sehr schwer.

Abendflug nach Casablanca

Auf dem Abendflug nach Casablanca in einem dreimotorigen Air-France-Flieger, wir nannten sie damals «Air Chance», weil man nie wusste ob man pünktlich ankommen würde, war ich der einzige Passagier in der Kabine. Der Steward servierte mir ein Glas Champagner und ging dann mit der Flasche ins Cockpit. Zurückkommend lud er mich namens des Kapitäns dorthin ein. Der Champagner floß reichlich. Ich sah mit Schrecken das fast leere Instrumentenbrett. De Gaulle hatte sich aus innenpolitischen Gründen einen kommunistischen Luftfahrt-Minister geleistet und Washington lieferte keine modernen Instrumente, solange er im Amt war. Man wollte nicht, dass sie im Kalten Krieg in Moskau landeten. Über Casablanca herrschte dicker Nebel, die Lichter auf der Landepiste konnte man erst im allerletzten Moment sehen. Aber der leicht beschwingte Kapitän war weniger aufgeregt als ich. Er machte beim zweiten Versuch eine perfekte Landung, und wir atmeten alle auf.

Späte Emigration

Mein Bruder Johny hatte berichtet, dass er bei seiner Ankunft in Berlin unsere Großmutter Lydia (Liddy) und ihre Schwester Tante Cecilia (Cissy) wohlauf, aber verängstigt und unterernährt in ihrer Wohnung am Schöneberger Ufer angetroffen hatte. Wir hatten im Krieg schon beschlossen, dass wir die beiden alten Damen nach Los Angeles bringen wollten, sobald sie reisefähig wären. Käthe, ihr Hausmädchen, war ihnen, den «feindlichen» Engländerinnen, trotz aller Nazi-Propaganda, treu geblieben und versorgte sie liebevoll. Sie beide hatten ihr Leben lang gezeigt, dass sie hart im Nehmen waren. Liddy war damals 79 und Cissy 76. Johny in Berlin und ich, hauptsächlich in Frankreich, konnten die Übersiedlung Schritt um Schritt organisieren. Was Käthe an Haushaltsgegenständen brauchen konnte, blieb ihr. Die ganz privaten Dinge wurden in einige große Koffer verpackt, den Rest verkaufte Käthe. Aus dem Erlös kaufte Johny die Bahnbillete nach Luxemburg, der Rest ging an Käthe als Dank. Man konnte ja noch keine Devisen kaufen. Als es so weit war, nahm ich die beiden Damen in Luxemburg in Empfang, und Odettes Mutter, Maria Brausch, kümmerte sich um sie, bis sie nach Le Havre aufs Schiff nach New York fahren konnten. Meine Mutter erwartete sie dort, schickte die schweren Koffer per Bahn und flog mit den alten Damen, die ja kein Sprachproblem hatten, nach Los Angeles, wo sie sich sehr schnell einlebten.

Der Traum von der Fabrik in Frankreich

Ende 1947 war es so weit, Helen Curtis' Schulden an ANEC waren bezahlt. Wir hatten unser Geld und Heinz und Otto kamen zur Rücknahme ihrer Fabrik nach Paris.

Heinz wollte, im Hinblick auf seine zukünftigen längeren Besuche in Paris, unbedingt ein Pariser Bordell kennenlernen. Ich erkundigte mich, brachte Heinz und Otto in eines der renommierten Häuser am Boulevard Montparnasse. Nach einer aufreizenden Demonstration zweier Lesbierinnen wählten meine beiden Gäste und verschwanden mit ihren Mädchen. Ich hatte keine Lust auf bezahlte Liebe, musste aber trotzdem zahlen. Ich setzte mich mit einer ca. 30-Jährigen in die Bar und war erstaunt, ihre Geschichte zu hören. Sie war normannische Bäuerin, hatte Mann und Tochter, musste aber zusätzliches Geld verdienen, um den Hof wieder aufzubauen. Als ich Odette von meinem Abenteuer erzählte, war sie nicht gerade erbaut und bezweifelte meine Enthaltsamkeit.

Da wir im Hinblick auf den Umzug am Monatsende in die von Heinz und Otto akzeptierte größere Fabrik sowieso Inventur machen mussten, schlug ich vor, die Übernahme am letzten Arbeitstag der Woche in der alten Fabrik zu vollziehen. Sie wollten dann am Wochenende die Verantwortung übernehmen und am Montag die Produktion starten. Sie hatten alle Unterlagen und wussten um die wegen der Feuergefahr bei der Produktion erhöhten Versicherungskosten. Sie verschlampten die Ummeldung auf die neue Fabrik. Drei Tage später zerstörte ein Brand die unversicherte Halle samt dem Lager, und unsere Freunde verloren ihre ganze Investition. Daraufhin annullierte Helene Curtis die Lizenz.

Odette und der Inder

Odette und ich hatten den indischen Diplomaten Dwarkanath (Dwarka) Chatterjee, der einer hochrangigen indischen Familie entstammte, kennengelernt. Während meiner vielen Abwesenheiten verbrachten die beiden immer mehr Zeit miteinander. Eines Abends, kurz vor dem Schlafengehen, eröffnete mir Odette, dass Dwarka sie heiraten wollte und sie nach reiflicher Überlegung an diesem Tag beschlossen habe, ihn zu heiraten. Sie wüßte, dass ich ihr nicht in den Weg stehen würde. Ich war überrascht von der Vorstellung, dieses fast ländliche europäische Mädchen am Arm eines indischen Würdenträgers zu sehen. Aber ich konnte mir gut vorstellen, dass die beiden ein schönes Liebesleben haben könnten. Odette und ich empfanden nie eine tiefe menschliche Liebe füreinander, die für mich die Grundlage einer Ehe war. Am nächsten Tag kaufte Dwarka ihr ihren ersten Sari. Odette fuhr nach Luxemburg, um ihre Mama zu informieren. Wie sie mir später berichtete, hatte ihre Mutter versucht, sie von dem Entscheid abzubringen. Kurz darauf wurde Dwarka nach New Dehli ins Auswärtige Amt berufen. Odette sandte mir Bilder von ihrer indischen Hochzeit. Wir hatten noch einige Jahre «Weihnachtskarten-Kontakt», sie schickte Bilder von sich als Frau Botschafterin im Sari, umringt von ihren Kindern. Dann brach der Kontakt ab. Heute tut es mir leid, dass ich nicht weiss, was aus ihr geworden ist.

Dunkle Geschäfte mit hellen Strümpfen

Die Exporte in den französischen Wirtschaftsraum liefen mangels Devisen schlecht. Importlizenzen dienten auch zur Festigung einheimischer Monopole. Nylonstrümpfe waren hoch begehrt, aber der einzige französische Nylongarn-Produzent Rhodia-Seta hatte eine viel zu kleine Kapazität und die Qualität der schnell reißenden Strümpfe ließ zu wünschen übrig. Die Einfuhr von Nylon-Strümpfen war trotzdem kontingentiert. Gute Strümpfe wurden unter der Theke an bevorzugte Kundinnen zu «Sonderkonditionen» abgegeben. Ich fand einen Großisten, der gerne an Steuern und Lizenzen vorbeioperierte. Wir trafen uns in Genf, wo er in Schwarzmarkt-Dollars seine auf eine Schweizer Firma ausgestellten Rechnungen zahlte, die Ware entgegennahm und in der Dunkelheit mit einem kleinen Boot auf die andere Seite des Sees nach Frankreich mitnahm. Es wurde für uns für ein paar Monate ein einträgliches Geschäft.

Baustahl-Business in Ägypten ...

Nachdem ich wegen Helen Curtis nicht mehr an Paris gebunden war, kam die Zeit, andere Länder zu bearbeiten und unsere Niederlassungen in Kairo und Tel Aviv auf eigene Füße zu stellen. Ich besuchte Alexandre Benoit, unseren Mann in Kairo. Er fühlte sich zu alt, um eine Import-Firma im politisch unsicheren Ägypten aufzubauen. Wir hatten ein kleines Büro, ein Musterlager und im Hafen von Alexandria lagen 15 t nicht bezahlter Baustahl, der uns aus einer Lieferung übrig geblieben war und verkauft werden musste. Alexandre übernahm das Büro und verteilte die Muster an seine große Familie und Bekannte. Ich übernahm die Dokumente für den Stahl. Ich nutzte meinen Aufenthalt für höchst einprägsame Besuche zu den Pyramiden, entlang dem Nil und durch primitive Strassen in Kairo und Alexandria. Die unendliche Armut, der alles durchdringende Gestank von Benzin und Diesel und der Eindruck einer vormittelalterlichen Kultur sind mir immer präsent geblieben und hielten mich von weiteren, freiwilligen Besuchen in Kairo ab. Ich musste nur noch einmal zwei Tage in Kairo verbringen, um offizielle Dokumente zu unterzeichnen.

Ein Treffen mit Moshe Dajan

Im Mai 1948, nach der Gründung Israels, flog ich nach Tel Aviv zur Übergabe der American Near East an die Partner. Ich wohnte im Käthe Dan Hotel, mein Zimmer führte auf die Terrasse über dem Restaurant, von der aus man auf das Meer und auf Jaffa blickte. Es war Samstag. Am Mittag im Restaurant bestellte ich ein Kalbskotlett. Es kam, schmeckte sehr gut, war aber mit Sicherheit vom Schwein. Schweinefleisch ist «unkoscher» in Israel und verboten. Schweine werden in großer Zahl für den Fleischexport gezüchtet. Ich rief den Kellner und bat um Bestätigung, dass ich ein Schweinskotlett gegessen hatte. Er versicherte, dass es Kalbfleisch gewesen wäre. Ich sagte ihm, dass ich kein Jude sei und gerne und oft Schweinefleisch äße. Nach längerem Hin und Her, schaute er über seine Schulter, um sicher zu sein, dass niemand ihn hörte, und sagte: «Na ja, es war ein Kalbschweinskotlett.» Schweinefleisch war natürlich billiger als Kalbfleisch. Nach dem amüsanten Erlebnis nahm ich auf der Terrasse vor meinem Zimmer ein Sonnenbad im Liegestuhl. Plötzlich hörte ich ein Zischen über mir und einen Knacks. Der Zisch-Ton kam mir irgendwie bekannt vor. Das Ganze wiederholte sich, als ich zufällig auf den Turm der Moschee in Jaffa schaute und einen Mann sah, der offensichtlich mit einem Gewehr mit Zielrohr auf mich schoß. Ich kroch, Deckung vom Geländer suchend, sehr schnell zurück in mein Zimmer. Solche arabische Schießereien gab es täglich. Die Araber akzeptierten den jüdischen Staat Israel nicht. Damals fuhr man immer noch nur in gepanzerten Taxis von Tel Aviv nach Haifa und Jerusalem. Den seit der israelischen Staatsgründung immer währenden, verheerenden Einfluß der jüdischen Orthodoxie auf die israelische Führung erlebte ich persönlich anläßlich eines Lunches mit General Moshe Dajan. Er kannte Otto Weichselbaum, der unter ihm gedient hatte, und hatte ihm aufgetragen, das Treffen zu organisieren. Dajan hatte von meiner Psy-War-Tätigkeit gehört, kannte mindestens einen Teil meines Lebenslaufs und wollte mit mir reden. Das Treffen verlief harmonisch, bis er erklärte, ich sei jüdischer Abstammung und daher verpflichtet, mich für den jungen Staat Israel einzusetzen. Ich sollte nach Israel ziehen, in die Armee eintreten und den Aufbau einer Psy-War-Einheit leiten. Er zeigte kein Verständnis für meine strikte Ablehnung. Ich wiederholte mehrmals, dass ich ein US-Bürger und Reserveoffizier mit hoher Verantwortung sei und kein Jude, trotz meines gemischten Bluts. Er war sichtlich erbost über die Abfuhr und sagte: «Na, dann eben nicht!»

Herr Johanson, Ueli Prager und Thomas Mann ...

In Kairo hatte ich vernommen, dass sich ein Schwede für den Baustahl interessierte. Ich nahm Kontakt auf und besuchte ihn in Stockholm, in der Hoffnung, auch andere Geschäfte dort zu tätigen. Ich bekam eine nützliche Lektion im lässigen skandinavischen Lebensstil. Ich sollte Herrn Johanson Freitag Nachmittag im Büro treffen. Es war heiß, die Sonne brannte. Nach einem kurzen Sich-kennen-lernen-Gespräch, schlug er vor, unsere Besprechung im Schwimmbad am Meer in Saltjöbaden fortzusetzen. Ich nahm an, ich könnte da eine Badehose mieten oder kaufen. Im Freibad sah ich, dass ich keine brauchte. Alles war fein säuberlich dreigeteilt in Damenbad, gemischtes Bad, Herrenbad. Wir saßen splitternackt auf einem Holzboden auf einer Terrasse, von wo aus man gute Sicht auf alle drei Wasser-Sektoren hatte. Beim Anblick so vieler nackter Frauen hatte ich zunächst ein Problem mit der Konzentration auf den Verkauf von Baustahl. Ich hatte auch noch nie mit einem nackten Mann Verträge gemacht. Wir besprachen allerlei Möglichkeiten der Zusammenarbeit und einigten uns über den Preis unseres Stahllagers in Alexandria. Damit war das ANEC-Kapitel, «Ägypten» erledigt.

Amerikanische Lebensmittel waren im Nachkriegs-Europa gefragt. Wir konnten für US-Hersteller den Export handhaben und sie beim Aufbau der Märkte unterstützen. Finanziell am aufnahmefähigsten war die Schweiz. Botho Lilienthal übernahm für ANEC Trading die Vertretung einer der qualitativ besten, exklusiv vermarkteten Lebensmittel-Dosen-Marke, «Royal Scarlet». Abnehmer waren die Feinkostläden mit internationalem Flair. Der Zürcher Hotel- und Restaurant-Besitzer Prager betrieb auch Großhandel in Feinkost-Waren. Herr Prager Senior übernahm den Vertrieb von Royal Scarlet. Dabei lernte ich Ueli Prager, seinen Sohn, kennen. Er plante gerade mit seinem Bruder den ersten Schweizer «American Diner», die Mövenpick-Bar im Zürcher Claridenhof. Ich gab ihm Tipps bezüglich Raumgestaltung und Service der Speisen. In der Schweiz gab es damals keine rechteckigen Papier-Tisch-Sets zu kaufen. So benutzte er runde, weisse Konditorei-Präsentations-Unterlagen. Ich verkaufte ihm amerikanische Tisch-Sets. Nach einer gewissen Zeit organisierte er die Produktion und den Vertrieb hübscher, brauchbarer Papier-Sets in der Schweiz.

Im Mövenpick lernte ich den jungen Uni-Absolventen Egon Gaspar, Sohn eines leitenden Ingenieurs bei Sulzer, und seine Frau Monique kennen. Ich bot ihm an, auf Kommissionsbasis im Verkauf amerikanischer Konsumgüter mitzuarbeiten. Auf der Etage, wo sie wohnten, gab es ein separates Zimmer, in das ich einzog, als wir Freunde wurden. Sie hatten einen großen belgischen Schäferhund, mit dem mein Verhältnis noch enger wurde als mit den beiden. Endlich hatte ich wieder einen Hund um mich herum, wie in meiner Kindheit.

1948 besuchte ich den Zürcher Presseball im Hotel Bellevue au Lac und hatte ein 30-Sekunden-Gespräch mit Thomas Mann: Drinks wurden u. a. in verschiedenen Suiten serviert. Die Gänge der Etage waren Schauplatz beschwingt herumtorkelnder Gäste. Ich wollte die Suite verlassen, musste aber an der Tür einen schnellen Schritt zurück, ohne zu realisieren, dass Thomas Mann direkt hinter mir stand. Sein sehr lautes «Au …» ließ mich vermuten, ich war ihm aufs Hühnerauge getreten. Ich entschuldigte mich höflichst, und er sagte mit verzerrtem Mund: «Schon gut.»

Beim Fürsten von Liechtenstein

Um notfalls eine gute Beziehung zur Finanzwelt zu haben, kam ich über Egons Vater in Kontakt mit der Banquier-Familie Julius Bär und wurde einige Mal zum Tee eingeladen. Über Hans Bär kam ich in Kontakt mit dem Bruder des Fürsten von Liechtenstein, der als Geschäftsmann und Botschafter seines Landes in Bern arbeitete. Ich lud ihn ein, die ANEC Trading bei wichtigen Verhandlungen zu vertreten, und konnte so seinen Namen als unseren Repräsentanten nennen. Dieses lose Verhältnis brachte mir eine Einladung zum Tee bei der fürstlichen Familie ein. Der Fürst, Franz Josef II, wollte anscheinend wissen, mit wem sein Bruder sich da einließ. Es wurde ein netter, entspannter Nachmittag, als ich meine entfernte Verwandtschaft mit dem englischen Königshaus zum Besten gab und mich kurz mit dem kleinen Erbprinzen Hans Adam II auf Englisch unterhielt.

Amerikanische Hilfsorganisationen finanzierten das «Care»-Lebensmittel-Paket-Programm für West-Deutschland. Die Verteilung sollte aus der neutralen Schweiz organisiert werden. Die Schweizerin Gerda Bauer betrieb dafür in der Gartenstrasse in Zürich ein Büro. Sie beauftragte ANEC Trading, für den Transport von Care-Paketen nach Deutschland zu sorgen. In ihrem Namen unterhielten wir ein Auslieferungslager für Care-Pakete in Konstanz am Bodensee.

Wiedersehen mit Gretl

Auf meiner ersten Geschäftsreise nach Deutschland besuchte ich meine Jugendliebe Barbara Weibezahl-Lohmeyer, deren Mann kurz vorher krankheitsbedingt gestorben war. Sie gab mir die Adresse von Gretl Schott-Arbini, die in Kronberg wohnte und in Frankfurt arbeitete. Ich verabredete mich mit ihr und freute mich, sie wiederzusehen. Nach unserem ersten Treffen verbrachten wir viele Wochenenden bei ihr zu Hause. Wir hatten uns schon sehr gut verstanden, als wir im Gymnasium zusammen musizierten. Ich hatte sie 1935 in Genf besucht. Gretls Familie Schott besaß den berühmten Musik-Verlag Schott. Sie war sehr musikalisch, introvertiert und gutmütig. Ihr Sohn und ihre jüngere Schwester Stefanie tanzten ihr auf der Nase herum. Wenn wir alleine waren, erlebten wir eine harmonische Gemeinsamkeit, die mich zur Heirat animierte. Aber sobald Söhnchen und/oder Schwesterlein dabei waren, herrschte eine mit Spannung geladene Atmosphäre, weil sie versuchten zu bestimmen, wer was wann zu tun habe. Ich begann die Suche nach den vielen damals notwendigen Papieren, die zur Heirat benötigt wurden. Ich war gewillt, eine Vaterrolle zu übernehmen und den Sohn etwas mehr an die Kandare zu nehmen, was Gretl halbherzig akzeptierte. Ich weigerte mich aber, Stefanie, die gerne zu uns gezogen wäre, um sich verwöhnen zu lassen, zu beherbergen und zu verköstigen. Gretl konnte sich nicht entscheiden. Letztendlich überwog mein Verstand, und ich beendete die «Verlobung». Ich traf Gretl zehn Jahre später noch einmal in Frankfurt, aber wir hatten uns nicht mehr viel zu sagen.

Daisy aus Berlin

Im Sommer 1948 bat mich Botho Lilienthal, mich um seine 16-jährige Tochter Daisy zu kümmern, die den Krieg in Berlin mit ihrer Mutter überlebt hatte und nach New York zum Vater wollte, an den sie wenig Erinnerung hatte. Kurz darauf ließ Daisy mich wissen, sie hätte eine Fahrgelegenheit nach Bern, und fragte an, wo sie mich dann treffen würde. Ich nannte das Hotel Bären, wo ich zwei Zimmer mietete und auf sie wartete. Ein selbstbewusstes, aber ängstliches, ärmlich leicht gekleidetes, sympathisches junges Mädchen kam mit einer großen Handtasche als Gepäck. Während des Nachtessens stellte ich fest, dass sie außer dem Kleid, das sie anhatte, nichts besaß, nicht einmal ein Taschentuch. Wir besprachen, was sie, meiner Meinung nach, sofort benötigte, und verabredeten uns zum Frühstück und der anschließenden Einkaufstour. Ich begleitete sie zu ihrem Zimmer, das durch eine Mitteltür mit meinem verbunden war. Ich entriegelte das Schloß und sagte: «Wenn du Hilfe brauchst, kannst du jederzeit kommen.» Ich war gerade ins Bett gegangen, als sie splitterfasernackt mit ihrer Matratze erschien und sagte: «Ich hab Angst, ich hab noch nie alleine geschlafen und noch nie in einem Hotel!» Es stellte sich heraus, dass sie ihre Unterwäsche nach einem Bad in demselben Wasser gewaschen hatte und naß war. Ich holte ihre Decke und deckte den aufreizenden jungen Körper mit einem von mangelnder Ernährung etwas aufgeblasenen Bauch gut zu. Ich hatte eine gewisse Erfahrung in Sachen Kleidung und Kosmetika, so verbrachten wir zu Daisys großer Freude den Tag mit Shopping. Zum Abschluß schenkte ich ihr noch einen Armring, damit sie wenigstens ein Stück Schmuck besaß. Ich hatte Bothos Papiere für ihr Visum und als Reserve-Offizier kein Problem, an der US-Botschaft den Stempel schnell zu erhalten. Daisy konnte etwas Englisch. Ihr Flug nach New York, mit Umsteigen in London, verlief problemlos. Nachdem ich geschäftlich weniger Erfolg als erhofft hatte, war ich froh, etwas wirklich Positives für Botho getan zu haben.

Ende 1948 zogen Gaspars von Zürich nach Genf. Er hatte bei mir kaum etwas an Provision verdient und suchte einen Job. Monique hatte in Zürich nicht gearbeitet und suchte ebenfalls Arbeit. Ich war Untermieter bei Gaspars gewesen und fand ein Zimmer in einem Minihotel hinter dem Zürcher Bellevueplatz.

Anfang 1949 zog ich dann auch nach Genf, wohnte bei ihnen und meinem Freund Cäsar, dem schwarzen Schäferhund. Geld war bei uns allen äußerst knapp geworden. Wir mussten mit allem, auch dem Essen, sparen. Wir kochten öfters eine Sülze aus Knochen und ein wenig billigem Fleisch. Ich ging dann mit Cäsar zu einer Metzgerei, platzierte ihn von innen sichtbar vor das Schaufenster und kaufte etwas billige Wurst. Dann fragte ich den Metzger, ob er nicht etwas frisches Abfallfleisch und ein paar Knochen für meinen Hund habe. Das funktionierte immer. Wir hatten ein besseres Essen und Cäsar ein gutes Fressen.

Hoffnung auf eine goldene Zukunft

Anläßlich eines Besuchs in Casablanca Anfang 1949 stellte mich unser Agent einem Beduinen-Scheich vor, der ein Bergterritorium südlich von Casablanca in Küstennähe besaß. Er hatte Bohrungen machen lassen und festgestellt, dass da ein großes Depot von hochgradigem Mangan- und auch etwas Eisenerz lag, Letzteres zeigte sich schon in der rötlichen Farbe der Erde. Ich wusste aus der Vorkriegszeit um die Wichtigkeit von Manganerz, besonders wenn es leicht zu gewinnen war. Wir verhandelten einige Tage und wurden uns einig, dass ich die Ausbeutungsrechte besäße, wenn Vorarbeiten zur Ausbeutung innert Jahresfrist beginnen würden. Zur Feier der Vertragsunterzeichnung lud er mich als Ehrengast zu einem Wüstenmahl ein. Wir saßen in großer Runde in einem Zelt auf Teppichen, was für mich, trotz des Sitz-Kissens für Nicht-Araber, ziemlich unbequem war. Vor dem Lamm-Hauptgericht brachte mir ein Diener ein kleines Gefäß mit einem rohen Auge des Lamms, das dem Ehrengast zum Genuß zustand. Es gelang mir meinen Ekel zu unterdrücken und mich zu zwingen das glitschige Ding zu schlucken, ohne mich zu erbrechen.

So startete ich das größte Projekt meines Lebens. Im Laufe der folgenden sehr aktiven Monate gelang es mir Schritt um Schritt, in oft zähen Verhandlungen, eine Reihe von Verträgen vorzubereiten. Sie mussten die Kette von der Förderung des Manganerzes über den Transport zur Raffinerie bis zur Gewinnung des reinen Mangans abdecken. Erst wenn das alles vorbereitet war, wollte ich die Finanzierung in Angriff nehmen. Ich kannte Herrn D., der seinen Namen nicht öffentlich genannt haben wollte, einen Zürcher Millionär. Er kaufte mir meine Lizenzrechte gegen ein großzügiges lebenslängliches Honorar «für gelegentliche Beratungen» von 50 000 $ im Jahr ab. Die erste Jahresrate wurde zahlbar ab der ersten Abfahrt eines Frachters mit dem erzhaltigen Rohmaterial nach Hamburg. Er gewann die Schweizerische Bank-Gesellschaft, das Projekt, für das ich aus Sicherheitsgründen ein großzügiges Budget ausgearbeitet hatte, zu finanzieren. Ich hatte ein französisches Bergbau-Unternehmen für den Bau der Transportanlage und die Förderung des Mangans verpflichtet, nachdem sie sich vor Ort erkundigt hatten. Der Hamburger Reeder Erich Blumenthal hatte, nach langwierigen Verhandlungen, den Transport des Rohmaterials nach Hamburg und die Umladung auf die Bahn übernommen. Mein Kunde, der Millionär, wollte die Produktion und Vermarktung des Mangans selber unter Kontrolle behalten. Ich hatte Botho Lilienthal und Jacques d'Allemagne informiert gehalten und einen Teil meines Einkommens versprochen. Als alles bereit war, ein Treffen aller Beteiligten zur Koordination zu vereinbaren, ließ die Bank ihren Kunden wissen, sie hätten jemand zur Erkundung der Situation für einige Wochen nach Marokko geschickt und dieser Mitarbeiter sei zum Schluß gekommen, dass innerhalb der nächsten vier Monate eine kommunistische Revolution in Marokko zu erwarten sei. Sie würden daher von ihrem Rücktrittsrecht Gebrauch machen. Das beeindruckte meinen Kunden so sehr, dass er mir sagte, er wolle das Risiko nicht eingehen und ich sollte das Ganze vergessen. Ich schlug eine andere Bank vor, aber er wollte nicht weitermachen. Ich sagte ihm: «Wir haben einen gültigen Vertrag, den Sie so einseitig nicht brechen können. Ich verlange mindestens eine Vergütung für meinen Zeit- und Kosten-Aufwand.» Seine Antwort war: «Dann mußt du mich verklagen, und ich ziehe die Sache bis vor das Bundesgericht, und das wird dich mehr kosten als du dir leisten kannst!» Er hatte natürlich Recht im Unrecht und damit war die Sache erledigt. ANEC Trading blieb auf den Kosten sitzen, ich hatte Recht gehabt, denn in Marokko änderte sich nichts, aber ich stand ziemlich blöd da und konnte die Frage, was ich falsch gemacht hatte weder mir noch Botho, Jacques und dem Fürsten von Liechtenstein beantworten.

Von Kühlschränken und Gedankenlesern

Bei meinem jährlichen Herbst-Besuch in New York zeigte Botho mir Pläne von neuartigen Gefrierschränken für die Pharmaindustrie und medizinische Pflegeanstalten, für die er Patente erworben hatte. Er wollte damit ein zweites Bein für die Firma aufbauen. Ich bat ihn, mir Verkaufsmaterial zu schicken, wenn die ersten Muster, auf den europäischen Standard 220 Volt 50 Zyklus umgebaut, bereit seien.

Im Winter 1949 hatte ich dann in Genf ein hochinteressantes Erlebnis, bei dem ich viel lernte. Ein Schweizer Importeur hatte mich zum Abendessen in einem Restaurant, dem ein kleiner Theatersaal mit Bar angeschlossen war, eingeladen. Dort wurde, während einer außergewöhnlichen Vorstellung von Gedankenübertragung, der Kaffee mit Getränken serviert. Eine hübsche Frau stand alleine mit verbundenen Augen auf der kleinen Bühne. Ein Mann lief im Saal umher und sprach mit Gästen. Er forderte sie auf, ihm etwas Persönliches, Lesbares zu geben, sah es sich sehr konzentriert im Detail an und fragte nach einer Minute die Frau: «Was siehst Du?» Man sah ihr eine fast körperliche Anstrengung der Konzentration an, als sie begann, das, was ihr Mann las, Buchstabe für Buchstabe, Zahl für Zahl laut «zu lesen». Er kam an unseren Tisch, ich gab ihm meinen US-Pass. Auf der aufgeschlagenen Seite befand sich ein Visum für Ägypten, das ich gerade erhalten hatte. Sie las den englischen Text und eine Zahl. Die arabische Schrift konnte er offensichtlich nicht lesen. Sie rief: «Ich kann das nicht lesen.» Mein Gastgeber produzierte eine kleine Medizinflasche. Bei der leicht lesbaren, größeren Schrift funktionierte alles bestens, bei der ganz klein gedruckten lief ihr der Schweiß von der Stirn und sie sagte: «Das ist zu klein, ich kann es nicht lesen.» Mein Nachbar bemerkte trocken: «Ich auch nicht ohne Linse!» Was bei den Gästen, die es hörten, ein schallendes Gelächter provozierte.

Ich war so fasziniert, dass ich die beiden für den nächsten Tag zum Aperitif einlud. Sie akzeptierten, und wir trafen uns zu einem für mich erstaunlich offenen Gespräch. Sie waren verheiratet, er 48, sie 40 Jahre alt, in Genf geborene dreisprachige Universitäts-Absolventen und hatten diese Gabe der Gedankenübertragung durch Zufall entdeckt und durch stetes Üben perfektioniert. Es war so anstrengend für sie, dass sie nur alle paar Tage auftreten konnte und bei jedem Auftritt einige Kilo an Gewicht verlor. Sie wurden ständig von Geheimdiensten verschiedener Nationen bedrängt, bei Konferenzen für sie beim «Gegner» «mitzuhören/-lesen», was sie auf keinen Fall tun wollten. Dieses Erlebnis beeinflußte meine Einstellung zur Kommunikation unter Lebewesen und half mir sicherlich bei der Lösung der Aufgaben, die mir bald zufallen sollten.

Eine Begegnung wie im Film - und ihre Folgen

Anfang Januar 1950 war ich zu Fuß auf dem Quai du Montblanc, als ich fast mit einem mir schnell entgegenkommenden amerikanischen Offizier zusammenstieß. Es war Leonid Gran, mein Freund aus unserer gemeinsamen Zeit 1943 in Camp Ritchie. Wir verabredeten ein Treffen am nächsten Tag. Bei dem üblichen Bericht über das Erlebte «seit dem letzten Mal» sagte er grinsend: «Ah, übrigens von dir haben wir es im HQ in Berlin letzte Woche gehabt. Das G2 (Intelligence Service) will eine Kalter-Kriegs-Kampagne in Ost-Deutschland starten und ließ uns in der Dolmetscher-Abteilung fragen, ob jemand das machen könnte. Wir diskutierten ohne Resultat, bis einer ausrief: ‹Der Toby Rodes könnte so etwas, aber wo der steckt, weiss ich nicht.›»

Ich hatte mein Marokko-Fiasko noch nicht verdaut, unser Europageschäft lief nicht gut, Botho hatte mir angeboten, Europa aufzugeben, heimzukommen und das Marketing der Kühlaggregate von Atlanta aus in den US-Südstaaten zu übernehmen. Ich hatte abgelehnt, weil ich international tätig bleiben und mich nicht in Atlanta vergraben wollte. Ich musste mich also nach einem neuen Job umsehen. Ich hatte, seit meinem Eintritt in die Armee acht Jahre zuvor, nie richtige Ferien gemacht und für die Regierung zu arbeiten sei beinahe wie Ferien. Natürlich interessierte mich eine solche Aufgabe, eine Art Psy-War im Frieden zu führen. Ich sagte Leonid, er könne melden, ich sei grundsätzlich interessiert und bereit. Dann überstürzten sich zunächst die Ereignisse. Ich erhielt eine Einladung, den für die Personalsuche, verantwortlichen in Frankfurt zu besuchen. Aufgrund meiner Psy-War-Karriere bot er mir den Posten in einem ziemlich hohen Rang an, und ich akzeptierte. Dann stellte er mit Bedauern fest, dass meine alle 3 bis 4 Jahre neu zu bestätigende Befähigung «Top Secret»-Informationen zu bearbeiten, gerade abgelaufen war. Er musste die Erneuerung beantragen, die offizielle Überprüfung dauere drei Monate. Meine Anstellung sei definitiv und ich sollte mich auf einen Eintritt am ersten Juni einstellen. Das ließ mir reichlich Zeit, nach Rücksprache mit Botho und Jacques, ANEC Trading France aufzulösen und alle Aktivitäten abzuwickeln.

Ich meldete mich in Frankfurt vereinbarungsgemäß am ersten Juni. Der Bürochef schien sehr verärgert und frustriert, mir mitteilen zu müssen, dass Washington ein paar Tage zuvor das Projekt annulliert hatte. Ich war enttäuscht, denn ich hatte schon begonnen, mir Gedanken zu machen über mögliche Aktivitäten hinter dem Eisernen Vorhang. Dann sagte er: «Nachdem du ja angestellt bist, ist deine erste Aufgabe, in Berlin temporär den Job des Presse-Offiziers des Stadtkommandanten zu übernehmen. Der verantwortliche Presse-Offizier wartet seit Monaten, endlich mit seiner Familie drei Monate Ferien machen zu können. Du kannst sein Haus für die Zeit übernehmen, und ich suche etwas anderes für dich.» An diesem Tag, begann ein neuer Lebensabschnitt für mich.

8. Kapitel

Berlin im Kalten Krieg

Berliner Luft

Auf der Fahrt nach Berlin zeigte ich am DDR-Autobahn-Grenzposten Helmstedt meinen Pass und Reserveoffizier-Ausweis dem DDR-Polizisten. Er übergab die Dokumente sofort dem ihn kontrollierenden Russen, der damit im Kontrollhäuschen verschwand, sehr schnell zurückkam, sie mir salutierend zurückgab und mich, vom Zoll unkontrolliert, zur Weiterfahrt aufforderte. Ich nahm an, mein Name sei seit den Verhandlungen mit den Sowjets 1945 registriert. Ich meldete mich zunächst im US-HQ, im Vorzimmer des Büros von General Maxwell Taylor, dem Stadt-Kommandanten, meinem neuen Chef. Dann fuhr ich in mein neues Quartier im Grunewald zum Haus von Pressesprecher Lowell Bennet, den ich während seiner Ferienmonate ablösen sollte. Ich trug einen Teil meiner Habe durch den Vorgarten zum Haus und läutete. Die Tür öffnete sich prompt, ein 50 cm großer Affe schoss schreiend an einer Leine an mir vorbei und wurde sofort von einer erschreckten und verärgerten Frau zurückgerissen. Sie stellte sich als die Haushälterin vor und erklärte mir, sie wäre gerade mit «Bobo» auf dem Weg in den Garten hinter der Villa gewesen, um ihn mit der langen Leine an einem Draht zwischen zwei Bäumen herumturnen und seine Notdurft verrichten zu lassen. Nun hatte ich eine Villa in bester Lage, eine Haushälterin und einen mexikanischen Langarm-Affen. «Bobo» leistete sich in den folgenden Wochen noch einiges. Er hatte sein eigenes Zimmer in der Mansarde. Wenn er unzufrieden war, konnte er sich ziemlich schlecht benehmen. Einmal gelang es ihm, sich im Garten von seiner Leine zu befreien und im Haus des Nachbarn, eines Obersten, den Kühlschrank aufzumachen und alles auf den Boden zu werfen.

Der Oberst hielt mich sehr laut persönlich für verantwortlich. Alles, was ich tun konnte, war, ihm anzubieten, dass meine Haushälterin seine Küche reinigen könnte und ich den materiellen Schaden bezahlen würde. Ich präsentierte Lowell bei seiner Rückkehr die Rechnung. Viel degoutanter war der Zwischenfall, den «Bobo» sich einmal in seinem Zimmer leistete: Er wollte unbedingt in den Garten, aber die Haushälterin wollte, dass er erst in seinem Zimmer das mitgebrachte Essen verzehrte, was sie ihm zu erklären versuchte. Das ärgerte ihn so, dass er in seine Hand schiss und den Kot gezielt auf die Frau warf. Sie verliess den Raum fluchtartig, und er dekorierte noch zwei Wände in derselben Manier. «Bobo» überzeugte mich, dass mexikanische Langarm-Affen weit von Menschenaffen, die ich mochte, entfernt waren. Mein neues Leben fing gut an.

Pressesprecher des US-Stadtkommandanten

Am Morgen nach meiner Ankunft bezog ich, als temporärer Pressesprecher des amerikanischen Stadtkommandanten, mein Büro und stellte mich General Taylors Stabschef vor. Er informierte mich über die derzeitige Situation und Termine und meinte dann: «Ihnen muss ich ja, Gott sei Dank, nicht viel erklären. Der General hat mir Ihre Personal-Akte gezeigt. Er ist stark unter Druck, aber zu mir können Sie jederzeit kommen, wenn Sie was wissen wollen.»

Als Erstes nahm ich Kontakt auf zu Otto Hirschfeld, dem Pressesprecher des Regierenden Bürgermeisters Ernst Reuter. Otto Hirschfeld war der Bruder des Mannes meiner Ex-Lebensgefährtin Brigitte Hirschfeld-Belmont. Da wir beide voneinander wussten, kam ein guter, problemlos offener Kontakt schnell zustand. Er stellte mich dem regierenden Bürgermeister vor, mit dem ich kurz die Situation in und um Berlin erörtern konnte. Als Nächstes musste ich mich mit dem Internationalen Kongress für Kulturelle Freiheit befassen. Melvin (Mel) Lasky, der Herausgeber der liberalen Intellektuellen-Zeitschrift «Der Monat», hatte den Kongress konzipiert und leitete ihn zusammen mit dem Publizisten François Bondy, dem ich später noch öfter begegnete. Mit Mel bereitete ich die Presse-Commumiqués vor. Ich wusste nicht, dass der Kongress von der CIA über

Scheinorganisationen finanziert war. Ob Mel es wusste, habe ich ihn nie gefragt. Ich konnte mir damals keinen Reim auf mein Erlebnis mit der CIA machen. Ein mittelgroßer, jüngerer Mann tauchte immer wieder im Gang vor meinem Büro auf. Wie im Film, stets im beigen Trenchcoat mit hochgestelltem Kragen, Sonnenbrille und Schlapphut. Ich fand den Auftritt lächerlich, machte eine diesbezügliche Bemerkung gegenüber einem Kollegen und wurde belehrt: Das sei der Spinner von der CIA. Er kam nach dem Kongress zu mir ins Büro und bat um eine geheime Besprechung ausserhalb des Büros. Wir trafen uns. Er schlug vor, ich solle zur CIA kommen und eine wichtige Aufgabe übernehmen. Zu diesem Zweck würde mich der amerikanische Bierbrauer-Verband zu ihrem offiziellen europäischen Vertreter ernennen. Er wüsste, dass mein Engagement in Berlin befristet sei. Ich müsste nur jetzt einen Vierjahres-Vertrag unterschreiben, dann würden meine Unterlagen geprüft, und, wenn alles in Ordnung sei, in circa sechs Monaten würde die CIA meine Anstellung bestätigen. Ich fragte ihn ungläubig: «Ich soll mich jetzt endgültig verpflichten, und ihr wollt, dass ich sechs Monate auf euer Okay warte?» «So lautet die Regel bei uns» antwortete er. Ich stand auf und sagte nur: «Wenn ihr mich wollt, legt mir einen unterschriebenen Vertrag vor, dann überlege ich ob ich für euch arbeiten möchte. Euer Stil passt mir nicht», und ging. Das war das Ende meiner Kontakte zur CIA.

Am RIAS, dem US-Radio-Sender in Berlin arbeitete Dagmar Späth als Reporterin. Ihre Familie besass die grösste Gärtnerei der Gegend. Sie lag aber fast ausschliesslich in der DDR. Dagmar lief einmal im Gang an meinem Büro vorbei und sah mein Namensschild. Sie dachte, mein Bruder sei wieder in Berlin und stürmte ins Büro. Dagmar war mit ihm 1939 in «meinem alten» Internat in Territé am Genfersee gewesen und hatte ihn 1947 in Berlin, wiedergesehen. Wir hatten uns viel zu erzählen.

Eines Tages präsentierte sie mir Frederick Brockhues, ihren Verlobten. Ein hoch gebildeter gebürtiger Liechtensteiner. Sein Familie stammte aus Holland. Im Streit mit der Familie war ein «Abtrünniger» nach Deutschland ausgewandert, hatte den Namen in Brockhaus umgewandelt und den berühmten Lexikon-Verlag gegründet. Frederick hatte bereits eine bemerkenswerte Karriere hinter sich. Seine Familie war befreundet mit der jüdischen Familie Petcheck, Besitzer des größten tschechischen und ost-deutschen Braunkohle-Minen-Imperiums. Die Petchecks wanderten 1933 aus und ernannten ihn, der gerade sein Ingenieurstudium beendet hatte, zum jüngsten Braunkohlen-Konzernmanager aller Zeiten. Er arbeitete erfolgreich, bis die Nazis die Petcheck-Minen nach ihrem Einmarsch in die Tschechei enteigneten. Nach dem Krieg wurde er Präsident der Mahle-Stiftung und des Verwaltungsrats der Mahle GmbH, der wichtigste Produzent von Kolben für Verbrennungsmotoren. Ich versprach Dagmar, ihr beim Umzug zu ihm nach München zu helfen, indem ich ihr Hab und Gut als meines deklarierte, um so einen problemlosen Transport durch die DDR zu ermöglichen. Wenn private West-Berliner «auswanderten», vergnügten sich DDR und russische Zöllner, sie durch langwierige Schikanen daran zu hindern.

Katja aus Ost-Berlin

Mitte September kehrte Lowell Bennet mit seiner Familie zurück, und ich gab ihm gerne sein Haus samt dem Affen und der Haushälterin zurück. Ich bezog eine Villa in Dahlem, in der die Frau eines kriegsgefangenen deutschen Offiziers als Haushälterin angestellt war. Im Oktober fand in Ost-Berlin ein DDR-Jugendfest statt. Dagmar machte eine Reportage darüber und traf Katja Arnold, ein FDJ-(Freie Deutsche Jugend-)Mädchen, die von ihrer Mutter zur Mitgliedschaft animiert worden war, aber von der DDR wegwollte und daher bei Dagmar, der Reporterin, die Nächte verbringend, gerne viel erzählte.

Gegen Ende des Jugendfests kamen beide zu mir. Dagmar stellte mir die 20-jährige, blonde Katja vor, erzählte ihre Geschichte. Sie sagte auch, sie hätte schon ein paar neutrale Kleidungsstücke für sie besorgt, damit sie die Uniform wegwerfen konnte. Katja sagte, sie wolle endlich frei sein. Dann meinte Dagmar: «Ich ziehe endlich nächste Woche nach München zu Frederick. Ich kann Katja natürlich nicht mitnehmen. Ich übergebe sie dir zu treuen Händen, kümmere dich um sie!» Das war eine folgenschwere Überraschung für mich und in gewissem Sinn auch für Katja. Ich nahm Katja, die schöne, große blaue Augen hatte, mit, stellte sie meiner Haushälterin vor und beauftragte sie, für Katja ein Bett zu richten. Platz war genug da. Katja begann sofort, sich im Haus nützlich zu machen. In den nachfolgenden Wochen kaufte ich ihr noch einen Mantel und andere Notwendigkeiten. Katja begleitete mich an diverse Veranstaltungen, assistierte mir manchmal vor Ort und interessierte sich für meine Arbeit. Die Haushälterin ging nach dem Nachtessen zu sich nach Hause. So verbrachten wir immer mehr gemütliche Abende alleine im Haus. Es kam, was kommen musste: Wir wechselten von zwei Sesseln am Abend im Wohnzimmer in ein Bett im Schlafzimmer für die Nacht. Die Haushälterin nahm diese Entwicklung zurückhaltend zur Kenntnis. Sie war aber sehr einverstanden, als Katja ihr sagte, sie würde von nun an das Frühstück bereiten, so dass sie ruhig später kommen könnte. Als ich im Januar 1951 nach Frankfurt zog, um meine Arbeit im Informations-Büro des noch jungen Marshall-Plans zur wirtschaftlichen und politischen Genesung im Nachkriegs-Europa aufzunehmen, nahm ich Katja mit und deklarierte sie offiziell als mein Hausmädchen.

Anlässlich der Deutschen Industrie-Messe Berlin 1950 kümmerte ich mich um die Pressearbeit, so weit sie die US-Stadt-Kommandantur betraf. Ich lernte Wally Ridder, Informations-Chef der Marshall-Plan-Verwaltung MSA (Mutual Security Administration), für Deutschland kennen. Er war für die amerikanische Teilnahme an der Messe verantwortlich. Ich konnte ihm, mit meiner Beziehung zum Büro des Regierenden Bürgermeisters von West-Berlin, behilflich sein. Ich wurde zum Mittelsmann zwischen Wally, der kaum Deutsch sprach, und den Architekten Bruno Grimmek, Leiter der Entwurfsabteilung im West-Berliner Hochbauamt, und dem Architekten Werner Düttmann. Sie hatten in wenigen Monaten das George-C.-Marshall-Haus mit dem «ERP»-(European Recovery Program-)Pavillon entworfen und gebaut.

Ich konnte für Wally viele Hindernisse ausräumen und einiges zur termingerechten Eröffnung des Marshall-Hauses am 10. Oktober beitragen. Bruno Grimmek bedankte sich für die Mitarbeit mit einem selbst gemalten Bild des Marshall-Hauses mit einer persönlichen Widmung. Der Senat von Berlin schenkte mir einige Jahre später als Dank für alles, was ich für Berlin getan hatte, eine riesige KPM-(königliche Porzellan Manufaktur-)Bodenvase mit persönlicher Widmung in Gold.

Bettwäsche für Berlin

Der Schutz West-Berlins und die Eingliederung der Bundesrepublik Deutschland einschliesslich Berlin in eine friedliche, nicht kommunistische Welt waren Grundpfeiler der amerikanischen Aussenpolitik. In Berlin mussten die Krankenhäuser dringend wieder funktionsfähig gemacht werden. Die Frauen der in Berlin stationierten US-Truppen hatten den US-Frauen-Klub (US Woman's Club Berlin) gegründet und beschlossen, sehr benötigte Bettwäsche für die Krankenhäuser im US-Sektor zu besorgen. Sie sammelten Geld, mit dem sie die Wäsche in Amerika kauften.

Ich hatte den Anti-Nazi-Tennis-Weltstar Gottfried von Cramm kennengelernt und ihn auf seinem Gut besucht. Ich konnte ihn als ehemaliger Tennis-Schüler von Jimmy Fisher, dem Schweizer Davis-Cup-Spieler, überreden, an einem Wohltätigkeits-Match mit dem US-Davis-Cup-Team teilzunehmen. Wir konnten dann den Kapitän des amerikanischen Teams, im Hinblick auf das berühmte Tennis-As von Cramm, überzeugen, zu Gunsten des Berliner US-Frauen-Klubs, an einem solchen Wohltätigkeits-Match teilzunehmen. Die Veranstaltung im Berliner Rot-Weiss Klub war ausverkauft. Einige Wochen danach erhielt die Charité, das große Stadt-Krankenhaus, die dringend benötigte Bettwäsche.

Die Arbeit für den Marshall-Plan

Im November waren alle laufenden Projekte, an denen ich beteiligt war, erledigt. Ich hatte keine offizielle Position in der US-Verwaltung. Da kam eine Anfrage von Wally Ridder, ob ich stellvertretender Marshall-Plan-Informations-Chef werden wollte. Er ginge per Ende Dezember zurück zum «Wall Street Journal» in New York. Sein

Stellvertreter, Frank Norall, übernähme seinen Chefposten. Der Stellvertreterposten sei dann offen und er habe ja feststellen können, dass ich das Kommunikationsmetier beherrsche. Obwohl ich mich an die legendäre, durch die Wälder im Westen erzeugte Berliner Luft schon gewöhnt hatte und mich dort wohl fühlte, brauchte ich keine Sekunde, um hocherfreut zu sagen: «Ok, ich komme.» Einige Wochen vergingen mit administrativen Formalitäten, unter anderem weil mein Buick den Geist aufgegeben hatte und ich billig ein Acht-Zylinder-Mercedes-Kompressor-Kabrio erstanden hatte. Es war ein gebrauchter, sehr imposanter Wagen, ähnlich den von den Top-Nazi-Bonzen benutzten. Er musste im US HQ Berlin registriert werden und eine offizielle amerikanische Nummer erhalten. Kurz vor Weihnachten packten Katja und ich unsere Sachen in das neue Auto und fuhren mit geschlossenem Dach nach Frankfurt, wo eine Wohnung in einer amerikanischen Siedlung bereit stand. Wir verbrachten entspannte Weihnachtstage. Katja fühlte sich sicher und frei und ich war gespannt auf meinen neuen Job.

Am 2. Januar ging ich erstmals in mein neues Büro im I.G.-Farben-Haus, dem ehemaligen Verwaltungssitz des Chemie- und Pharma-Konglomerats, das viele zwiespältige Erinnerungen weckte. Mein Vater, als Vorstandsvorsitzender der Ph. Holzmann AG, hatte den weltweit bekannten Gebäude-Komplex gebaut, ich hatte dort meine ersten Panorama-Fotos geschossen und war oft mit dem Rad auf dem Weg ins Lessing-Gymnasium vorbeigefahren. Frank Norall begrüsste mich und weihte mich in die laufenden Projekte ein. Zu dieser Zeit bestand die Hauptaktivität in der Mithilfe bei der Organisation und Medienarbeit der Marshall-Plan-Ausstellungen auf Messen und in einem Eisenbahnzug. In Planung war eine mobile Ausstellung in zu diesem Zweck umgebauten Möbelwagen. Diese Ausstellungen wurden alle in Paris, dem MSA Information HQ von dem Architekten Peter Harnden und seinen Leuten entworfen. Peter, mit dem ich noch lange zusammenarbeitete, heiratete eine Prinzessin von Metternich. Ihrer Familie gehörte das weltbekannte Schlossgut Johannesberg mit dem berühmten Rheingau- Weinberg. Peter liess sich dann in Barcelona als Architekt nieder, wo ich beide, Jahre später, ein paarmal besuchte.

Informationschef des Marshall-Planes für Deutschland

Ende Januar kam Frank Noralls Frau Betsy mittags im Büro vorbei und versuchte offensichtlich zu erkunden, in wieweit ich die berufliche Herausforderung im Griff hatte. Im Nachhinein wurde mir klar: Frank hatte ein interessantes Job-Angebot in London und Betsy wollte unbedingt weg vom zerbombten Deutschland. Gegen Ende des Monats erhielten wir die lange erwartete Bestätigung, dass der Bau der US-Botschaft und der Wohnungen in Bad Godesberg/Mehlem im Februar fertig sei und wir in den ersten März-Tagen einziehen konnten. Frank und Betsy fuhren in den Urlaub nach London. Ich organisierte unseren Umzug. Als ich unser vergrössertes Büro in Mehlem eröffnete, wurde ich aus Washington informiert, dass Frank sein Amt niedergelegt habe und ich nun der MSA/ECA-Informations-Chef im nächsthöheren Dienstgrad (FS 2) sei. Natürlich freute ich mich über die Beförderung, aber mehr noch reizte mich die Chance, eigene Initiativen zu entwickeln und die Einbettung der Bundesrepublik Deutschland in ein immer besser funktionierendes Europa voranzutreiben.

In Mehlem lernte Katja durch Zufall einen kanadischen Obersten kennen, der ihr anbot, wenn er demnächst nach Ottawa zurückging, als Kindermädchen für seine drei Kleinkinder mitzukommen. Der Altersunterschied und die sehr unterschiedlichen Lebenserfahrungen schlossen eine tiefe menschliche Beziehung zwischen Katja und mir eigentlich aus. Sie akzeptierte die Einladung sofort. Der Oberst arrangierte ihre Einwanderung, und wenige Wochen später begleitete sie ihn nach Kanada. Wir hatten noch viele Jahre Kontakt. Ich lernte auch ihre beiden Ehemänner kennen.

Von meinen Vorgängern «erbte» ich ein ziemlich großes Budget, das nur wenige definierte Projekte enthielt und mir die Freiheit liess, eigene Ideen zu verwirklichen. Es gelang mir in den folgenden Jahren, das Budget aufgrund meiner Projekte sogar noch etwas zu vergrössern. Mit den wachsenden Aufgaben und der Übernahme von Verantwortungen anderer Abteilungen vergrösserte sich mein Stab, den ich mir weitgehend selber aussuchen konnte. Aus Frankfurt mitgekommen war Lilo Kiwit, die hartnäckige Chef-Sekretärin, der ich die Büro-Leitung übergab, und Hilmar Pfaelzer, ein Lehrling, der, als ich 1955 nach Amerika zurückkehrte und Lilo heiratete, die Büroleitung übernahm.

Zeit meines Lebens gehörte es zu meinem Management-Stil, meine Mitarbeiter zu veranlassen, sich als Mitglied eines Teams zu fühlen. Neben der Erfüllung ihrer, so weit wie möglich, definierten Aufgaben sollten sie Selbstverantwortung übernehmen und mit mir, als Teammitglied, mit der nötigen Distanz eine offene Freundschaft pflegen. Mit diesem Ziel habe ich bei jedem Gespräch mit potenziellen neuen Mitarbeitern immer gesagt: «Einen Fehler zu machen, weil man falsch gedacht hat, ist menschlich und kann passieren. Einen Fehler zu machen, weil man nicht gedacht hat, ist nicht akzeptabel!» In diesem Sinn war ich immer für alle Mitarbeiter ein Ansprechpartner für persönliche Belange. Meine drei engsten Mitarbeiter waren meine persönliche Sekretärin Rosemarie (Rosy), die später Rudy Lederer heiratete, Claus-Peter Gross, Innenarchitekt und Grafiker, verantwortlich für alle Ausstellungen und Logos, der später für die Bundesregierung Ausstellungen plante und in Berlin Universitäts-Professor wurde, und Wolfgang Heine, mein Fotograf, der später Chef-Fotograf beim Westdeutschen Fernsehen war. Mit allen blieb ich jahrzehntelang in Kontakt.

Die Ernennung zum Marshall-Plan-Informationschef bedeutete für mich die Fortsetzung und Erweiterung meiner fünf Jahre zuvor beendeten Arbeit. Nach der Gründung der Bundesrepublik wollten wir die neu erstandenen oder wieder auferstandenen Medien, die Industrie und die Kunst unterstützen, indem wir, nach neunzehn Jahren der Isolation, bei der Öffnung zur demokratischen Welt halfen. Hitler hatte gebrüllt: «Vierzehn Jahre dauerte die Schweinerei» und meinte die Weimarer Republik. Wir persiflierten seinen Spruch in «Dreizehn Jahre dauerte die Schweinerei», um einen Neuanfang nach seinem Tod zu unterstreichen. Ich hatte an der Entnazifizierung und mentalen Entnationalisierung der Deutschen mitgewirkt. Nun galt es, ein für immer friedliches Europa zu bauen, in dem die Bundesrepublik Deutschland, einschliesslich einer darin eingegliederten DDR, fest verankert war. Ich wollte mein Bestes dazu beitragen, einen dritten Weltkrieg zu verhindern. Wir Amerikaner sollten nicht ein drittes Mal im 20. Jahrhundert in Europa helfen müssen, einen deutschen Angriffskrieg abzuwehren. Ich habe nie vergessen, dass mein Großvater mit 67 Jahren als Opfer des sturen, nationalistischen deutschen Beamtengeists starb. Ich erinnere mich auch, nach all den Jahren, ziemlich genau an meine eigenen Erfahrungen im Zweiten Weltkrieg.

Die meisten meiner Kollegen an der US-Botschaft kannten den historischen Hintergrund der sowjetischen Weigerung, am europäischen Wiederaufbau im Rahmen des Marhall-Plans teilzunehmen, nicht. Sie erkannten auch nicht den Willen der Sowjets, den Kalten Krieg mit allen Mitteln zu intensivieren. Die Sowjetunion und das Weimarer-Deutschland hatten 1922 den Rapallo-Pakt (gegen den Westen) geschlossen. 1926 unterzeichneten sie den Berliner Vertrag, der sich grundsätzlich gegen ein freies Polen richtete. Letztendlich bestätigten Hitler und Stalin am 23. August 1939 im «Hitler-Stalin-Pakt» ihre Interessensphären und vereinbarten einen zehnjährigen Nichtangriffspakt. Der verlogene Hitler hatte ja schon im September 1938 den gutgläubigen, nach Frieden strebenden, britischen Regierungschef Lord Neville Chamberlain um freie Hand für die Teilung der Tschechoslowakei erpresst und prompt, entgegen dem Vertrag, sich das ganze Land einverleibt. Ähnlich hinterging er seinen neuen Partner Stalin und startete, nur acht Tage nach der Unterzeichnung, vertragswidrig, seinen lang vorbereiteten Krieg gegen Polen. Die Sowjets hatten nicht die geringste Absicht, je einen Teil ihres neuen Imperiums, zu dem die DDR gehörte, aus ihrer absoluten Kontrolle zu entlassen. Sie mussten dazu erst durch Druck innerhalb der einzelnen Länder gezwungen werden. Diesen Druck auszulösen war eines unserer Hauptziele des Kalten Kriegs, an dem ich mitarbeiten wollte und konnte.

Kommunikationsarbeit für die Deutschen in West und Ost

In den viereinhalb Jahren als diplomatischer Kommunikator hatte ich zwei sehr unterschiedliche Zielgruppen: die West-Deutschen und die Ost-Deutschen mit ihren russischen Herren. Die Ansprache an die

Bundesrepublikaner war inhaltlich und intellektuell zu unterteilen in Politik, Industrie, Handel, Medien, Bildung/Jugend und Kunst. Die Zielgruppe DDR setzte sich zusammen aus deutschen Bolschewisten, unpolitischen, meist wenig intellektuellen Einwohnern, aus mit ihrer Lage unzufriedenen Menschen und aus Regimegegnern. Natürlich konnten oft mehrere dieser Sektoren mit der gleichen Kommunikation bedacht werden. Wichtig war, den Dialog innerhalb und zwischen den Segmenten zu fördern. Persönlich war ich bemüht, die Hand am Puls der Führungsschicht der Bundesrepublik zu halten, um zeitnah informiert zu sein. Damals war Französisch noch die diplomatische Weltsprache, und viele deutsche Politiker konnten kaum Englisch. Damals, wie heute, betrieb das US State Department (Auswärtige Amt) eine Politik, mit der ich nicht einverstanden war und bin: Es ist unwichtig, ob leitende Beamte die Sprache und Kultur des Landes kennen, in dem sie tätig sind. Es ist nicht erwünscht, dass solche Beamten länger als 4-5 Jahre in einem Land arbeiten, denn sie sollen dort keine zu engen Kontakte zu der Bevölkerung pflegen, damit sie ausschliesslich die Interessen der USA vertreten. Dieses Konzept ist auch Ausdruck des traditionellen amerikanischen Isolationismus. Er ist Teil unserer Kultur und verkörpert die Reaktion der Einwanderer «ins freie Land der unbegrenzten Möglichkeiten» gegen jede versuchte Einflussnahme aus anderen Ländern, insbesondere aus dem Land, aus dem sie ausgewandert waren. Der Trend zur Globalisierung hat den Isolationismus zwar erheblich gedämpft, aber nicht beendet. So war ich an der Botschaft lange der einzige höhere Diplomat, der fliessend Deutsch sprach und daher freimütig in Gespräche einbezogen wurde. Ich führte sie, kürzer oder länger, auch mit den höchsten Persönlichkeiten wie Bundespräsident Theodor Heuss, Bundeskanzler Konrad Adenauer, dem Vize-Kanzler und Marshall-Plan-Chef Ernst Blücher, dem Wirtschaftsminister, «Soziale Marktwirtschaft»-Erfinder und zweiten Bundeskanzler Ludwig Erhardt, dem prominenten Mitautor des BRD-Grundgesetzes, Carlo Schmid und massgeblichen Abgeordneten und Politikern wie Herbert Wehner und Rainer Barzel. Ein besonders dauerhaftes und vertrauensvolles Verhältnis hatte ich zu Arno Scholz, dem Gründer und aktiven Verleger der in West-Berlin in den 50er-Jahren sehr beliebten Tages-zeitung «Telegraf». Nach unserer sehr erfolgreichen Zusammenarbeit in Berlin schrieb ich für den «Telegraf» nach meiner Rückkehr nach Los Angeles noch Monate lang Berichte über Kalifornien.

Eine Freie Universität in Wissembourg

Adenauer interessierte sich für mein Projekt der internationalen, nationalpolitisch freien Universität Wissembourg in Lothringen, hart an der deutschen Grenze, auf neutralisiertem «europäischem», also weder französischem noch deutschem, Boden. Der neue Stadtteil sollte in drei Sprachen «Weisse Burg» heissen und aus einem Universitätsgebäude mit Umschwung bestehen. Für mich war es in 1952 Teil des Versuchs, die Erbfeindschaft zwischen den Deutschen und den Franzosen zu beenden. Ein kleiner Stein im Mosaik der permanenten Befriedung Westeuropas. Adenauer lud mich ein, ihn in seinem Wagen bei einer Fahrt von seinem Haus nach Bonn zu begleiten, um sich mit mir darüber und andere Themen zu unterhalten. Meinem Plan war grundsätzlich vom Bürgermeister von Wissembourg und vom Präfekten der Region zugestimmt worden. Ich konnte die erheblichen Projektkosten nicht aus meinem Jahresbudget bestreiten. Adenauer war, im Bewusstsein der anstehenden Pariser Verträge, welche die Bundesrepublik aus jeglicher Kontrolle der Alliierten Hohen Kommission entliessen, mit meinem Plan sehr einverstanden. Die Erarbeitung eines detaillierten Budgets und dann die Finanzierung sicherzustellen, überdauerte leider die Zeit bis zu meinem Ausscheiden aus dem Auswärtigen Amt. Als dann 1957 in den Römischen Verträgen die E.U. gegründet wurde, interessierte sich niemand mehr für das Weissenburg-Projekt.

Mit Bundespräsident Heuss verbrachte ich einen denkwürdigen Abend am Deutschen Presseball 1952. Ich nahm als US-Diplomat und Marshall-Plan Informationschef an der «Dress Smoking»-Veranstaltung teil. Ich ging zur Begrüssung an den Tisch, an dem Heuss sass. Er lud mich ein, dazubleiben, und wir unterhielten uns sehr gut. Es kamen immer wieder Politiker und Journalisten an unseren Tisch und wollten mit dem Bundespräsidenten anstossen. Dieser trank, als Badenser, gerne einen guten Tropfen. Bald wurde ersichtlich, dass er genug hatte, aber die politisch oder medial auf Skandal gemünzten Herren wollten meine Proteste nicht hören und machten immer weiter. Da platzte mir der Kragen, ich rief seinen Chauffeur, und gemeinsam halfen wir dem sympathischen, leicht schwankenden Herrn zu seinem Wagen. Ich war über die übel motivierten Herren so verärgert, dass ich, mitten in einer Präsentation, merkbar den Saal verliess. Als ich den Präsidenten fünf Jahre später wieder traf, erinnerte er sich schmunzelnd an unser Treffen.

Informationsfilme für Wissenschaft und Forschung

In direkter Folge zur Lizenzierung der Medien nach Kriegsende stand die Notwendigkeit, die Glaubwürdigkeit der Nachkriegsmedien gegenüber ihren Zielgruppen zu fördern. Das bedeutete, Informationen aus dem Ausland durften in den Augen der Bevölkerung nicht wie Propaganda der Alliierten aussehen. Ich lieh daher Journalisten, denen ich objektives Berichten zutraute, Diktiergeräte und unterstützte ihre Reisen ins Ausland mit Devisen. In der Vorkriegszeit hatte es schon das RKW, das Reichskuratorium für Wirtschaftlichkeit in Industrie und Handel, gegeben. Die meisten Büros waren zerstört und mussten mit Hilfe des Marshall-Plans von den zuständigen Industrie und Handelskammern wieder aufgebaut werden. Die deutschen Betriebe waren, mit Ausnahme der Rüstungsindustrie, aufgrund der langjährigen Abriegelung vom Ausland, technisch auf dem Stand von 1934. Wir synchronisierten rund 200 amerikanische technische Filme und rüsteten die RKW-Büros für ihre Lehrveranstaltungen mit 16-mm-Projektoren aus. Wir zeigten ihnen auch aktuelle, in den USA regelmässig verwendete Lehrmittel. Dabei geschah es wieder einmal, dass eine europäische Erfindung, wie die Filztafel, als amerikanische Erfindung angesehen wurde, obwohl sie in Deutschland nach dem Prinzip «Was neu ist, ist wahrscheinlich nicht so gut, aber was alt ist, ist immer gut» vergessen war. Wir brachten auch amerikanische Gewerkschaftsführer nach Deutschland, um ihresgleichen und Industriellen die positive Zusammenarbeit zwischen amerikanischen Gewerkschaften und der Industrie zu dokumentieren. Wir wollten auch der deutschen Wirtschaft und der Bevölkerung so klar wie möglich die auf individuellen Freiheiten basierende amerikanische Kultur vorstellen. Dazu dienten die Marshall-Plan-Ausstellungen, die meistens sehr gut besucht waren. Ein Großteil der in diesem Zusammenhang gezeigten amerikanischen Möbel stammte von deutschen Bauhaus-Designern, die von Hitler aus Deutschland vertrieben wurden. Sie waren zwar nicht repräsentativ für die amerikanische Wohnkultur, aber noch ein Beweis gegen die Nazis. Ich organisierte eine zusätzliche Ausstellung, die wir in einem umgebauten Kohle-Frachter entlang des schiffbaren Teils des Mains bis Mainz und dann rheinabwärts vielerorts halten liessen, um Besuche, besonders von Schülern, zu ermöglichen. In Berlin liess ich auf dem Ausstellungsgelände ein typisches, aus Holz gebautes amerikanisches Wohnhaus aufstellen und komplett einrichten, einschliesslich Geschirr und Haustextilien. Es stand da viele Jahre und wurde letztendlich bei der Umgestaltung des Geländes von der Stadtverwaltung an einem anderen Ort als Jugend-Treff aufgestellt. Im Laufe dieser Arbeit lernte ich Prof. Albert Oeckl, den großen Pionier der deutschen Public Relations kennen und schätzen. Albert war Mitbegründer und Ehrenpräsident der Deutschen PR Gesellschaft. Er, seine Frau Gundel meine Frau Puck und ich waren gute Freunde bis zu seinem Tod in 2001.

Nach der russischen Blockade von West-Berlin hatten wichtige deutsche Firmen Berlin aufgegeben und wollten die schwer zerstörte Stadt nicht in ihren Wiederaufbau einbeziehen. Der US-Hochkommissar John Jay McCloy veranlasste, dass die Firmen, die Berlin aufgaben, von allen Marshall-Plan-Krediten ausgeschlossen würden. Das konnten sich diese Firmen nicht leisten. Die Berliner Messen, wie Grüne Woche, Deutsche Industrie Messe, Internationale Funkausstellung, sollten der Einbindung der deutschen Wirtschaft in die Weltwirtschaft dienen und die Leistungen Amerikas als Lieferant dokumentieren. Natürlich sollten auch die Hilfen des Marshall-Plans unterstrichen werden. In diesem Zusammenhang bemühte ich mich, amerikanischen Ausstellern zu helfen. Im Gegensatz zu den Europäern waren die Amerikaner noch nie wirklich exportorientiert.

Im Einsatz als Simultan-Übersetzer

Im Rahmen unserer Medienarbeit hatte ich meinen ersten Auftritt als Dolmetscher. E. A. Hoffman, der ECA-Chef, wollte die Internationale Funkausstellung mit einer Rede vor ca. tausend Ausstellern, Besuchern und Journalisten eröffnen. Ich sollte meinen Chef als Dolmetscher begleiten. Ich verlangte eine Kopie seiner Rede im Voraus, um sie besser interpretieren zu können. Aber ausser ihm hatte niemand den Text. Kurz vor der offiziellen Eröffnung erhielt ich endlich eine Kopie zum Studium. Ich war gerade mit Lesen fertig, als er kam und mir auf dem gemeinsamen Weg zum Rednerpodium sagte: «Vergessen Sie den Text. Ich habe mir eine andere Ansprache ausgedacht.» Ich musste daher versuchen, ihn jeweils nach einigen Sätzen zu stoppen und mich sprechen zu lassen. Nach zwanzig Minuten war er fertig und ich auch. Aber er bedankte sich sehr und bemerkte, dass er mir ohne Vorinformation Probleme bereitet hätte.

Wir nutzten diese Veranstaltungen zur Förderung des Verständnisses und der Zustimmung zum Konzept des Marshall-Plans, der ebenfalls 1948 gegründeten OEEC, Organisation for European Economic Cooperation, und den Schumann-Plan, der 1950 unterzeichnet wurde. Gleichzeitig halfen wir, die Kohle und Stahl Union (Montan Union), die 1952 entstand, zu stärken und ihre Notwendigkeit für die dauerhafte Verhinderung eines kontinental-europäischen Kriegs zu dokumentieren. Dieses Friedenskonzept war psychologisch eng verbunden mit dem Problem der Reparationszahlungen an die Russen und Franzosen, die von den Siegermächten in Form von Maschinen-Demontagen und Aufbau der eigenen Industrien verwendet wurden. Dies war das heisseste politische Thema im Rahmen des deutschen Wiederaufbaus, denn man erinnerte sich sehr wohl an die Reparationszahlungen nach dem Verlust des Ersten Weltkriegs und ihren verheerenden Einfluss auf die Wirtschaftskrise. Sie hatten Hitler hervorragende Argumente für seine populistische Agitation und Macht-Übernahme geliefert. Die englischen, mit Deutschland konkurrierenden Industrien hatten die Demontagen in Deutschland ihrer Regierung gegenüber kurzsichtig begrüsst. Viele der Maschinen in der Wiege der industriellen Revolution waren zwar funktionsfähig, aber technisch veraltet und weniger produktiv als die neuesten mit Marshall-Plan-Mitteln erworbenen Maschinen aus den USA und der Schweiz. Da ergaben sich dann den deutschen Export enorm erhöhende Faktoren wie das Alter der Webstühle in der Textil-Industrie. Das Durchschnittsalter der englischen Maschinen war ca. 22 Jahre, das der deutschen ca. 5 Jahre.

Ballon-Aktionen in den Osten

Diese Informationsveranstaltungen wurden begleitet von Aktionen mit denen wir versuchten, zwei Fliegen mit der gleichen Klappe zu schlagen. Plakate, Annoncen und Flugblätter waren überall in der Bundesrepublik zu sehen. Luftballon-Kampagnen dienten der Einbindung der Jugend im Westen und der Untergrabung der sowjetischen Herrschaft im Osten. So veranstalteten wir ein bundesdeutsches Montan-Union-Fest für die Jugend. Wir nutzten unser Montan Union Logo (sieben Fabriken mit rauchenden Schornsteinen, je mit der Flagge eines Mitglieds nebeneinander aufgereiht) auf Plakaten und Flugblättern, die von den Kindern verteilt wurden. Jedes Kind erhielt einen kleinen dreieckigen Schal mit dem Logo geschenkt. An jedem Ballon wurde eine Antwortkarte befestigt. Da die Windströme bekanntlich hauptsächlich von West nach Ost verlaufen, flogen Ballone, nachweislich der an der Sammeladresse eingetroffenen Antwortkarten, bis nach Russland.

Während meiner neun Jahre im aktiven militärischen und diplomatischen Dienst meines Landes konnte ich einige erfolgreiche Beiträge zum Frieden in der atlantischen Gemeinschaft leisten. In meiner humanistischen Erziehung kam ich früh zur Erkenntnis, dass der Mensch mit seinem derzeitigen Lebensstandard nur so lange zufrieden ist, bis er eine winzige Verbesserung spürt. Dann sehnt er sich nach der nächsten Verbesserung. Wer sich von trockenem Brot ernährt, ist damit zufrieden. Wenn er erstmals Margarine bekommt, ist er damit so lange zufrieden, bis ihm jemand Butter verspricht. Das gilt sowohl für den Körper als auch den Geist. Politische und religiöse Theoriefanatiker und machthungrige Leithammel nutzen diese Tatsache in ihrem populistischen Gebaren. Sie haben damit meistens nur zu Lebzeiten Erfolg. Eine Ausnahme bildete Karl Marx, der Volkswirtschafts-Guru, der ohne seinen Freund Engel nichts zu essen gehabt hätte. Gegen Hitler kämpften wir den heissen, gegen Stalin und Genossen den Kalten Krieg.

Im Informationskrieg mit der DDR-Führung

Arno Scholz, Inhaber und Chefredakteur der Berliner Zeitung «Telegraf», war schon vor Hitler Mitglied des rechten Flügels der Sozialdemokratischen Partei. Er hatte gegen die Nazis gekämpft und unterhielt exzellente Beziehungen zu SPD-Mitgliedern in der DDR, die ihre politische Meinung geheim hielten. Unter ihnen waren viele Eisenbahner, die antibolschewistische Flugblätter verteilen konnten. Arnos Verlag war klein genug, so dass geheime Transaktionen in seiner Hand bleiben konnten und in unsere Zusammenarbeit nur ein einziger Freund und Mitarbeiter in der Druckerei involviert werden musste. Ich arbeitete eng mit Arno zusammen. Wir sahen einander nur «unter vier Augen». Die Einschaltung der DDR-SPDler musste zu ihrem persönlichen Schutz streng geheim gehalten werden. Ich wollte aus Vorsicht keinen persönlichen Kontakt zu Menschen hinter dem Eisernen Vorhang,weil das als meine Einmischung in CIA-Angelegenheiten ausgelegt werden könnte. Ich finanzierte die Projekte, indem ich dem «Telegraf» fingierte Lieferungen bezahlte. Das war natürlich illegal, aber wir beide waren gewillt, das Risiko einzugehen. Zunächst produzierten und verteilten wir nacheinander zwei Faltblätter gegen die von der DDR-Führung verbreitete Mär, wir, die Amerikaner, hätten den Russen absichtlich funktionsuntüchtige Getreide-Ernte-Maschinen verkauft und wir hätten aus Flugzeugen Kartoffelkäfer über den DDR-Feldern abgeworfen. Die Fakten waren: Caterpillar hatte den Russen die neuesten Ernte-Kombinations-Maschinen als Muster für Aufträge gegeben. Diese Maschinen schneiden, sammeln, dreschen und trocknen das Getreide und füllen es in Säcke ab, die auf daneben fahrende Laster rutschen. Die Sowjets hatten beschlossen, die von den «verweichlichten, an Luxus gewöhnten US Farmern» benutzten Trockneraggregate seien kostspielig und unnötig. Die DDR-Kolchosen bekamen die russischen Caterpillar-Kopien ohne die Aggregate. Das gedroschene Getreide wurde feucht direkt in Säcke abgefüllt. Das Korn begann sofort zu gären, und nach ein paar Wochen im Getreidesilo war es ungeniessbar verfault. Ausserdem standen für den Kartoffelanbau keine Pflanzenschutzmittel zur Verfügung. So konnten sich die Käfer schnell ausbreiten.

Eine nicht bestellte Sonderausgabe für das «Neue Deutschland»

Der Clou unseres Kalten Kriegs aber fand in der Woche des 17. Juni 1953 statt. Und das kam so:

Am Samstag, dem 13. Juni, hatten DDR-Gewerkschaftler gegen Beschlüsse der Regierung demonstriert. Arno rief mich an und warnte mich vor möglichen Unruhen. Wir beschlossen, die Entwicklung aufmerksam zu beobachten. Am Mittwoch, dem historischen 17. Juni, erlebte Berlin die offene Auflehnung gegen die DDR-Führung, mit Häftlingsbefreiungen, Polizeibürovernichtungen etc. Dann kam der Eingriff und die Niederschlagung durch russische Panzer. Das ganze Geschehen wurde reichlich fotografiert. Die kommunistische DDR-Zeitung «Neues Deutschland» publizierte damals ein Sonntags-Magazin mit rot-schwarzen Front- und Rückseiten in der von den Russen besetzten Tempelhof-Druckerei, die in West-Berlin lag. Arno und ich berieten am Donnerstag morgen am Telefon, wie man den Aufstand und die brutale Niederschlagung in der ganzen DDR bekanntmachen könnte. An einem Punkt sagte ich lachend: «Am wirkungsvollsten und weitesten verbreitet wäre eine Bildseite im Neuen Deutschland!». Er antwortete zuerst nicht, dann sagte er kurz: «Ich ruf dich zurück.» Am Nachmittag rief er an und sagte: «Ich habe recherchiert. Ich kann deinen Wunsch erfüllen. Ganz billig wird es nicht!» Ich war ungläubig, nervös und innerlich gespannt. Wäre es nicht Arno gewesen, hätte ich ihm kein Wort geglaubt und nur spöttisch gefragt: «How much?» Dann erläuterte er seinen Plan, dem ich sofort zustimmte, denn höchste Eile war geboten. Nun setzte Arno alles in Bewegung und hielt mich, in Spannung ans Telefon geklebt, von Zeit zu Zeit über den Lauf der Dinge informiert. Fotos vom 17. Juni in Ost-Berlin wurden gesammelt. Unsere Ausgabe des «Neues Deutschland» «Sonntags Magazin» wurde in der

«Telegraf»-Druckerei am Freitag, den 19. Juni gedruckt. Die Front-
seite zeigte ein attraktives Volkspolizei-Mädchen, die Rückseite
zwei Volkpolizisten. Innen waren nur die Bilder vom 17. Juni in
Ostberlin mit wenig Text. Am 20. Juni wurden die Adressograf-Plättchen für das Magazin «zwecks Kontrolle» vom einzigen dort arbei-
tenden West-Berliner Drucker mit einigen Original-Tempelhof-
Postsäcken in Arno's Druckerei gebracht; die Adressen wurden auf
die Hefte gedruckt, die Säcke mit dem fertigen Produkt gefüllt und
zur DDR-Post in Ost Berlin gebracht; die Plättchen wurden an ihren
Platz zurückgelegt. Der West-Berliner Drucker war von Arno gewarnt worden, nicht an seinen Arbeitplatz zurückzukehren, und erhielt einen Job in Arnos Druckerei. Das DDR-Postamt verteilte die
Zeitschriften gerne etwas früher als gewohnt. Als Stunden später die
echten SED-(Sozialistische Einheitspartei Deutschlands-)Magazine
angeliefert wurden, waren unsere bereits im Verteiler-System ver-
schwunden und am Sonntagmorgen hatten alle regulären Empfänger
einschliesslich der Oberbonzen des Regimes, Otto Grotewohl, Walter Ulbricht, Erich Honecker, Erich Mielke und Egon Krenz, zwei
Magazine auf dem Tisch. Sobald die Russen von unserem Streich
erfuhren, umstellten sie das Druckhaus Tempelhof und fahndeten
vergeblich nach dem Staatsfeind.

Ärger mit den Agenten McCarthys

Ich war natürlich froh und stolz über unseren Erfolg, aber etwas weh-
mütig, weil ich niemandem etwas über meine Beteiligung am Projekt hinter dem Eisernen Vorhang erzählen konnte. Ich hätte mich
so gerne am Kampf des US Information Service (USIS) und des Auswärtigen Amts gegen den populistischen, machthungrigen Senator
Joseph McCarthy beteiligt. Ich musste den blamablen Auftritt seiner
engsten Mitarbeiter Roy Cohn und G. David Schine bei uns und im
Hotel Dreesen in Bonn kommentarlos erleben. Die beiden kurvten
im offiziellen Auftrag des US-Senats auf der Suche nach, oft imagi-
nären, prokommunistischen Aktivitäten durch die Welt. In Deutschland interessierten sie die «Amerika-Häuser» des USIS und unsere
Arbeit. In Bonn lieferten sich die beiden, in meinen Augen Schwu-

len, eine Kissenschlacht im von ihnen geteilten Doppelzimmer, bei der Kissen und Steppdecken in Fetzen gingen und von der Botschaft bezahlt werden mussten.

Begegnung mit dem PR-Pionier Julius Klein

Kurz nach ihnen erschien Julius Klein im Auftrag des US-Senatskomitees für auswärtige Angelegenheiten in meinem Büro, um mich über unsere Arbeit, die Situation in der Bundesrepublik und meine persönliche Meinung dazu zu befragen. Julius Klein war eine schillernde jüdische Persönlichkeit. Sein Großvater war 1848 aus Deutschland nach Chicago gekommen. Julius war in Chicago geboren, aber erhielt seine erste Schulung in Berlin. Er hatte eine lange haupt- und nebenamtliche militärische Karriere. Im Rang eines General-Majors war er enger Mitarbeiter von General Douglas McArthur, dem Oberbefehlshaber im pazifischen Kriegsgebiet im Zweiten Weltkrieg. Eine Trommelfellverwundung machte das Fliegen für immer unmöglich. Julius Klein war im Gefolge von Edward Bernays einer der großen Pioniere der Public Relations. Er war bekannt mit US-Präsidenten, von Roosevelt bis Carter. Ein besonderes Verhältnis hatte er zu Eisenhower. Helene (Lene), seine Frau, war eine bekannte Wiener Schauspielerin gewesen. In unserer ersten einstündigen Unterhaltung unter vier Augen waren wir beide schnell auf gleicher Wellenlänge und spürten, wie wir uns später einmal gegenseitig bestätigten, ein absolutes Vertrauen zueinander. Für mich wurde Julius mein Kommunikations-Guru. Ein Gefühl, das in einem späteren Gespräch mit Ed. Bernays untermauert wurde. Für Julius war ich sein Nachfolger in der nächsten Generation, als die Public Relations vorantreibender Pionier. Am Schluss dieses ersten Gesprächs forderte er mich auf, ihn am nächsten Tag im Park Hotel in Düsseldorf für eine Besprechung zu besuchen. Im Hotel liess er mich auf sein Zimmer kommen und nannte die Themen, die wir in meinem Büro angesprochen hatten. Er gab mir sein Diktiergerät und sagte: «Ich muss noch mal weg, in der Zwischenzeit diktieren Sie Ihre Meinung zu diesen Themen im Detail. Sie dürfen auch kritisch sein. Dann kann ich meinen Bericht schreiben, wenn ich wieder in Chicago bin. Ich war gewillt, ein Risiko einzugehen, und diktierte hemmungslos meine Meinung zu was ich gut und was ich schlecht fand und was unbedingt schleunigst geändert werden müsste. Als er nach ca. einer Stunde wiederkam, war ich fertig. Er hörte sich ein paar Sätze an. Dann wechselte er das Thema und bot mir an, dem Aufsichtsrat seiner Julius Klein Public Relations AG beizutreten. Ich war erfreut, aber kannte damals seine Agentur nicht. Ich wollte auch einen möglichen Interessenkonflikt mit meiner damaligen Position als Diplomat vermeiden. Ich bedankte mich für die Ehre und bat um Aufschub meiner Entscheidung bis zum Ende meiner derzeitigen diplomatischen Aufgaben. Als ich 1955 den Dienst quittierte, besuchte ich ihn in seinem New Yorker Büro und hörte mit Erstaunen und Genugtuung, dass er meinen Bericht Wort für Wort von seiner Sekretärin schreiben liess und unverändert dem Senatsausschuss zugestellt hatte. Nun nahm ich seine Einladung in den Aufsichtsrat an. An der nächsten Sitzung wurde ich, zusammen mit seinem Bruder Max, in das Exekutiv-Komitee befördert. Das brachte mir eine wundervolle Lösung meiner New Yorker Wohnprobleme. Julius besass eine Suite im luxuriösen, full-service-Essex-House am Central Park. Wenn er nicht zu Besuch in New York war, konnte ich bei meinen Besuchen dort gratis wohnen. Ich genoss das Privileg während zehn Jahren, bis er 1967 die Suite aufgab.

Internationale Funkausstellung Berlin (IFA)

Anläslich der Funkausstellung 1953 konnten wir einen wichtigen Beitrag zur professionellen Ausbildung in der Bundesrepublik leisten. William S. «Bill» Paley, der die amerikanische CBS Radio- und TV-Gruppe aufbaute, kannte Europa von seiner Zeit als OWI-(Office of War Information-)Chef in Europa von 1944 bis 1945. Wir hatten uns im Oktober 1944, kurz nach seiner Ankunft in Paris, kennengelernt. Er war gerade, wie alle auf dem Kriegsschauplatz für das OWI Tätigen, uniformiert worden. Ich suchte ihn in seinem Büro auf, klopfte an die Türe, trat ein und salutierte dem Herrn Oberst, der mich erwartet hatte. Er stand auf, nahm seine Mütze vom Schreibtisch, setzte sie mir lächelnd auf und fragte: «Und was muss ich jetzt tun?

Die haben mich zum Oberst gemacht, aber nichts Weiteres gesagt!»
Als ich ihm eine Lektion in Militär-Etikette gab, waren wir schnell
auf «Toby» und «Bill». Ich half ihm gerne bei der Präsentation des
ersten PAL-Farbfernsehens zu medizinischen Lehrzwecken in
Deutschland. Die Messe profitierte von dieser interessanten, die chi-
rurgische Ausbildung erheblich verbessernden Neuheit. Erstmals
konnten die Studenten bei einer Operation klar dasselbe wie der Operateur selbst sehen. Eine Kamrea mit Mikrofon wurde direkt über
dem Operationstisch montiert und über eine ausserhalb des OPs stehende Konsole auf einen Bildschirm und Lautsprecher in einen Hör-
saal übertragen. Der Operateur konnte jeden Vorgang erläutern und
Fragen der Studenten beantworten, ohne die Operation zu stören.
Nachdem wir schon den Transport nach Berlin mitfinanziert hatten,
fand ich es eine gute Idee, den Marrshall-Plan und die amerikanische
Nachkriegspolitik auch in der Schweiz ein bisschen zu propagieren.
Die Schweizer hatten ihre internen politischen Differenzen betreffs
ihrer zwiespältigen Politik während des Krieges noch nicht bereini-
gen können. Zur Freude Bill Paleys konnte ich über meine Schweizer
Kontakte arrangieren, dass eine weitere Präsentation der Neuheit im
Univerisitätsspital in Zürich stattfinden konnte.

Herbert Lander und «Blacky» Fuchsberger

Die Filme, die zur Unterstützung des Marshall-Plans gedreht wurden, wandten sich an alle davon betroffenen Länder gleichzeitig. Sie
schienen mir nicht genug auf die deutschen Probleme einzugehen.
Ich beschloss daher 1952, Filme für die deutschen Kinos zu produzieren. In Wiesbaden gab es die Freiwillige Selbstkontrolle der Deutschen Filmindustrie. Sie prüfte u.a. «Kulturfilme» auf ihren kulturellen bzw. edukativen Wert. Filme, die von ihr positiv beurteilt
waren, erhielten ein Zertifikat, das den Kinobesitzer von der Vergnü-
gungssteuer befreite. Ein volles Programm bestand meistens aus der
Wochenschau, etwas Werbung, einem maximal 20 Minuten langen
Kulturfilm und dem Spielfilm. Wegen der Steuerbefreiung waren
Kulturfilme beliebt, daher erhoffte ich mir eine kostenlose, breite
Verteilung unserer Filme. Ich stellte Brigitte Dittner, eine junge Ber-

linerin mit Ausbildung in der Filmindustrie, an. Sie stellte mir den Berliner Kameramann und Produzenten Herbert Lander vor. Er war überzeugter Anti-Nazi nach seinem Erlebnis im Spanischen Bürgerkrieg 1936. Lander war hochbegabt und technisch sehr flexibel und daher als Kameramann in die Legion Condor geholt worden. Sie war von der SS aufgestellt worden, um, im Rahmen von Hitlers Kriegsplänen, die Kriegstauglichkeit seiner Truppen zu testen. Sie unterstützten General Franco in seinem Aufstand. Auch die Luftwaffe war im Einsatz. Landers Aufgabe war, das Geschehen aus der Luft zu filmen. Herbert hatte erst kürzlich sein Schmusekätzchen Tatjana (Teddy) geheiratet. Sie arbeitete mit uns und war immer dabei. Wir drehten den ersten Film, «Tanz in die Freiheit», über ein junges tschechisches Ballet-Tänzer-Ehepaar, das nach West-Berlin geflohen war. Ich ermöglichte ihnen anschliessend den Flug in die Bundesrepublik. Ich schrieb das Drehbuch. Die Ballett-Musik hatten wir auf Band. Das Ganze wurde von einem Kommentator begleitet. Als einen guten Sprecher empfahl mir Herbert einen jungen, arbeitslosen, «hungrigen» Schauspieler, Joachim (Jochen) Fuchsberger, später «Blackie» genannt. Der sympathische Jochen half mir, und ich war froh, ihm mit etwas Geld unter die Arme greifen zu können. Während der Dreharbeiten lernte ich Teddys beste Freundin Antonia (Toni) Seidel kennen. Wir harmonierten auf Anhieb. Ich erzählte ihr von Balthasar, meinem jungen Hund, und lud sie ein, uns bald einmal in Mehlem zu besuchen, was sie, folgenschwer für uns alle, bald tat.

UFA-Studios

In der Nähe der bayrischen Stadt Kaufbeuren unterhielt die Dynamit Nobel AG im Zweiten Weltkrieg eine Munitionsfabrik, in der hauptsächlich Gefangene aus den Konzentrationslagern, die zu Dachau gehörten, arbeiteten. Nach 1945 wurden hier deutsche Flüchtlinge, die aus der tschechischen Stadt Gablonz vertrieben waren, mit Hilfe des Marshall-Plans angesiedelt. Gablonz war, mit kunstvoll geblasenem Glas und original handgefertigtem Metall-und Glasschmuck, neben Paris das große Zentrum der Modeschmuck-Industrie. Diese Fertigkeiten und die weltweite Kundschaft machten es möglich, in dem nunmehr Neu-Gablonz genannten Ort die traditionelle Kunst-schmuck-Produktion wieder aufzubauen. Das gab mir eine schöne Gelegenheit die Funktion des Marshall-Plans wirtschaftlich und politisch weiten Kreisen bewusstzumachen. Ich schrieb das Drehbuch für «Gold aus den Fingern». Ich nahm Brigitte Dittmer mit und drehte mit Herbert und Teddy vor Ort. Bei den Schnittarbeiten in den Berliner UFA-Studios benutzten wir eine Musik, die der bekannte Komponist Werner Heymann für mich arrangiert hatte, und Joachim Fuchsbergers Stimme.

In den Studios lernte ich auch den Importeur Walter Heimann kennen. Er war nach Kriegsende aus der Emigration nach Berlin zurückgekehrt und hatte den Familienbesitz, eine Villa mit kleinem Park südöstlich von Berlin, intakt wiedergefunden. Er führte hier mit seiner Frau, zwei kleinen Töchtern und drei Dienstboten (Köchin, Hausmädchen, Gärtner/Tierpfleger) ein luxuriöses Leben. Im kleinen Park, nach aussen eingezäunt, zur Villa offen, liefen verschiedene Enten, ein Zwergesel und ein paar Rehe frei herum. Bei meinem zweiten Mittagsbesuch wusste ich noch nichts von den Tieren und musste auf den Hausherren im Wohnsalon bei offener Türe zur Terrassse zusammen mit dem freundlichen Dalmatiner warten. Ich war als Tierliebhaber erfreut und verwundert, als ein kleines Reh am Hund vorbei ins Zimmer kam, mich ansah, offensichtlich nicht erkannte und seelenruhig wieder verschwand. Zu den hervorragenden Hors d'œuvres des Hauses gehörte ein guter Wodka, den Heimann von einer Berliner Schnapsbrennerei, für die er den puren 90 %-Alkohol importierte, bezog. Davon zweigte er immer eine Flasche illegal ab, um den Alkoholgehalt seines eigenen Wodkas zu erhöhen. Einmal liess er mich versuchsweise den 90 %igen probieren. Ein Minischluck genügte, um mir in Sekundenschnelle eine warme Gefühlswelle vom Kopf bis in die Füsse zu jagen.

«Film-Officer» für die Berlinale

In den UFA-Studios lernte ich auch das Ehepaar Koch aus Bremen kennen. Sie betrieben eine Zeichentrickfilm-Produktion. In Gesprächen über den Missbrauch der deutschen Sprache durch die DDR-Propagandisten kam mir die Idee, der Angewohnheit in einem Trickfilm entgegenzutreten. Ich entwickelte ein Skript für «Die Revolution des Alphabets», das ich allerdings mit Kochs Hilfe wegen der Produktionskosten ein paarmal erheblich überarbeiten musste. Das Grundkonzept, dass einzelne Buchstaben sich weigerten, mit anderen Buchstaben eine Lüge wie «Freie Deutsche Jugend» für eine unfreie Jugend zu formieren. Die Umsetzung musste ich Koch überlassen, weil ich keine Ahnung von den technischen Abläufen hatte. Ich kam lediglich ein paarmal nach Bremen, um mir fertige Szenen anzusehen. 1953 kontaktierte mich Curt von Oertel auf Vorschlag der FSK (Freiwillige Selbstkontrolle) in Wiesbaden, um Hilfe für sein Projekt eines abendfüllenden Filmes über seine Reise durch Amerika zu produzieren. Seine Referenzen waren mehr als gut. Ich half ihm finanziell und organisatorisch. Ein guter, unbefangener Blick auf die US-amerikanischen Landschaften war das nützliche Resultat.

1954 war der Posten des Film-Offiziers an der Botschaft unbesetzt, und ich übernahm temporär die Betreuung der «Berlinale» (Internationale Filmfestspiele). Wir waren Co-Sponsoren und ich der offizielle Vertreter. Ich kooperierte mit Alfred Brauer, dem Gründer und Festspielleiter. Ich erinnere mich gerne an die gesellschaftlichen Anlässe, an denen ich, als fliessend Italienisch sprechender Mit-Organisator, hochintellektuelle Gespräche mit Gina Lolobrigida und ihrem Mann, dem Arzt Dr. Sofic, führte. Mit der blutjungen Sofia Loren tanzte ich besonders gerne.

Von Leni Riefenstahl und Luis Trenker

Während meiner Zeit als temporärer Film-Officer hatte ich auch eine schriftliche Anfrage von Leni Riefenstahl, Hitlers bevorzugter Regisseurin und, man munkelte, Freundin, neben seiner Lebensgefährtin Eva Braun. Sie wollte gesperrte Filme wie ihren Film über die Olympiade von 1936 und den 1929 gedrehten Film «Die weisse Hölle vom Piz Palü» wieder zeigen. Das kam natürlich nicht in Frage. Ausserdem glaubte ich ihren Behauptungen nicht, dass sie unter Hitler/Goebbels keine unwahren Propagandafilme drehen wollte. Sie nahm es mit der Wahrheit nicht sehr ernst. Ich wusste, dass sie eine mittelmässige Skifahrerin war und alle Szenen von rasanten Fahrten nicht von ihr, sondern von der mir persöhnlich wohlbekannten Abfahrts-Weltmeisterin Paula Wiesinger-Steger gefahren wurden. Um dieselbe Zeit suchte mich auch Luis Trenker, der bekannte Südtiroler Bergsteiger, Autor und Filmemacher, auf. Ich kannte seinen Lebenslauf sehr gut, aber liess es mir nicht anmerken. Er hatte sich gegen Ende des Ersten Weltkriegs als jüngster österreichischer Bergtruppen-Leutnant ausgezeichnet, wurde aber später selbstherrlich und eingebildet und liess die schnellen Skiabfahrten, die er in seinen Filmen zu fahren vorgab, alle von Hans Steger fahren. Von mir wollte er seinen von unserer Zensur gesperrten Film «Der Kaiser von Kalifornien» freigegeben haben. Per Zufall hatte ich den Film selbst gesperrt und konnte ihm sagen, wenn er die ihm als inakzeptabel bekannten Szenen streichen oder ändern würde, könnte ich die Freigabe befürworten. Er fuhr mich von oben herab an, ich wüsste anscheinend nichts vom Filmmetier. Das sei technisch nicht möglich. Ich bemerkte lachend, ich hätte gerade meinen vierten Film fertiggestellt und wüsste, dass es sehr wohl möglich, aber teuer sei. Wenn er das Geld zusammenhätte, könnte er mir ja die neue Version vorspielen. Damit war das Gespräch beendet.

Münchner Erlebnisse

Hatte ich in der Film-Hochburg Geiselgasteig bei München zu tun, fuhr ich mit meinem Prunk-Mercedes nach München und besuchte Frederick und Dagmar Brockhues. Er hatte kürzlich einen neuen Dodge importiert, und wir wetteten, wer schneller fahren könnte. Dagmar wollte einmal in einem «Führer»-Wagen bei offenem Verdeck fahren. Also stieg sie bei mir ein. Auf der Autobahn nach Innsbruck tat ich, was ich konnte, aber Frederick war schneller, und mein Motor war den Ansprüchen nicht mehr gewachsen. Die Kolben frassen sich mangels Öl an den Zylinderwänden fest, und nichts ging mehr. Mein Wagen musste abgeschleppt werden, der Motor hätte mangels Ersatzteile komplett renoviert werden müssen, was tausende D-Mark gekostet hätte. Schweren Herzens entledigte ich

Jahrelang mein Ausblick vom Balkon im Hotel Steger auf die Stern-Gruppe.

Liebeserklärung von Charly, unserem Berner Sennenhund an ein Haflinger-Fohlen auf einer Hütte auf der Seiseralm, ca. 1945.

1958: An einem privaten Gala-Empfang in Heidelberg mit Wippi (Zweite von links).

1958: Besprechung in New York mit Alden Boyd (rechts), Vice Präsident Knoll Ass., mein Vorgänger bei Knoll International und Kurt Burgold (Mitte), der Produktionschef von Knoll Ass.

1957: Erstes Knoll International Treffen in Basel mit den europäischen Managern und den Vertretern von Lizenznehmern.

1957: In meinem Stuttgarter Büro, hinter mir eine Litho von Juan Mirò.

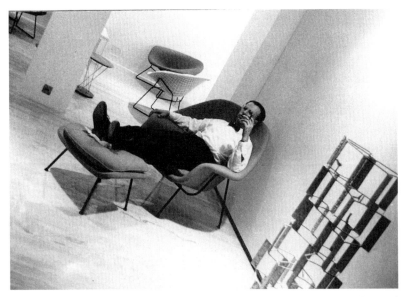

1965: Während des Aufbaus einer Knoll International Ausstellung im Womb-Sessel mit Hocker von Eero Saarinen. Der Sessel steht seit 54 Jahren in unserer Wohnung! Vorne eine Metallskulptur von Harry Bertoia, im Hintergrund zwei Bertoia-Sessel und ein Tisch von Nogushi.

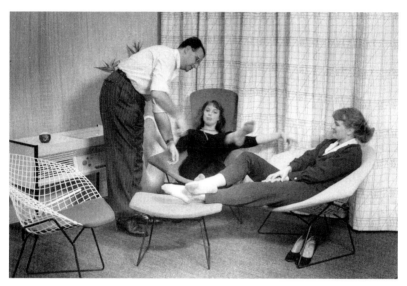

1960: Verkäuferinnen-Training mit den Bertoia Modellen kurz vor der Eröffnung des neuen Showrooms an der Piazza Belgioso in Mailand.

1958: Mit Erwin Braun von der Braun AG (Mitte) und Walter Burkhardt von der Württembergischen Metallwarenfabrik (WMF) bei der Jurierung für die «Verbund-Kreis» - Wanderausstellung.

1960: «Salute!» anlässlich der Knoll International Italia Showroom-Eröffnung in Mailand.

1960: Treffen von Knoll International Stuttgart: Anwalt Guido Lehmbruck (links), Rechtsberater und Hans Lehmann, Geschäftsführer Marketing.

1970: Aufsichtsratssitzung bei JKPR Julius Klein Public Relations in Chicago.

1965: Letzte Diskussion mit Cornel Dechert, Präsident der Knoll-Gruppe in New York.

1996: Puck lauscht dem Gast beim Abendessen mit Albert und Gundel Oeckel in unserem Haus in Spechbach le Haut im Elsass.

1965: Abendessen mit Tanz in Kitzbühel

1968: Cocktail auf der Hochzeitsreise in Miami.

Puck als Chef-Physiothe-
rapeutin am Montebello
Krankenhaus in Los An-
geles, hier vor ihrem Tri-
umph-Cabrio.

Physiotherapie-Weltkongress in London, an dem Puck referierte. Empfang bei Kö-
nigin Elisabeth II. (70iger Jahre)

1967 Puck's (unser) erstes Schlafzimmer auf amerikanischem Boden im Hotel Carriage House, auf der Eastside in Manhattan, NYC. und die dortige Bar.

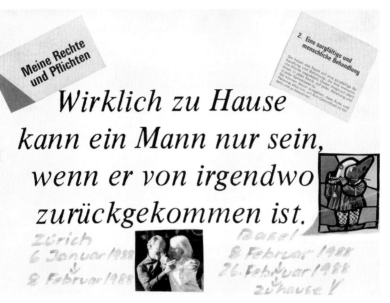

Geschenk von Puck nach meiner Rückkehr aus den Krankenhäusern nach den Unfällen 1988.

Puck, ca. 1970. Pucks Lieblingsoper ist Mozarts Zauberflöte, das Piccolo war Pucks Basler Fasnachtsinstrument. Alle Schrauben wurden aus meinem rechten Bein nach dem Unterschenkelbruch entnommen.

1973: Kungo, unser Lhasa Apso Hund und Jonathan, der Kater vor einer Stahldraht-Skulptur von Harry Bertoia in unserer Basler Wohnung.

Tacho, unser erster und am längsten lebender Lhasa-Apso. Er benahm sich wie ein volles Familienmitglied, ca. 1970.

Puck, Jennifer, meine Nichte und Olivia, ihre Tochter bei einem Besuch in unserem Haus in Spechbach 2004.

Wohnzimmer in unserem Haus in Spechbach.

In unserem Basler Heim

1966: Bei einem Interview: hinter mir «General» Klein.

Die Mitarbeiter der Toby E. Rodes Internationale Public Relations und Marketing
Agentur in Basel im Sommer 1996

Mein Leben ist Kommunikation.

Puck und Toby

mich der Bürde. Über meinen Bekannten, Herrn Schneider, den Pressesprecher von Ford in Köln, konnte ich mich direkt an den Verkaufschef von Volkswagen in Wolfsburg wenden, um nicht wie üblich monatelang auf einen «Käfer» zu warten. Ich konnte sofort einen neuen Volkswagen abholen und mit meiner CD-Registrierungsnummer versehen. Ein Käfer als Fahrzeug des diplomatischen Korps war natürlich etwas Ungewöhnliches.

Die vielseitigen Aktivitäten in diesen Jahren brachten mir auch meinen Horizont erweiternde Kontakte mit massgebenden Medien-Persönlichkeiten wie Axel Springer in Berlin und Conrad (Cony) Ahlers, damals Chefredakteur in Rudolf Augsteins «Spiegel», ein. Ich erinnere mich auch gerne an zwei entspannte und interessante Gespräche mit dem Schauspieler Hans Albers und seiner Frau Hansi Burg in Zürich und mit Heinz Rühmann in Bad Godesberg.

Traum-Team mit Hund

Einen gewissen Ausgleich zur Hektik des Arbeitslebens fand ich in meinem Privatleben. Im Herbst 1951 hatte ich in Paris eine Züchterin von reinrassigen Königspudeln kennengelernt und einige wenige Tage alte pechkohlrabenschwarze Welpen gesehen. Die Mutterhündin war mit meinen Streicheleinheiten, aus ihrem Blick zu urteilen, sehr zufrieden. Ein kleines männliches Hundebaby gefiel mir besonders, ich weiss nicht warum. Die Züchterin bot ihn mir zu einem guten Preis an. Sie hatte wahrscheinlich Mühe, alle sechs schnell loszuwerden. Sie sagte mir, in Frankreich müssten alle reinrassigen Hunde ins offizielle Register eingetragen werden und ein Geburtszertifikat haben. Ich solle ihm einen Namen , der mit «B» beginnt, geben. Dies sei ein «B»-Jahr. Alle Rassehunde erhielten einen Rufnamen mit dem Anfangsbuchstaben des Jahres ihrer Geburt. Ich bin zwar vollkommen unreligiös, aber der kleine war ganz schwarz und im Moment fielen mir nur die drei Könige aus dem Morgenland ein, und ich sagte zu ihm: «Tu t'appelles «Balthasar.» Sie sagte, ich könne ihn in ca. sechs Wochen abholen. In Mehlem liess ich von meiner Haushälterin das Notwendige für eine Junghundehaltung besorgen und nahm Rosy, Rosemarie Pflüger, meine Sekretärin, mit auf die

Reise nach Paris. Wir hatten einen Kälteeinbruch. Rosy hatte von ihrer Mutter einen Persianerschal und Muff geschenkt bekommen. Sie trug beide auf der frühmorgentlichen Bahnreise. Während ich meinen beruflichen Verpflichtungen nachging, holte sie Balthasar, den wir, wenn es ernst war, beim vollen Namen nannten und sonst kurz mit Balto ansprachen, samt seinem Ursprungszeugnis ab. Wohlwissend, dass Hunde im Schlafwagen eigentlich nicht erlaubt waren, stülpte Rosy beim Ausstieg aus dem Taxi am Gare de l'Est ihren Muff so über Balto, dass nur seine kleine schwarze Nase etwas hervorragte. Wir fuhren erste Klasse, ich in einer Einbettkabine, sie in einer Dopplbett-Kabine, die sie mit einer Frau teilen musste. Wir gingen zunächst in meine Kabine, befreiten Balto aus seiner engen Schutzhülle, dann ging sie in ihre Kabine. Ich hatte dem Schaffner meinen Diplomaten-Pass gegeben und verlangt, man möge mich am Zoll nicht stören. Ich verriegelte die Kabinentür und legte Balto ans Fussende, als ich ins Bett ging. Ich schlief als Vielreisender gut durch die Nacht. Als ich aufwachte, lag Balto auf meinem Kopfkissen schlafend neben mir. In Bad Godesberg angekommen, nahm Rosy Balto wieder in den Muff, und wir eilten aus dem Bahnhof. Sie liess Balto auf der Strasse nieder, wo er prompt seine anscheinend riesige Blase entleerte. Balthasar wuchs sehr schnell. Bald führte meine Haushälterin ihn nicht an der Leine aus, sondern er zog sie kraftvoll an der Leine, wohin er wollte, einmal auch in die Strassenbahn nach Bonn. Zu Hause übernahm er auch bald das Kommando. Wenn ich aus dem Regen mit Hut nach Hause kam und mich zur Begrüssung zu ihm beugte, sprang er an mir hoch, riss mir den Hut vom Kopf, schüttelte die Wassertropfen vom Hut, rannte damit in die Küche und warf ihn der Haushälterin vor die Füsse. Sie konnte hervorragende Butterplätzchen backen, von denen sie mir immer zwei zum Kaffee nach dem Essen zum Ohrensessel, in dem ich dann las, brachte. Balto sprang mir dann routinemässig, trotz seiner Grösse, auf den Schoss. Ich nahm ein Plätzchen zwischen die Lippen, wo er es sich abholte, und ass das andere. Ich hatte die ziemlich braungebackenen am liebsten. Eines Tages eröffnete die Köchin mir, dass Balto schon, sobald sie mit Backen fertig war, welche verlangte und bekam. Sie erklärte mir, dass er aber die helleren, weicheren lieber hatte und sie daher fortan zwei verschiedene backen werde, so dass jeder von uns sein Lieblingsgebäck bekam. Als Toni Seidel mich das erste Mal in Mehlem besuchte und wir zum ersten Mal miteinander schliefen, sprang Balto zum ersten Mal morgens von seinem Korb aufs Bett, als ob er unbedingt dazugehören wollte. Wir machten ihm klar, dass er zur Familie gehörte, aber nicht aufs Bett. Von da an waren wir drei oft im Auto unterwegs und Toni und Balto wurden ein echtes Team. Ganz im Gegensatz zu seiner Einstellung zu einem Besuch der jungen Baronin Amelie von Knigge. Sie war mit einem amerikanischen Oberstleutnant aus Heidelberg liiert. Er und ich kannten uns gut aus meinen Reserveoffizierstagen. Sie hatten sich bei mir treffen wollen, um eine Schiffsreise auf dem Rhein zu machen. Amelie war angekommen, aber er liess mir telefonisch mitteilen, er habe einen unerwarteten Dienstbefehl erhalten, könne nicht kommen, ich sollte mich um Amelie kümmern. Als ich nach Hause kam, um ihr das zu eröffnen, fand ich sie krank mit hochrotem Kopf auf dem Sofa liegend. Ich gab ihr die Nachricht und ein Fieber-Thermometer. Sie hatte etwas über 39° und keine Chance, so die Fahrt nach Hause anzutreten. Ich steckte sie in mein Bett und pflegte sie übers Wochenende. Nach drei Tagen konnte sie heimreisen. Ihr Großvater war der berühmte deutsche Sittenpapst, dessen Buch, «Der Knigge» genannt, die Verhaltensbibel der deutschen Gesellschaft war und lange blieb.

Der nächste Lebensabschnitt

Im Sommer 1955 lief die Verlängerung meines Vertrags ab. Das Auswärtige Amt bot mir an, Berufsdiplomat zu werden. Normalerweise wurden Quereinsteiger auf den Rang FS5 oder FS4 angestellt um die langjährigen Beamten nicht zu benachteiligen. Mir bot man die Anstellung in Rang FS3 für sechs Monate und sofortige Beförderung auf meinen derzeitigen Rang FS2 mit der Begründung an, ich sei ein seltener Spezialist und hätte als solcher ja auch schon vier Jahre im Militär gedient. Das Angebot war sehr verlockend. Aber ich war erst 36 Jahre alt und voller Tatendrang. Mir grauste vor der Bürokratie und der Unmöglichkeit, einigermassen schnelle Entschlüsse zu fassen. Ich hätte mit 40 Jahren den Rang eines Botschafters erhalten. Wenn ich vermögend oder politisch gefördert gewesen wäre, hätte ich einen interessanten Botschafterposten erhalten können. Aber einen solchen konnte man nur haben, wenn man finanziell in der Lage war, einen Teil der Repräsentationskosten zu bestreiten. Das war bei mir in keiner Weise der Fall. Also würde ich als Assistant Secretary für irgendwas in «Foggy Bottom», wie man das State-Dept.-Gebäude despektierlich nannte, bis zur Pensionierung versinken. Ich lehnte daher dankend ab

So brach ich meine Zelte in der Bundesrepublik ab. Toni war so tief verankert in Berlin, wo sie ihrer alleinerziehenden Schwester beistand, und unser Verhältnis war nicht gefestigt genug, um sie auf meine Reise ins Unbekannte mitzunehmen. Ich brachte Balthasar zu ihr nach Berlin und war erleichtert und froh zu wissen, dass es ihm sehr gut gehen werde. Für meinen fast neuen Käfer erhielt ich einen sehr guten Preis. Die Zimmerpflanzen gingen an «Tante Pushi» in Godesberg. Meine echten Biedermeier und ein paar moderne Möbel sowie der Hausrat wurden in ein Möbellager gebracht. Als Pushi einige Jahre später zu mir nach Basel übersiedelte, brachte sie alle meine Pflanzen zurück.

Dann flog ich nach Los Angeles zu meiner Mutter in unserem Haus in der Figueroa Street. Der ursprünglich mal von mir als eine Art Ferien eingeschätzte Dienst war alles andere als Ferien gewesen. Da ich mich ohne was zu tun noch nie wohl gefühlt habe, schrieb ich Artikel über Amerika und Kalifornien für den Berliner «Telegraf». Ich kochte auch Spezialitäten für meine Großmutter Liddy, Grosstante Cissy, Mutter und Gäste. Mein Bruder und seine Frau und meine Mutter brachten Gäste wie Ludwig Marcuse, Harald von Hofe, die Benarys u. a. zum Essen. Ich entschied mich, nach Neujahr nach New York zu fliegen und einen Job zu suchen. Am Tag vor meinem Abflug erhielt ich einen eingeschriebenen Brief aus Washington mit einem neuen Diplomaten-Pass und der Aufforderung, mich sofort beim Informationschef zu melden, um meine Instruktionen als neuer Informationschef an der US-Botschaft in New Delhi in Empfang zu nehmen. Ich schickte den Pass «mit Bedauern» zurück. Das war für mich das Ende eines produktiven Lebensabschnitts.

Wie ich fast zu Pepsi Cola gekommen wäre

In den 40er-Jahren hatte ich mich bei ANEC mit dem Industriegarn-Agenten Robert Browne und Ruthe, seiner Frau, angefreundet und mit ihnen eine Verkaufsreise durch Frankreich, Belgien und Holland unternommen. Sie besassen eine ehemalige Farm in Niantic, Connecticut. In New York hatten sie eine Mietswohnung auf der Lower Eastside, in der Nähe des Gramercy Parks. Ruthe blieb gewöhnlich vom Frühling an auf der Farm. Robert kam übers Wochenende. Ich zog zunächst zu Ruthe. Ich schrieb von dort aus meine Bewerbungen und nahm den Zug, wenn ich einen Besuch in New York zu machen hatte. Julius hatte keinen Job für mich auf meiner Gehaltsebene. Ich hatte Schwierigkeiten, einen verantwortungsvollen Job zu finden, weil prospektive neue Arbeitgeber der Überzeugung waren, dass ich in meinem vorherigen Regierungsjob jedes Gefühl für den sparsamen Umgang mit Geld verloren hätte. Nach ein paar Wochen bot mir die Geschäftsleitung von Pepsi Cola den Posten des Kommunikations-chefs an. Wir wurden uns grundsätzlich einig, aber ich sollte warten, bis der sich auf Weltreise befindende Präsident zurückkäme. Ich hatte auch Verhandlungen mit der Designmöbel-Firma Knoll Associates begonnen. Mein erstes Interview mit dem Leiter der internationalen Aktivitäten, Alden Boyd, verlief ungewöhnlich und sehr positiv. Er fragte mich im Detail über meine Arbeit für den Marshall-Plan aus. Ich wunderte mich über sein detailliertes Wissen. Nach einer Zeit wechselte er von Mr. Rodes zu Toby und fragte: «Weisst du denn nicht, wer ich bin?» Auf mein Nein erklärte er mir, dass er der Marshall-Plan-Verwaltungsoffizier in Washington gewesen war, mit dem ich meine Budgetkriege geführt hatte. Dann war natürlich das Eis gebrochen und Alden sagte: «Von mir aus hast du den Job, jetzt musst du nur noch Hans und Florence Knoll überzeugen.» Der Inhaber Hans Knoll war ein geiziger Schwabe und wollte mir partout zunächst so wenig zahlen, dass ich meine Fixkosten nicht decken konnte. Also blieb ich hart und wartete. Dann entschied ich: Wer von den beiden Firmen zuerst ja sagte, kaufte mich, und wenn das nicht innert drei Wochen passierte, würde ich wohl oder übel nach Washington gehen, um doch noch einen Diplomaten-Job anzunehmen. Mitte Mai unterschrieb Hans Knoll meinen Vertrag. Zwei Tage später hörte ich von Pepsi Cola, der Präsident sei zurück und habe gesagt, ich solle zur Vertragsunterschrift kommen. Ich musste, etwas widerwillig, absagen.

9. Kapitel

Design und Sein in den Fünfzigern und Sechzigern

Pioniere eines neuen Lebensstils

Bei meiner Vorbereitung für ein endgültiges Gespräch mit Hans und Florence Knoll hörte ich, dass sie bereits geschieden waren, weiter zusammen arbeiteten, aber in der Firma niemand von der Scheidung wusste. Ich erfuhr auch, dass Florences Eltern Schust aus der Schweiz eingewandert und sehr früh verstorben waren, so dass Florence, «Shu» genannt, als Waisenkind in Michigan, im Haus des bekannten finnischen Architekten Eliel Saarinen aufwuchs, zeitweise zusammen mit Eliels Sohn Eero, dem weltberühmten Architekten und Designer. Sie studierte Architektur an verschiedenen Universitäten. Shu und Eero blieben Freunde fürs Leben. Ich konnte später einige interessante Gespräche mit Eero führen. Hans hatte eine Tochter und einen Sohn aus erster Ehe, die bei der Mutter wohnten. Ich lernte alle drei später kennen. Der Tu-nicht-gut-Sohn, dem ich bei seiner Ausbildung helfen wollte, brachte mich in unangenehme Schwierigkeiten, als er die Frau des Mitinhabers eines unserer Lieferanten in sein Bett holte. Nach seinem Rausschmiß in hohem Bogen hörte ich jahrelang nichts von ihm. Es scheint, dass er bei einer seiner Eskapaden verstarb. Hans' Tochter sonderte sich ab und gründete eine eigene Familie.

Neue Aufgaben für Knoll International

Mitte Mai trafen Hans, Shu und ich uns dann zum Lunch. Hans erklärte mir, ich solle zunächst die Geschäftsführung der Tochtergesellschaft Knoll International GmbH (KI) in Stuttgart von seinem Bruder Robert übernehmen. Die Möbel würden von seinem Vater

Walter geliefert. KI Stuttgart mache derzeit Verluste. Ich kannte einige Knoll-Modelle aus unseren Marshall-Plan-Ausstellungen und war ziemlich sicher, dass sie, in Deutschland billiger als in den USA produziert, im Wiederaufbau des Landes gut zu verkaufen wären. Zusammen mit KI Stuttgart sollte ich Knoll Vaduz, die lizenzgebende AG, übernehmen. Sie wurde treuhänderisch vom Basler Anwalt Peter Lotz verwaltet.

Zunächst mussten wir uns aber über mein Gehalt verständigen. Hans bot mir 6000 $ an. Das war absolut inakzeptabel für mich. Als Diplomat hatte ich ein Einkommen von 13 600 $. Hans Knoll erhöhte sein Angebot auf 8000 $. Ich war gewillt ein Risiko einzugehen und akzeptierte, unter der Bedingung einen Firmenwagen und 30 % des Gewinns vor Steuern zu erhalten. Wir schüttelten Hände und waren uns einig. Für mich begann ein neuer, erfolgreicher Lebensabschnitt, der zehn Jahre dauern sollte.

Ein Beginn in New York und in Stuttgart

Während meiner Einarbeitungszeit wohnte ich bei Robert «Bob» Browne in der Altbauwohnung ohne Aircondition. 1956 herrschte Tag und Nacht eine, selbst für Manhattan, besonders große Hitze. Man musste viel Flüssigkeit zu sich nehmen und wiederholt nachts zweimal die total verschwitzte Bettwäsche wechseln. Ich saß meistens in der Knoll-Associates-Verkaufsausstellung und studierte Kataloge und Bilanzen. Gesellschaft leistete mir ein sprachgewandter Myna-Vogel, dem ich übermütig, zusätzlich zu seinem Begrüßungspfiff und Worten, beibrachte, zu rufen; «Buy Herman Miller.» Miller war der einzige wirkliche Konkurrent von Knoll Associates. Shu, die eigentlich viel Humor hatte, fand das nicht so amüsant.

Bei meiner Ankunft in Stuttgart fand ich ein kleines Büro und einen unattraktiv gestalteten, kleinen Möbel-Schauraum im dritten Stock an einer Hauptverkehrsstrasse mit wenig Parkier-Möglichkeiten. Der für das Geschäftsvolumen zu große Mitarbeiterstab schien kompetent und willig, sich ins Zeug zu legen. Robert Knoll war ein sympathischer Mensch, der seinem Vater hörig und ohne Durchsetzungskraft war. Ich bat ihn, an seinem Schreibtisch zu bleiben und mir mit seiner Erfahrung zur Seite zu stehen. Aus seinen Erzählungen und Antworten konnte ich mir bald ein Bild über die Geschichte unserer Firma machen.

Vater Walter Knoll war ein eigensinniger, herrschsüchtiger Tyrann, wie er mir bald selber bewies. Er arbeitete zunächst als Geschäftsführer in seines Vaters alteingesessener Gerberei und Lederstuhl-Fabrik «Wilhelm Knoll». Wilhelm hatte um 1930 eine bahnbrechende, patentierte Erfindung gemacht: die «Nosag»-Polster-Feder. Sie ist seit den Fünfzigerjahren, in leicht veränderter Form, weltweit Standard in der Polstermöbelindustrie. Walter Knoll hatte Krach mit seinem Vater und Bruder, zog nach Herrenberg und eröffnete eine Konkurrenzpolsterei. Er überredete seinen Schwager Combé, die väterliche Firma auch zu verlassen und sein Stellvertreter zu werden. Walter heiratete eine gutmütige Frau. Sie hatten drei Söhne, davon starb einer jung. Die anderen sollten in die Firma eintreten. Anfang der Dreißigerjahre wurde Walter Knoll ein vehementer Nazi. Sein Sohn Robert schwieg dazu, aber Hans zog für sich die Konsequenz und wanderte 1936 nach England aus. Dort lernte er den dänischen Designer Jens Risom kennen und begann, dessen neuartiges «Vostra»-Sitzmöbel-Programm, bei dem ca. 5 cm breite Gurten die übliche Polsterung ersetzten, zu produzieren. 1938 ging er mit der «Vostra»-Kollektion nach New York. Er begann im Outsourcing-Verfahren Möbel herzustellen. 1945 lernte er Florence kennen und war schnell Feuer und Flamme für diese gut aussehende, temperamentvolle, ganz in seinem Sinn innovativ denkende Architektin. Sie hatte schon für Top-Architekten und -Designer wie Walter Gropius, Marcel Breuer und Wallace Harrison gearbeitet. Er ließ sich von seiner Frau scheiden und gründete im folgenden Jahr Knoll Associates mit seiner neuen Frau als für Design zuständige Gesellschafterin.

1948 gründeten die Knolls in Paris die Knoll International France, weil Shu so gerne Zeit in Paris verbrachte. Im gleichen Jahr entwickelte Shu das «design unit»-System, das die Inneneinrichtungs-Planung erleichterte und erheblich verbesserte. Man fixierte den Grundriß eines Raums genau im Maßstab 1/50 auf einem Bogen und schnitt die einzelnen Möbel aus Karton im selben Maßstab aus.

Man konnte sie auch farbig machen oder sie durch Stoffausschnitte ersetzen und auf dem Grundriß hin und her schieben, bis die Platzierung aus praktischer Sicht und visuell optimal war. Vertikal eingesetzte Stoffe wurden durch kleine Muster auf der Seite des Plans gezeigt. Die erste Anwendung fand bei der Einrichtung des neuen CBS-(Columbia Radio Broadcasting Station-)Gebäudes statt und wurde bald von namhaften Architekturbüros übernommen. Shus System wurde zum Standard des Innenarchitektenberufs. Als Shu mir ihr Planungssystem am Beispiel des CBS-Gebäudes erklärte und ich sagte: «Das werde ich mir gerne ansehen und gleichzeitig meinen alten Freund Bill Paley, den CBS-Präsidenten, besuchen», waren beide beeindruckt.

Mit Hilfe des starken Dollars ...

1950 gründete Hans die deutsche Tochterfirma, um seinem Bruder, losgelöst vom Joch des Vaters, Arbeit zu verschaffen. Kraft der Stärke des US-Dollars konnte man in der Bundesrepublik auch billiger für den Export produzieren. Gleichzeitig wollte er, seiner Mutter wegen, den Vater im Nachkriegsgeschäft unterstützen. Hans wusste, dass sein Vater gerne teure Zigarren rauchte, und hatte mir für ihn eine Box Havannas mitgegeben. Kurz nach meiner Ankunft ließ ich mich nach Herrenberg fahren, um mich ihm vorzustellen und die Zigarren abzuliefern. Schon bei diesem ersten Treffen machte Herr Knoll Senior es ziemlich klar, dass er meinen Eintritt in die KI gar nicht schätzte. Warum, wurde mir erst einige Monate später klar. Kurz nach meinem ersten Besuch verließ Robert unser Büro und kehrte, sicherlich auf Befehl seines Vaters, in sein altes Büro in Herrenberg zurück. In meiner Planungsarbeit wurde mir bald klar, dass ich Entscheidungen treffen musste, die Hans in seinem Verhältnis zur Familie unangenehm sein würden. Sein Vater würde seinen Ärger mit Sicherheit an seiner von Hans hochverehrten Mutter auslassen. Ich ließ daher zunächst vom Buchhalter Dr. Ernst Kraftmeier, dessen Namen gar nicht zu seiner schmächtigen Figur paßte, Statistiken ausarbeiten, mit denen ich Hans die geplanten Veränderungen begründen wollte. Als ich kurz darauf Heinz Lehmann als Verkaufs-

Geschäftsführer berief, ernannte ich Dr. Kraftmeier zum Geschäftsführer Finanzen und Verwaltung.

Ein Todesfall und jede Menge Ärger

Am fünften Oktober griff das Schicksal ein. Hans starb in Santiago de Cuba während eines Besuchs seiner kubanischen Freundin bei einem selbstverschuldeten Verkehrsunfall. Shu stellte sie danach als Verkäuferin im neuen New Yorker Showroom an. Ich erhielt die traurige Nachricht und schaltete sofort namens KI eine Todesanzeige in den *Stuttgarter Nachrichten*. Am nächsten Tag ging ich nach Herrenberg, um der Familie persönlich zu kondolieren. Ich wurde von Walter und Robert im Büro empfangen. Als ich zu sprechen anfing, unterbrach mich Vater Knoll brüllend, was mir einfiele, ohne seine Zustimmung eine Traueranzeige für seinen Sohn aufzugeben. Ich erwiderte kurz, das sei meine Pflicht und mein Recht im Namen der Firma, für die ich verantwortlich sei. Er antwortete wütend, während sein ältester Sohn betroffen daneben saß: «Und das tun Sie mir an, wenn mein einziger Sohn gestorben ist!» Ich dachte mir, einmal Nazi – immer Nazi – und ging wortlos. Ich fühlte mich ihm gegenüber jeder Rücksichtnahme entbunden. Ich begann entsprechend zu handeln und ließ andere Lieferanten suchen.

Mir war klar: Unser hoher Designanspruch und die durch Miniserien und höchste Qualität verursachten sehr hohen Preise würden uns nur erfolgreich wachsen lassen, wenn wir unseren guten Ruf bei den Architekten und Einrichtern ständig pflegten. Büromöbel konstituierten jahrelang unser Hauptgeschäft. Sie wurden, meistens, in Zusammenarbeit mit den Architekten und Innenarchitekten direkt an die Kunden verkauft. Ich bestand darauf, egal wo ich mich gerade befand, über alle Reklamationen informiert zu werden. Wenn mal eine Lieferung beanstandet wurde, veranlaßte ich in den meisten Fällen den Verkaufsleiter persönlich, den Kunden und den involvierten Architekten oder Innenarchitekten aufzusuchen und uns in kulanter Weise zu entschuldigen. Heinz Lehmann machte als Verkaufschef immer einen so guten Eindruck, dass er in solchen Reklamationsfällen nicht nur die Betroffenen zufriedenstellte, sondern auch noch einen neuen Auftrag mitnehmen konnte. Ich bewunderte ihn dafür immer sehr.

Eine Reklamation veranlaßte mich 1957 in Feuerbach, einem Vorort von Stuttgart, eine kleine Reparaturwerkstatt unter einem erfahrenen Polstermeister zu eröffnen. Sie wurde sehr schnell in eine kleine Fabrik unter seiner Leitung verwandelt. Mitte der Fünfziger-jahre gab es noch keinen Kunstschaum. Für Qualitätspolster ver-wendete man den teuren Latex-Gummi, was wir natürlich in unse-ren Saarinen Polster-Stühlen anboten und verkauften. Die fragliche Reklamation ergab, dass uns Walter Knoll als Hersteller Latex be-zahlen ließ, aber statt dessen billiges Stroh verwendete. Ich beauf-tragte den Anwalt Guido Lehmbruck, Sohn des bekannten Bildhau-ers Wilhelm Lembruck und Bruder eines Architekten und gelegentlichen Kunden, einen notariell beglaubigten Brief an Walter Knoll und seine Firma zu verfassen. Ich stornierte darin sämtliche Aufträge, verlangte ein beglaubigtes Inventar aller unserer Produk-tionsteile, die bei Walter Knoll noch vorhanden waren, und den Be-weis ihres Einkaufswerts. Ich untersagte Produktion und Verkauf unserer urheberrechtlich geschützten Modelle und Nutzung unserer Marke und Designrechte.

Von Saarinen zu Gehry

Von diesem Zeitpunkt an ging es aufwärts. Die Dinge entwickelten sich Schlag auf Schlag auf allen Ebenen außer dem klaren Design-Stil-Konzept, das strikte eingehalten wurde, kostete es, was es wollte. Shu, als KI-Präsidentin, konzentrierte sich hauptsächlich auf die ei-gene Designarbeit und Kooperation mit Designern wie Ero Saarinen, Harry Bertoia (mit dem ich mich persönlich anfreundete), dem Gra-fiker Herbert Matter, der das Knoll-Markenbild betreute, mit Eszter Haraszty, der Textil-Designerin, der zeitweiligen Leiterin von Knoll Textiles, Susanne Hugenin, und den im eigenen Haus tätigen Desig-nern Richard Schultz und Vincent Cafiero. Sie ließ uns Managern ziemlich freie Hand. Sie wollte über wichtige Entscheide informiert werden und notfalls ihr Veto einlegen können. Mein Kontakt zu Shu beschränkte sich, mit wenigen Ausnahmen, auf ein angenehmes, bei unterschiedlichen Auffassungen manchmal auch ein dezidiertes Gespräch, das bis in den Abend hinein bei Drinks in ihrer Wohnung andauern konnte.

Wie von Hans erhofft, erhielten wir Ende 1956 von der GSA (General Service Administration) in Washington einen Großauftrag für die Möblierung etlicher neuer diplomatischer Vertretungen mit ihren Residenzen in Afrika. Mit diesem Großauftrag war meine deutsche Bilanz saniert. Der Auftrag beinhaltete auch Schlafzimmer nach amerikanischem Design. Mir war klar: Die Schlafzimmer-Möbel würden sich in Europa gut verkaufen lassen, wenn es in der Kollektion auch freistehende Kleiderschränke gäbe. In amerikanischen Wohnungen waren Kleiderschränke grundsätzlich eingebaut. Ich bat Shu um den Entwurf eines Kleiderschranksystems. In einem zähen Hin und Her weigerte sie sich, einen Kleiderschrank zu entwerfen, und sagte mir letztendlich: «You get a wardrobe over my dead body! If you want one, design it yourself!» (Du kriegst einen Schrank nur über meine Leiche. Wenn du unbedingt einen haben willst, zeichne ihn selber!) Also ließ ich unseren Innenarchitekten, Werner Birkenstock, ein Kleiderschranksystem in Shus Stil entwerfen und konnte komplette Schlafzimmer anbieten.

Dies war nicht der einzige Streitpunkt in Bezug auf Design zwischen Shu und mir. Ich war frei, zu entscheiden, ob ein neues Modell in unseren europäischen Niederlassungen eingeführt wurde. Die Lizenznehmer hatten dasselbe Recht. So lange Shu aktive Präsidentin war, traf sie alleine die Entscheidung über ein neues Design. 1957 lernte ich den noch ziemlich unbekannten 28-jährigen Architekten und Designer Frank Gehry in seiner Loft in Santa Monica (Los Angeles) kennen. Er zeigte mir seine Sitzmöbel aus Wellpappe. Ich fand sie so außerordentlich innovativ, dass ich ihn fragte, ob ich sie Shu für unsere Kollektion vorschlagen könnte. Er sagte Ja. Shu sagte Nein. Fast dreißig Jahre später beschloß das Knoll-«New Design-Comitee» ein Ja zu einer leicht veränderten Version des Sessels des nun schon weltweit als Star-Architekt gefeierten Gehry. Zwei weitere Male scheiterte ich mit innovativen Design-Ideen, die sich später als absolut richtig erwiesen. 1958 erkannte ich die Wichtigkeit des ergonomischen Sitzens während der Arbeit. Der Betriebsarzt am Münchner Sitz von Siemens hatte auf Anregung zweier Wissenschaftler einen Stuhlsitz entwickelt, der die Sitzhöcker im Gesäß unterstützte und so die Wirbelsäule in vertikaler Position hielt. Dies ermöglichte es beinamputierten Arbeitern, am Arbeitstisch aufrecht zu sitzen, ohne sich mit den Armen abzustützen und daher freihändig zu arbeiten. Ich ließ für den Siemens-Betriebsarzt einige Drehstühle bauen, nahm einen im Büro in Betrieb und schickte ein Muster an Shu mit dem Vorschlag, Büroarbeitsstühle mit einem solchen Sitz zu entwerfen und als erste wirkliche ergonomische Stühle auf den Markt zu bringen. Shu lehnte wiederum ab, weil sie ihre Sitze nicht «verschandeln» wollte.

Le Corbusier

Das andere Fiasko erlebte ich, nachdem Shu nach ihrer Heirat mit Harry Basset, einem Banker in Florida, die Geschäftsleitung an Cornell Dechert abgegeben hatte. Heidi Weber, eine ehemalige Mitarbeiterin des Architekten, Designers und Malers Jean Jeanneret, genannt Le Corbusier, baute in Zürich ein kleines Le-Corbusier-Museum, spezifisch für seine Zeichnungen. Dort zeigte sie auch seine Polster-Gruppe. Sie behauptete, die Design-Rechte für die Möbel zu besitzen, denn sie brauchte Geld für ihr Museum. In langwierigen Verhandlungen mit ihr gelang es mir, die weltweite Lizenz für die Kollektion zu erhalten. In Paris gab es die Corbusier-Stiftung, die eigentlichen Besitzer der Design-Rechte. Letztendlich stimmten sie dem Lizenzvertrag zu. Ich kaufte eine Musterkollektion von Heidi Weber und schickte sie dem Knoll-Design Comitee in New York. Ich erhielt keinerlei Feedback und auf meine dringliche Anfrage die lapidare Antwort: «Die Möbel sammeln Staub im Lager. Wir haben sie uns nicht groß angeschaut.» Ich war wütend ob solcher Verbohrtheit. Ich traute meinem Designgespür und war überzeugt, dass das Design erfolgreich sein würde. Wenigstens wollte ich einen Vorteil aus der Situation herausholen. Ich wusste, dass Cassina, die italienischen Hersteller unserer Stühle für KI Italia, sich auch bei Heidi Weber beworben hatten. Ich wusste auch, dass mein Freund Martin Eisler, Geschäftsführer unseres Lizenznehmers Interior Forma in Buenos Aires, dringend darauf wartete, von mir die Corbusier-Lizenz zu erhalten. Ich rief daher Rodrigo Rodrigues, General Manager von Cassina, an und sagte: «Ich weiß, dass ihr die Corbusier-Polster-Lizenz unbedingt wolltet. Ich überlasse sie dir, wenn du mir versprichst, die Lizenz für Argentinien an Interior Forma zu vergeben.» Er bestätigte sein Einverständnis umgehend. Damit war man in New York, Buenos Aires und Mailand zufrieden. Unsere anderen Lizenznehmer wussten, Gott sei Dank, nicht, was ihnen entgangen war.

Diese Kollektion war jahrelang ein Aushängeschild für beide Firmen und ist heute, nach 48 Jahren, noch in ihrem Angebot.

Der amerikanische Management-Stil in Stuttgart

Ende 1956 zog KI Stuttgart in eine große Etage im obersten Stock der Deutschen Verlagsanstalt, in zentraler Lage nahe dem Hauptbahnhof, mit Parkplätzen im Hof. Die Etage war aufgeteilt in einen imposanten Schauraum und genügend Bürofläche für die wachsende Zahl der Mitarbeiter. Für mich ließ ich eine Eineinhalb-Zimmer Wohnung mit Bad und kleiner Küche einbauen. Ich kaufte einen gebrauchten BMW 508, Acht-Zylinder-Limousine als Firmenwagen, um im Hinblick auf meine Verantwortung für unsere europäischen Aktivitäten standesgemäß beweglicher zu sein. Meine Arbeitszeit stieg sehr bald auf eine Sechs- bis Sieben-Tage-Woche, was für mein Privatleben nicht sehr förderlich war. Ich engagierte Hennie Weigelt, eine ehemalige Flüchtlingsfrau aus Ostdeutschland, als Putzfrau und Gästebetreuerin für Büro und Ausstellung sowie als Haushälterin für mich. In den neuen Räumen führte ich einen für Deutschland ungewohnten, amerikanischen Management-Stil ein. Ich war für alle Mitarbeiter, auch für persönliche Fragen, zugängig. Ich organisierte ein jährliches Firmenfest, an dem ich auch, sehr zum Kopfschütteln meiner Herren Direktoren, mit der Fabrikputzfrau tanzte. Damals bestand die Arbeitswoche offiziell aus 48 Stunden. KI arbeitete 46 Stunden. Ich wollte zum Wohl der Arbeitnehmer, aber auch der Arbeitsqualität und der Produktivität die KI-Arbeitswoche schrittweise auf 40 Stunden reduzieren. Zunächst annullierte ich eine Stunde, verlängerte die Arbeitszeit von Montag bis Freitag um eine Stunde und reduzierte die Samstags-Arbeit jeden Monat um eine Stunde. Als der Samstag arbeitsfrei war, protestierten zu meinem Erstaunen die Frauen der Arbeiter. «Am Samstag haben wir Hausarbeit und wollen unsere Männer nicht störend herumsitzen haben. Helfen tun sie uns ja doch nicht und vor dem Abend haben sie nichts zu tun. Am Sonntag haben sie ihren Fußball. Am Samstag gibt's keinen!» Als die Frauen sich daran gewöhnt hatten, fanden sie es doch noch eine gute Idee. Im Rahmen der internationalen KI-Zusammengehörigkeit ließ ich unsere Stuttgarter einen KI-Fußball-Klub mit KI-Uniformen gründen und dann in Kortrijk, Belgien, gegen die De-Coene-Firmenmannschaft antreten. Leider verloren unsere so haushoch, dass es das erste und letzte internationale KI-Spiel wurde.

Kunst, Design und Politik

1956 änderte ich Shus Showroom-Designkonzept von rein dekorativen Accessoires im Showroom zur nur mit verkäuflichen Accessoires voll-dekorierten Verkaufsausstellung. Erstens erhöhte das den Umsatz, ohne zusätzliche Verkaufsfläche zu benötigen. Zweitens, das war mir ebenso wichtig, es half weiblichen Ausstellungsbesuchern und potenziellen Käufern, die oft unsere Verkäufer ewig lange aufhielten, ohne sich entscheiden zu können. Sie hatten oft ein schlechtes Gewissen wegen der verlorenen Zeit des Verkäufers und genierten sich, bald wieder zu kommen. So konnten sie für wenig Geld ein echtes Knoll-Design kaufen und gleich mitnehmen. Ich ließ Marmor-Aschenbecher und Kästchen exklusiv für uns in Italien herstellen und Vasen des bekannten Designers Wilhelm Wagenfeld anbieten. Mit ihm und seiner Familie befreundete ich mich bald. Eine noch wichtigere Änderung der Verkaufspolitik betraf die Knoll Textiles Division. Alle Stoffe waren exklusiv an Knoll lizenziert und wurden nur auf Knoll-Modellen und für von Knoll geplante Einrichtungen verkauft. Das ging gut in den USA, weil der größere Umsatz ein diversifiziertes Lager erlaubte. In Europa waren die Umsätze pro Land und Kultur aber zu gering, um mehr als ein paar Stoffe in mindestens fünf Farbstellungen auf Lager zu halten. Die Minimum-Metrage, die man vom Hersteller oder Drucker bestellen konnte, waren ganze Stücke von 50 m Länge. Ich ließ kleine Kissen mit Knoll-Möbelstoffen beziehen, Sofas damit dekorieren und in einem Regal ausstellen. Von den Vorhangstoffen gab es Musterbahnen, die in einem Regal hingen. Ich wollte durch taktiles Erlebnis das Vertrauen der Besucher/Käufer in KI-Design stärken, denn von den Möbeln konnten sie jeweils nur eine Variante sehen und anfassen. Sie mussten sich auf unsere Beratung in Bezug auf die Ausführung des von ihnen bestellten Modells verlassen. Das Konzept machte sich schnell bezahlt und wurde von allen Knoll-Verkaufsstellen, auch in Amerika, übernommen.

Ein auf die Bundesrepublik beschränktes Angebot betraf Otto Stritzels sehr schöne, langlebige Plaids aus Merino-Wolle in beruhigenden Dessins und Farben. Der gesamte Produktionsprozeß fand auf seinem Hof statt: Scheren, Waschen, Spinnen, Färben, Weben. Ein gemeinsamer französischer Freund hatte mir von Otto erzählt. Seine Geschichte war wieder einmal ein Hinweis für mich, wie der Schein trügen kann. Otto, ein Naturschutzfan, schon vor Hitler, war Mitglied in einem Verein, der sich um die Sauberkeit eines Gewässers bemühte, um es rein genug für Forellen zu halten. Im Rahmen des Machtkampfes zwischen Hitlers SA- und SS-Verbänden integrierte die SS-Führung Naturschutzverbände in ihre Mitgliederlisten. Als nach Kriegsende die Listen auftauchten, wurden alle auffindbaren «SS-Mitglieder» zur Entnazifierung interniert. Es konnte Monate dauern, bis die einzelnen Prüfungen durchgeführt waren. Otto, der Antinazi, sah zufällig einen besuchenden französischen Oberst, brach aus der Gefangenenreihe aus und rief ihn in fließendem Französisch an und bat ihn, seinen Freund, einen französischen General, von seiner Internierung zu informieren. Wenige Tage später wurde sein Verein von der SS-Liste gestrichen, und Otto kehrte heim zu seinen Schafen. 1968 besuchten meine Frau und ich Otto auf seinem Anwesen und kauften zwei Decken, die heute noch so schön wie damals täglich im Gebrauch sind.

Gelebtes Marketing

Ich widmete der Marketing-Kommunikation viel Zeit, um den hohen Stellenwert der Marke Knoll International zu festigen. Dazu gehörten Vortragsabende in den Showrooms, zu denen ich Weltgrößen der Architektur wie Gio Ponti, Pier Luigi Nervi und Egon Eiermann als Redner und die lokale politische und professionelle Prominenz als Gäste sowie natürlich auch die Medien einlud. Nach der Rede, die ich gelegentlich als Dolmetscher unterstützen musste, gab es Getränke, Raucherwaren und Häppchen. Dieses Konzept war so erfolgreich, dass einige konkurrierende Einrichtungshäuser es nachzuahmen versuchten, was ihnen aber nicht gelang, weil sie keine kulturellen, sondern nur Verkaufs-Aktivitäten organisieren konnten. Ich hatte mir persönlich zum Ziel gesetzt, alles zu versuchen, damit der Anteil moderner Einrichtungen am deutschen Neumöbelmarkt von 0,3 % auf 8 % wachsen würde. Bei einer solchen Entwicklung könnte auch KI schnell den Umsatz erhöhen. Zwar half mir das sogenannte Wirtschaftswunder, den Umsatz von KI in Deutschland von 800 000 DM 1957 auf 16 Mio. DM 1965 zu erhöhen, aber der Marktanteil des modernen Designs blieb bei etwa 1 % hängen, weil die alten Gewohnheiten immer noch von Generation zu Generation aufrecht erhalten blieben.

Die Deutschen entdecken das Design

Um neuzeitlichem Design den Markt besser zu öffnen, wurde der «Verbund-Kreis» gegründet mit der Absicht, eine Wanderausstellung mit einer «Design»-Wohnung durch viele Städte zu schicken und sie nicht nur für Erwachsene, sondern auch für Schulklassen, je mit einer Lehrkraft, zugänglich zu machen. Der heranwachsenden Jugend, als baldige Einrichtungskäufer, sollte das neuzeitliche Design vor Augen geführt werden. Im stark zerstörten Nachkriegs-Deutschland, in dem die Währungsreform den wirtschaftlichen Aufschwung auf Touren gebracht hatte, sollten Anreize für einen neuen Lebensstil gegeben werden.

Wir stellten ein Innenarchitekten Ehepaar als Ausstellungsmanager an. Der «Verbund-Kreis» bestand aus den Firmen Braun (Radios, Plattenspieler, Elektrorasierer) unter Erwin Braun; Bremer Tauwerke (Sisal Teppiche) unter Georg Hirschfeld; Gral Glas unter Rolf Syfang; Knoll International (Möbel, Stoffe, Leuchten) unter meiner Leitung; Pfaff Nähmaschinen unter Paul Kiefer; Rasch Tapeten unter Bodo Rasch; Resopal Kunststoffe (laminierte Kunststoffplatten) unter wechselnden Geschäftsführern; Rosenthal Porzellanwerke unter Philip Rosenthal und WMF, Württembergische Metallwaren Fabrik (Bestecke, Metall-Behälter für den Eßtisch und die Küche) unter Walter Burkhardt. Wir Firmenchefs trafen uns von Zeit zu Zeit, um auf der obersten Entscheidungsebene als Design-Jury die auszustellenden Produkte zu bestimmen. Nur wir, keine Mitarbeiter oder Stellvertreter, waren zugelassen. Wer nicht teilnehmen konnte, war nicht vertreten. Alle, außer mir, hatten das eine oder andere Problem, weil er unbedingt etwas Verkaufsförderndes ausstellen wollte, was nicht unserem «Design»-Begriff entsprach. Ich war praktisch der «Gutes Design»-Papst im Gegensatz zu Philip Rosenthal, der zwei Seelen in seiner Brust hatte: gut verkäufliche kitschige Porzellan-Kollektionen und einfache, klare Formen und Muster. Ich besuchte die Rosenthals einige Male in ihrem schloßartigen, ganz modern eingerichteten Haus. Probleme hatte ich auch mit Bodo Rasch, der lieber Blümchen-Tapeten als einfarbige Raufasertapeten, die einzigen die ich hinter unseren Möbeln akzeptieren wollte, ausstellte. Ich vergaß nie seinen Ausbruch, als wir uns heftig über das Thema stritten: «Ach, Herr Rodes, regen Sie sich doch nicht so auf, auf einem Knoll-Sofa kann man auch Ehebruch begehen.» Meine Antwort «Wie gut man kann, hängt von der Polsterung ab!» löste unter dem Gelächter der anderen die Spannung.

Design ist keine Frage des Alters

Ich wollte auch beweisen, dass gutes spezifisches Design eines Stils generell zu jedem anderen gleichwertigen Design paßt. Ich wollte die Frauen der Firmenchefs, die meistens Einfluß auf die Einrichtung der Büros nahmen, davon abbringen, nachgeahmte Stilmöbel als den

Rang ihres Mannes statuierend zu erachten. Ich schlug dem Kurator der Münchner Museen vor in der wechselnden Ausstellung gewidmeten «Neuen Sammlung» eine Ausstellung «Antik – Modern» veranstalten zu lassen. Das Thema «Antik» wollte ich vom legendären Antiquitäten-Händler Bernheimer belegen lassen. KI sollte das hochqualitative moderne Design repräsentieren. Die Museumsleitung stimmte zu und bestimmte die Laufzeit. Ich ging mit meinem KI-Katalog zu Bernheimer. Der geschäftsführende Junior und zwei Kollegen fanden es eine gute Idee, aber Bernheimer jr. sagte: «So etwas Grundlegendes muß der Chef entscheiden. Ich glaube kaum, dass Sie ihn dazu überreden können!» Der von seinem Aufenthalt im Konzentrationslager gehbehinderte alte Herr sah sich meinen Katalog interessiert an, lächelte höflich und sagte: «Ach, wissen'Se, das Zeugs paßt doch nicht zu unseren Antiquitäten.» Erst als ich meine Ausstellungs-Idee über das Design erläuterte und auf meinen Großvater und Namensvetter, den ihm wohlbekannten Maler hinwies, gab er nach: «Na, wenn'S unbedingt wollen, so lange es uns nichts kostet, können Sie sich ja die Sachen aussuchen, die Sie ausstellen wollen. Geben Sie die Liste meinem Sohn und sagen'S ihm, ich wäre einverstanden.» Der junge Bernheimer war sichtlich über die unerwartete Reaktion seines Vaters erfreut. Ich lud Herrn Bernheimer senior natürlich zur Eröffnungs-Feier ein, aber erwartete ihn nicht. Er kam im Rollstuhl, ließ sich anschließend durch die Ausstellung schieben und sagte dann befriedigt zu mir: «Junger Mann, Ihre Möbel passen doch zu unseren Stücken! Ich wünsch' Ihnen Erfolg.» Es befriedigte mich sehr, dass ein hochkultivierter älterer Mann meiner, für ihn neuen, Definition von gutem Design zustimmte.

Berlin, Mailand, Rom, Brüssel, Amsterdam

Ein größeres Kompliment erhielt ich nie, außer vielleicht auf der Internationalen Bauausstellung 1957 in Berlin, als der deutsche Bundespräsident Heuss mir freundschaftlich auf die Schulter klopfte. Er besuchte die Musterwohnung, die wir im von Walter Gropius und seinem Team Architects Collaborative entworfenen Wohnhaus eingerichtet hatten. Gropius hatte 1919 das berühmte Bauhaus gegründet. Sein Konzept des neuen Designs verlangte Verwendung neuer Materialien und die Gestaltung unter Verwendung serienproduzierter Teile, die unterschiedlich eingesetzt zu einer Modellvielfalt führten. Walter Gropius, der Shu und unsere Möbel ja kannte, bedankte sich bei mir für die gelungene Einrichtung. Was «Papa» Heuss besonders erfreute war, dass wir einen Schreibtisch für Kinder zeigten, «da muß das Kind seine Schulaufgaben nicht mehr am Küchentisch machen!», meinte er.

Im Laufe des Aufbaus des KI-Auftritts in den verschiedenen Ländern war ich darauf bedacht, jede Gelegenheit zu speziellen Medienberichten zu nutzen. Ich wollte Knoll International überall in relevanten Kreisen als Design-Pionier darstellen. Dazu eigneten sich besonders spektakuläre Showroom-Eröffnungen mit der Präsenz international bekannter Persönlichkeiten. Z. B. in Mailand im Palazzo Belgioso; in Rom neben der Piazza del Popolo; an der Rue Royale in Brüssel anläßlich der Weltausstellung 1958 während eines Besuchs von Shu; an einem historischen Kanal in Amsterdam, wo Pierre de Coene, General Manager unseres belgischen Lizenznehmers, und Wim Jansen, ihr holländischer Unterlizenznehmer, sich humorvoll etwas einfallen ließen. Sie kredenzten mir einen guten Schluck des von mir bevorzugten «Oude Klare»-Schnaps, damit meine Begrüßungsansprache auf Holländisch «flüssiger» sei. Zur Eröffnung des neuen Showrooms in Paris kam unter anderen der Designer Pierre Paulin mit seiner mitarbeitenden Gemahlin.

Die erste Frau auf dem «Spiegel»-Titel

In Deutschland betrieben wir zeitweise eigene Niederlassungen in Frankfurt/M., Düsseldorf und München. In anderen Städten hatten wir Händler, die KI exklusiv vertraten, wie in Hamburg, wo Box-Weltmeister Max Schmeling mit Anni Ondra, seiner Frau, für Publizität sorgte. Um die Pressearbeit im deutschen Sprachraum zu bewältigen, stellte ich Hanna Leitner ein. Sie hatte alle Hände voll zu tun, nachdem der «Spiegel», auf meine Anregung hin, Florence Knoll einen Titelartikel gewidmet hatte. Ich kannte Conrad «Cony» Ahlers, Augsteins Chefredakteur, und hatte Letzteren auch schon getroffen. Sie sandten einen Redakteur, der mich interviewen sollte. Ich gab ihm Material für einen sechsseitigen Bericht mit Titelbild der ersten Frau, die einer international führenden Firmengruppe vorstand und gleichzeitig eine bahnbrechende Innenarchitektin und Möbel-Designerin war. Es war mir klar, dass Augstein den Artikel nur bringen würde, wenn er nicht nur Positives, sondern auch etwas Pikantes, Anrüchiges enthielte. Ich sagte daher dem Interviewer «im Vertrauen», Shu sei eine recht lustige Witwe. Das tat den Trick: Shu freute sich, als ich ihr einen «Spiegel» übergab, auf dem sie als erste Frau das Titelblatt zierte.

Von Basel aus in die ganze Welt

Anfang 1957 wurde mir klar, dass ich internationale Aufgaben am besten aus der kleinen, «neutralen», zentral gelegenen Schweiz bearbeiten könnte. Im Sommer beantragte ich eine Arbeits- und Aufenthalts-Genehmigung in Basel. Ich wohnte in einem kleinen Hotel, wenn ich da war, und arbeitete in einem Zimmer im neu eröffneten Anwaltsbüro von Peter Lotz. Er hatte es für einen zukünftigen Junior-Partner vorgesehen, den es aber noch nicht gab. Peter bot mir an, zunächst die wenige internationale Post, die ich in Basel zu bearbeiten hatte, von Helene «Leni» Erdmann, seiner Sekretärin, erledigen zu lassen. Ich hatte ja meine Sekretärin in Stuttgart.

Von da an vergrösserte sich kontinuierlich mein geografisches Arbeitsgebiet kontinuierlich und, mit der Verantwortung für das dort generierte Endresultat, das Arbeitsvolumen. Ich war gezwungen, mich auf das Ausbrüten neuer Ideen, das dezentralisierte Management des von mir ausgewählten Stabs zu konzentrieren sowie Kontakte mit für uns wichtigen Persönlichkeiten zu pflegen.

1958 gründete ich in Basel, als Tochter der KI Vaduz, die Knoll International Service Company. Ihre Aufgabe war, außerhalb Nord-Amerikas weltweit das KI-Image durch Service für die Tochtergesellschaften und Lizenznehmer auf höchstem Niveau zu halten. Lizenznehmer konnten ihre Ausstellungsräume von uns planen lassen; KI-Kataloge mussten von uns genehmigt werden, weil sie der Corporate Identity, die Herbert Matter für Knoll Associates aufgebaut hatte, entsprechen sollten. Um einheitliche Masse festzulegen, konvertierten wir die Modell-Konstruktionspläne, vom original US-Zoll/Inch ins metrische System; wir überwachten die Einhaltung der Knoll Textiles Division Standards betreffend Komposition, Qualität und Farben. Zunächst übernahm ich Quill Monroe als meinen Sekretär, um ihm einen Job zu geben. Quill, ein Halbindianer, war der ehemalige Privatsekretär von Hans Knoll. Da er praktisch nur Englisch sprach, klappte das nicht gut in Basel, und er ging alsbald mit seiner Schwester nach Los Angeles in den Ruhestand. Die Textilien übergab ich meiner alten Bekannten Ruthe Brown aus Connecticut. Ich wusste um ihre Textilkenntnisse aus meiner ANEC-Trading-Zeit, als ihr Mann, sie und ich auf Verkaufsreise in Benelux unterwegs waren. Der Basler Fred Ruf übernahm das Gebiet Innenarchitektur und Technik und Rolf Vogt Grafik und Fotografie.

Knoll: Einwirkung auf das italienische Design

1959 gründeten wir die Knoll International Italia. Giorgio Fornasetti, der Bruder des bekannten Künstlers, übernahm die technische und Teo Ducci die Verkaufsleitung. Zu unseren Lieferanten gehörten Cassina und Fantoni, mit denen ich später noch viel zu tun hatte. Zwei Jahre später eröffneten wir eine Mini-Fabrik in Rho, dort, wo sich heute das große internationale Messegelände befindet. In Italien machte ich, für mich auch später, wichtige und interessante Bekanntschaften mit Persönlichkeiten wie Franco Albini, Achille Castiglioni, Ettore Sottsass und Dino Gavina, mit dem ich später einen Urheber-RechtsStreit ausfocht und gewann.

Nach der Gründung in Mailand hielt ich mich selten mehr als zwei Tage an einem Ort auf. Ich flog die großen Distanzen nach England und Skandinavien. Den Rest fuhr ich meistens in meinem BMW, in dem ich eine kleine Espressomaschine an den Anzünder anschließen konnte. Den Gotthard-Strassentunnel gab es noch nicht. Auf meinen vielen Fahrten nach Italien musste ich entweder über den Pass, am Hospiz vorbei, wo damals zur Freude der Touristen Bernhardiner-Hunde gehalten wurden, oder über den Simplon-Pass fahren. Ich überlegte, ob ich nicht ein kleines Privatflugzeug mieten und endlich meinen Pilotenschein machen sollte. Aber das hätte die Einstellung eines Piloten bedingt, der sich um das Flugzeug kümmern müßte. Wenn das Wetter mir einen Streich spielte und ich, um einen Termin einzuhalten, mit der Bahn fahre, müßte er mir das Flugzeug nachbringen. Die Kosten-Nutzen-Rechnung ging nicht auf. Ich versuchte es mit einem Privatchauffeur. In Rom kannte ich eine Bankiers- Familie, deren Sohn gerade sein Jurastudium beendet hatte und «mal die Welt kennenlernen» sollte. Es zeigte sich aber bald, dass wir die langen Fahrten, die ich nach Büroschluß antrat, unterbrechen musste, weil der junge Herr «ein Anrecht auf ein richtiges Nachtessen hatte». Vorher hatte ich mich mit Sandwiches während der Fahrt begnügt. Ich wollte meinen Angestellten keine 10-Stunden-Tage abverlangen und ließ ihn nach einem Monat gehen.

Präsident von Knoll International

Nachdem ich im Herbst 1959 von Alden Boyd den internationalen Chefposten übernommen hatte, geschah es einige Male, dass ich, in unintelligenter Arbeitswut, Stundenbesuche in New York machte. Ich ging morgens ins Basler Büro, fuhr dann mit dem Wagen zum Zürcher Flughafen, flog gegen 12 Uhr nach New York, wo ich um 14 Uhr Ortszeit ankam, fuhr mit dem Taxi ins Büro, hatte Besprechungen, flog abends zurück, kam in Zürich gegen 8 Uhr an, und saß gegen 11Uhr morgens wieder im Büro. Als Kontrast zu diesem Streß entpuppten sich meine Besuche in Skandinavien. In Stockholm führten mich die Leiter der Nordiska Kompaniet, unser Lizenznehmer, in die hohe Kultur der Kombination Sauna und Getränkegenuß ein. Alkohol war damals streng rationiert, durfte in den autorisierten Restaurants nur zusammen mit Speisen in Einzelportionen serviert werden. Ausländische Gäste waren von der Restriktion ausgenommen und daher hochbeliebte Dinnergäste. In deren Gegenwart durften so viele Gläser Aquavit wie verlangt bestellt werden. Ich wurde auch gründlich in die Annehmlichkeiten der Sauna eingeweiht. Nach dem Besuch der Saunakabine folgten eine Dusche und schliesslich die Massage von in jeder Hinsicht handfesten Damen. Dann schwamm man von einer Seite des Schwimmbads auf die andere, wo wieder so eine Dame mit großem Frottiertuch stand. Sie half beim Abtrocknen. Dann ging man in eine Einzelkabine, wo man sich bei einem kleinen Bier ausruhte. Nach einer halben Stunde zog man mit den Gastgebern in ein Restaurant, wo es dann richtig losging.

Ärger im House of Lords

Zu den wenigen wirklich negativen, zeit- und kostspieligen Erfahrungen, die ich in meiner KI-Zeit machte, gehörten die Markenschutz-Verhandlungen vor englischen Gerichten bis hin zum Verlust eines Prozesses vor dem obersten Gericht des Hauses der Lords. Wir hatten Knoll International (London) gegründet. Die Möbelhersteller Parker-Knoll untersagten uns die Verwendung des Namens Knoll. Sie hatten unter dem Namen Parker eine «Nosag»-Produktionslizenz von Wilhelm Knoll. Als Hitler gegen England in den Krieg zog, wurden alle deutschen Patente als Feindesgut beschlagnahmt. Parker ließ sich die Rechte zum Namen Knoll anerkennen und nannte sich fortan Parker-Knoll. Im englischen Recht gibt es die «Section 8», die jedem die freie Benutzung seines Namens garantiert. Wir hatten Knoll International als Eigentum von Florence Knoll registriert. Sie hatte das Recht, über ihren Namen zu verfügen. Wir machten geltend, dass zwischen Parker-Knoll und Knoll International keine Verwechselung stattfinden könnte. In der unteren Instanz meinte ein Richter, dass die Verwechslungsgefahr bestünde und dass Parker-Knoll zuerst auf dem Markt war und eigentlich den konfiszierten Namen erworben habe. Er entschied für den Kläger Parker-Knoll. Der Fall ging an den obersten Gerichtshof im House of Lords. Ich saß in der ersten Reihe, vor mir auf dem Podium saßen drei ältere Herren in roten Roben mit üppiger weißer Perücke und hörten die Plädoyers. Dann sprach sich einer für uns, ein anderer für den Kläger aus. Der dritte, wohlbeleibte in der Mitte war während der Plädoyers fest eingeschlafen. Der gegen uns urteilende Lord gab dem Kollegen einen kleinen Stoss, dieser erwachte und nickte ihm zu. Das bedeutete ein 2-zu-1-Urteil gegen uns. Dagegen gab es keinen Rekurs! Wie waren über diesen rein zufälligen Entscheid sehr enttäuscht.

Abendessen mit Mies van der Rohe

Je mehr ich mich mit dem internationalen KI-Netz befaßte, desto klarer wurde mir, dass der Aufbau, Schritt um Schritt, aber im Renntempo, ein auf die Dauer unhaltbares Vertrags-Durcheinander hervorgerufen hatte. Eine Vereinheitlichung der Verträge war dringend geboten. Als ich KI verließ, hatten wir Lizenznehmer in 19 Ländern und 9 Unterlizenznehmer. Die Verräge mit Designern, so weit es sie gab, hatten auch kein gemeinsames Grundgerüst. Ich entwarf zwei Muster-Lizenzveträge und Stück um Stück adaptierten wir viele der bestehenden Verträge. Die Überarbeitung der Verträge mit den Designern führte zu einigen erfreulichen persönlichen Kontakten. Besonders beeindruckt war ich von meinem Abendessen mit Ludwig Mies van der Rohe in Chicago. Er war sehr offen, erzählte mir die Geschichte der Entstehung des famosen Barcelona-Sessels. Wie er konzipiert wurde und warum er im deutschen Pavillon an der Weltausstellung 1929 in Barcelona gezeigt wurde, obwohl Mies wusste, dass es mehr Kunstwerk, nach seinem Motto «Wenig ist mehr», als ein Gebrauchsmöbel war. Ich fand dabei heraus, dass er zwar Hans und Shu autorisiert hatte, seinen Sessel und die Liege zu verkaufen, aber keinen Lizenzvertrag hatte und keine Lizenzen erhielt. Ich korrigierte diese Ungeheuerlichkeit mit einem Vertrag, der auch nach seinem Tod seiner Tochter Lizenzen einbrachte. Den Barcelona-Sessel-Entwurf betreffend hatte ich zwei interessante Erlebnisse. Rafael Garcia, unser spanischer Lizenznehmer, bot den Barcelona-Sessel in einer, das Design ruinierenden Konstruktion an. Als ich dessen gewahr wurde, verlangte ich die Einhaltung der ihm übergebenen Konstruktionspläne. Er tat nicht dergleichen. Ich besuchte Rafael in Madrid und wurde mit dem üblichen arabisch-spanischen Stolz belehrt: «Wir machen den Sessel auf die spanische Art.» Ich musste auf seine Kultur umschalten und sagte auf Spanisch: «Mein Freund, ich bitte dich um Hilfe und einen Gefallen. Der sture Mies macht mir die größten persönlichen Probleme, wenn der Sessel nicht genau nach seinen Angaben produziert wird!» Da sagte Don Rafael: «Mein Freund, ich werde dir helfen. Dann soll der Sessel halt in eurer nicht spanischen Version gemacht werden.» So war das Problem gelöst.

Wir blieben «Freunde», zu meiner Hochzeit schickte er mir 1960 ein Bild eines Toreros von Alfonso Fraille, einem von seiner Galerie betreuten jungen Künstler. Es hängt immer noch in meinem Büro und ist heute auf einiges über seinem ursprünglichen Wert geschätzt. Ein anderes Designproblem ergab sich in Stuttgart, als ein bekanntes Architekturbüro das neue Büro des Bürgermeisters einrichtete. Er übergab Alexi von Brandenstein einen wunderbar großen Auftrag für acht Barcelona-Sessel in rosa Leder. Mies hatte Schwarz, Braun und Weiß bestimmt. Alexi kam zu mir und wollte mein Okay, denn es handele sich immerhin um das Prestigebüro des Bürgermeisters und brächte auch viel Geld. Sehr zum Mißvergnügen von Heinz Lehmann und Alexi von Brandenstein blieb ich kategorisch hart. Sie solle dem Architekten sagen, entweder eine Mies-Farbe oder keine Barcelonas. Seine empörte und beleidigte Antwort: «Na dann eben nicht!» Nach drei Wochen kam der schriftliche Auftrag für die Sessel in schwarzem Leder!

Die amerikanische, an der New Yorker Börse quotierte Art Metal Inc. produzierte Metall-Büromöbel. Ihr wichtigster Kunde war die GSA (General Service Administration), die für alle Büroeinrichtungen der US-Regierung verantwortlich war. Anfang der Fünfzigerjahre weigerte sie sich, neue Büros mit Art-Metal-Schreibtischen, die in den Zwanzigerjahren entworfen waren, auszustatten. Der Art-Metal-Umsatz fiel massiv, die Aktien verloren an Wert. Der Aufsichtsrat rief seinen ehemaligen Vorsitzenden aus dem Ruhestand zurück. Er beauftragte das Management, sofort den besten Büromöbel-Designer zu suchen. Shu galt als die bestgeeignete Person, weigerte sich aber, den Auftrag anzunehmen. Er bot an, die Knoll-Gruppe zu kaufen, um damit ihr Können zur Rettung von Art Metal einzusetzen. Zu diesem Zeitpunkt hatten Shu und Harry Bassett, der Florida-Banker, beschlossen, zu heiraten. Shus Rücktritt als Präsidentin und ein Verkauf der KI-Anteile kam ihnen gerade recht. Cornell Dechert, der KI-Finanzchef, wurde neuer Präsident. Die KI-Design Unit entwarf, unter Shus Leitung neue Metall-Schreibtische, und Cornell begann, KI auf die, leider zum Standard gewordene Börsenorientierung auf kurzfristige Gewinnmeldungen umzustellen.

Die von der industriellen Revolution ausgelöste Entstehung öffentlich-rechtlicher Aktiengesellschaften waren die Grundlage für die Entstehung international und national aktiver Börsen. Ererbte und erworbene Aktien und Obligationen bildeten dann die von den Banken verlangte Sicherheit zur Risiko-Begrenzung bei der Finanzierung von Krediten für Investitionen in Wachstumsprojekte. Die Bewertung der Aktien erfolgte jährlich aufgrund der Jahresbilanz. Die Nachfrage nach Krediten wuchs in beschleunigtem Tempo. Zunächst begnügte man sich mit halbjährigen Bilanzzahlen. Die Börsenkurse unterlagen immer mehr verschiedenen Einflüssen und wurden labiler. Für Kreditnehmer wurde der Börsenkurs zur Grundlage der Zukunftsplanung. Das Aktiengesellschaft-Management sah sich gezwungen, immer positive Quartalszahlen vorzulegen. Das erschwerte langfristige Planung mit temporären schwachen Quartal-Ergebnissen. Für mich war und ist langfristige Planung eine unerläßliche Management-Pflicht. Ich hatte das Shu schon länger vor Augen geführt, als ich sie um Zustimmung zur Änderung meines Vertrags bat. Wir reduzierten meinen 30 % Gewinnanteil, jährlich um 5 % und erhöhten mein Fixgehalt, bis ich nur noch 10 % vom Gewinn vor Steuern erhielt. Ich finde, Führungspersonen sollten nicht in Versuchung geraten, Entscheidungen im kurzsichtigen Hinblick auf die eigene Tasche zu fällen, und auch nicht deswegen von Dritten verurteilt werden können.

Der Traum von Saarbrücken

Kurze oder langfristige Planung war auch einer der zwei Gründe für die Auseinandersetzung zwischen Cornell und mir.

In Europa war unser Pionier-Name Knoll International ein guter Grund für junge, qualifizierte Mitarbeiter, zu niedrigen Löhnen in die anfänglich sehr kleinen Teams einzutreten. Als wir wuchsen, benötigten wir unserem Standard entsprechende, erfahrene neue Mitarbeiter. Ihre Lohnansprüche waren natürlich höher als die bei uns nur langsam gewachsenen Einkünfte der alten Teammitglieder. Sie waren verständlicherweise sehr verärgert, neue Mitarbeiter unter ihnen zu haben, die mehr als sie verdienten. Ich wollte, dass unsere eigenen Firmen schneller wuchsen, und war gewillt, ein Jahr lang weniger Gewinn zu machen und das Gehaltsniveau schneller anzugleichen, was auch die Produktivität erhöht hätte. Cornell gefielen meine Bilanzen, und er war nicht gewillt, meiner vorgeschlagenen Investition in Löhne zuzustimmen. Es war daher sehr schwer, hochqualifiziertes zusätzliches Personal einzustellen.

Nach der Gründung der EWG (Europäische Wirtschafts-Gemeinschaft) und der EU 1957 wurden die Zölle zwischen den Mitgliedern schrittweise abgebaut. Damit machte eine zentrale Produktion für uns grundsätzlich Sinn. Unsere Preise waren u. a. so hoch, weil wir unwirtschaftlich kleine Serien produzierten und unproduktive, große Lager unterhalten mussten. Ich begann, einen geeigneten Standort zu recherchieren, und fand eine leer stehende Fabrik, günstig gelegen, in Saarbrücken. Eine ganz grobe Berechnung über den Daumen ergab ein Investitionsvolumen von zwei Millionen D-Mark. Ich berichtete Cornell von dem Projekt und sagte ihm, ich würde meine Zeit nicht mit einer komplizierten Gewinn-Verlust-Rechnung vergeuden, wenn ich nicht vorher die grundsätzliche Zustimmung des Art-Metal-Aufsichtsrats hätte. Ich müßte sicher sein, dass, wenn meine Zahlen positiv seien, ich den Kredit von 2 Mio. DM erhalten würde. Nach längerem Hin und Her und einem persönlichen Gespräch mit dem Präsidenten von Art Metal wurde ich zu einer Aufsichtsrats-Sitzung eingeladen und erhielt die Zustimmung, um die ich gebeten hatte. Nach einem Monat schlafloser Nächte musste ich mir eingestehen, dass das Projekt trotz allem vorderhand ein Traum bleiben musste. Ich versuchte noch einmal, Cornell zu einer wesentlich kleineren Investition für die Korrektur des Lohnniveaus zu überreden, aber er konnte nicht über seinen Schatten springen und nahm mir viel Wind aus den Segeln.

Wippi – eine hochadlige Liebe

Die außerordentliche Arbeitsbelastung, die ich in der Aufbauphase des internationalen KI-Netzes aufwenden musste, ebbte von 1960 an etwas ab und liess mir endlich mehr Zeit für ein geordnetes Privatleben.

Als ich 1956 nach Deutschland kam, traf ich in Frankfurt den Schweizer Lothar von Heiniger, einen Kindergarten-Freund, mit seiner dritten Frau. Sie machte mich mit ihrer Freundin, Prinzessin Elisabeth von Schönburg-Hartenstein («Wippi») bekannt. Sie war eine Geborene von Trotha aus deutschem Adelsgeschlecht. Ihr Großvater war der Flottenchef des Kaisers gewesen, eine Tante war die Gräfin von Paris. Wippis Mann war Österreicher. Er fiel in den letzten Tagen des Krieges, kurz vor der Geburt seines Sohns und Nachfolgers. Wippi und ich fanden bald zueinander. Vom alten, altmodisch gekleideten Vater, Herrn von Trotha, wurde ich kraft meiner adligen englischen Vorfahren freundlich behandelt. Der Rest der Familie fand meinen gesellschaftlichen Rang ungenügend. Die einzige Ausnahme war Wippis Schwester Alexandra, Baronin von Brandenstein. Sie war geschieden und musste arbeiten. Ich stellte sie in Stuttgart an. Sie wurde eine repräsentative, erfolgreiche Showroom-Chefin. Wippis und mein Verhältnis dauerte zwei Jahre, bis es zwischen uns nicht mehr klappte und wir uns trennten.

Jacky oder: Zwei von der Tankstelle

Im Rahmen meiner Besuche bei den Inneneinrichter-Kunden unseres Schweizer Lizenznehmers Wohnbedarf lernte ich Jaqueline «Jackie» Viguet in Lausanne kennen. Jackie, eine aufgeweckte, attraktive Frau, betrieb ihren eigenen Laden und hatte ein on-off-Verhältnis mit dem verheirateten Marketing-Chef einer berühmten Genfer Uhren-Manufaktur. In dieser Situation kam ihr unser sich anbahnendes Verhältnis sehr entgegen. Wir hatten, trotz sehr unterschiedlicher Kulturen, vieles gemeinsam. Unsere «Beziehung» entwickelte sich intensiv, wir verbrachten so viele Nächte wie möglich gemeinsam. Mit ihren Eltern entwickelte sich eine Freundschaft, die über Jahre dauerte. Im Mai 1959 beschlossen wir, zu heiraten. Ich bat Peter Lotz, meinen Freund und Anwalt in Basel, die Vorkehrungen für die Hochzeit einzuleiten. Ich traf Jackie zu einem Wochenende am Genfersee. Am Montag fuhren wir mit unseren beiden Wagen in Richtung Basel. In der Nähe von Bern hielten wir an einer Tankstelle, tankten auf und nahmen einen Kaffee. Jackie sagte, sie habe die ganze Fahrt über gegrübelt. Sie hänge eben immer noch sehr an ihrem Ex-Freund und könne mich nicht heiraten. Es blieb mir nichts anderes übrig, als alleine heimzufahren, Peter Lotz zu informieren und mir zu sagen: Besser jetzt als nach der Hochzeit. Jackie und ich blieben Freunde. Sie trennte sich später von ihrem Uhren-Freund und heiratete einen Metzgereibesitzer. 1975 besuchte sie Puck, meine Frau, und mich an einem Wochenende mit ihrer Tochter auf unserem Bauernhof. Es war ein herzliches Treffen und ließ Puck noch eine Repräsentantin meines Lebens vor unserer gemeinsamen Zeit kennenlernen.

Barbara: Endlich hat es eine geschafft

Zum Aufbau des deutschen Knoll-Textil-Geschäfts engagierten meine Geschäftsführer im Herbst 1959 Barbara Eckert. Die 21-Jährige hatte gerade Hohenheim, die beste deutsche Textilfachschule, absolviert. Ich hatte verlangt, die von ihnen als beste Kandidatin Ausgewählte, vor ihrer endgültigen Anstellung zu sehen. Wie Barbara mir nach ihrer Anstellung gestand, spürte sie, dass sie beide Geschäftsführer beeindruckt hatte. Sie kannte unseren Pionier-Status von der Schule her und wollte unbedingt den Job haben. Als die Herren sagten, sie würden sie zu einem Gespräch mit mir einladen, sobald ich von der Reise zurück sei, antwortete sie bluffend, sie habe eine andere Jobofferte und müsse sich innerhalb der nächsten drei Tage entscheiden. Nachdem sie gegangen war, rief mich Heinz Lehmann in Mailand an und schwärmte von ihrem technischen Wissen, und er und Dr. Kraftmeier seien überzeugt, sie sei der Aufgabe gewachsen. Ich hatte schon einmal eine schlechte Erfahrung gemacht: Die beiden Manager hatten nach dem Umzug die Rezeption im Showroom mit einem gescheiten, aber jeden Charme vermissenden, ungepflegt aussehenden Mädchen besetzt. Ich löste den Fehler, indem ich sie zu meiner Sekretärin machte, um am Eingang eine bessere Atmosphäre zu schaffen. Als Sekretärin war sie perfekt. Alexandra von Brandenstein fand dann eine geeignete Rezeptionistin. Da unsere Textil-Spezialistin mit namhaften Designern und Textilindustriellen zu tun haben würde und entsprechend auftreten sollte, zögerte ich, Heinz grünes Licht zu geben. Als ich auf meine Fragen hin befriedigende Antworten erhalten hatte, fragte ich ihn: «Sieht sie wenigstens einigermaßen gepflegt und hübsch aus?» «Ja, wir beide finden sie sympathisch und sehr schön.» Also beschloß ich, das Risiko einzugehen, und gab mein Okay. Nachdem ich Barbara zum ersten Mal getroffen hatte, gratulierte ich den beiden Geschäftsführern zu ihrem Geschmack, nicht ahnend, was sich bald zwischen Barbara und mir entwickeln würde.

Sie kniete sich in ihre neue Aufgabe rein und übernahm schnell Verantwortung für selbständiges Handeln. Im Oktober nahm ich sie mit nach Mailand, wo sie für mich im Bereich Textilien einiges klären sollte. Wir fuhren via Lausanne über den Simplon-Pass. In Lausanne besuchte ich Jackies Eltern zum ersten Kontakt nach der geplatzten Heirat. Ich kannte die Viguets gut genug, so dass ich, anstatt Barbara im Wagen warten zu lassen, sie mitnahm. Wir blieben eine knappe Stunde zum Kaffee und fuhren dann zum Nachtessen ins Hotel am Simplon-Pass. Es war spät geworden. Ich wollte in Mailand mit ihr nicht mitten in der Nacht ankommen und nahm zwei Zimmer für die Nacht im Pass-Hotel. Wir aßen und tranken erstmals entspannt alleine und kamen uns irgendwie in jeder Hinsicht näher. Das in Mailand für sie reservierte Zimmer brauchte sie nun nicht mehr, denn wir verbrachten auch die nächsten Nächte gemeinsam in meiner Mailänder Wohnung. Als ich Frau Viguet das nächste Mal sah, fragte sie: «Na was ist jetzt mit dir und deiner Barbara?» Ich sagte: «Was meinst du?», und sie: «Als ich euch beide sah, spürte ich, dass da etwas zwischen euch lief!» Ich musste erstaunt zugeben, was sich abgespielt hatte und weiterging. Im Juni 1960 flogen wir zur Neocon-Messe nach Chicago. Das gab mir die Gelegenheit, sie mit Julius Klein bekannt zu machen. Es war ihre erste Reise in die USA. Auf einer romantischen Abend-Bootsfahrt beschlossen wir, trotz des Altersunterschieds von 19 Jahren, zu heiraten. Nach der Messe flogen wir nach Los Angeles. Barbara wurde von meiner Familie mit «Endlich hat es eine geschafft» sehr herzlich aufgenommen. In Glendale konnten wir ohne große Formalitäten heiraten. Wir verständigten ihre Familie in Heilbronn. Sie waren mit mir als neuem Mitglied sehr zufrieden, aber bestanden darauf, dass wir noch mal in Heilbronn mit einem standesgemässen Fest heiraten sollten. Ich hatte in New York noch einiges zu tun. Barbara flog zurück, um eine Wohnung für uns zu suchen und mit ihren Eltern unsere nächste Hochzeit vorzubereiten. Clam-Muscheln sind eine meiner Lieblingsspeisen, die kleinen im Manhattan Clamchowder, die großen roh. In den USA sind sie billig, ich esse sie dort oft. Direkt vor meinem Rückflug gönnte ich mir in der Oyster Bar am Grand-Central-Bahnhof noch einmal ein Clam-Abendessen. Aber, wie nach meinem Rückflug bekannt wurde, es war eine Hepatitis-B-Epidemie durch verseuchte Clams aus Connecticut ausgebrochen. Die Ursache war ein gebrochenes Abwasserrohr, das den Strand, aus dem viele Clams stammten, verseucht hatte. In Basel angekommen, bekam ich Symptome wie die der gerade grassierenden Grippewelle. Meine Augäpfel waren nicht gelblich, wie das bei einer Hepatitis meistens der Fall ist. Mein Arzt verordnete Bettruhe und wegen der großen Ansteckungsgefahr keinen direkten Kontakt mit gesunden Menschen. Ich solle nahrhafte Bouillon und reichlich Whisky zu mir nehmen. Tante Pushi informierte Barbara und sagte, sie solle sich keine Sorge machen, sie würde sich um mich kümmern. Barbara kam trotzdem sofort. Wir vermieden jeden physischen Kontakt. Viele Jahre danach zeigte sich bei einer Blutuntersuchung, dass sie trotzdem von mir infiziert wurde. Glücklicherweise widerstanden mir die nahrhafte Bouillon und jeglicher Alkohol, die pures Gift im Fall einer Hepatitis sind. Nach zwei Wochen waren die Grippesymptome abgeklungen, aber meine Augen zeigten die Leberkrankheit an. Der Arzt verordnete eine weitere Isolations-Woche: Meine Sekretärin durfte Pushi die Post bringen und Akten entgegennehmen. Dann ließ er mich nach Stuttgart fahren, mit der Auflage, noch drei Wochen im Bett zu bleiben, strikte Diät einzuhalten und mein Medikament einzunehmen. Wir mussten den schon festgelegten Hochzeitstermin verschieben. Zum Fest lud Albert Eckert, als größter Schweinehändler Süddeutschlands «Schweine-Eckert» genannt, die über hundert Gäste zu einem Spanferkel-Mahl ein. Ich musste mich mit Milchreis begnügen, was ich gar nicht lustig fand, denn ich hätte sehr gerne Spanferkel gegessen.

Abschied am Flughafen ...

Wir konnten bald eine geschmackvoll, mit viel Holz möblierte Drei-Zimmer-Wohnung beziehen. Was fehlte, kam aus dem elterlichen Haushalt. Unser gemeinsames Leben wurde aber schnell sehr komplex. Sie musste an den gesellschaftlichen Verpflichtungen als Frau des Präsidenten teilnehmen. Sie übernahm sehr bald die Verantwortung für den gesamten Textilbereich außerhalb der USA, Kanada und Mexiko. Ich pendelte zwischen unseren Niederlassungen, meinem Basler Knoll-Service-Büro, Lizenznehmern und New York. Selten waren wir gemeinsam unterwegs. Über Weihnachten und Neujahr machten wir Skiferien auf der Seiser Alm im Hotel Steger, das meinen Freunden gehörte. Aber das reichte nicht für ein dauerhaftes, tiefes menschliches Verhältnis. Zudem hatten wir ein ernsthaftes Problem: In unseren gemeinsamen Nächten hatte ich immer wieder Apnoe-Attacken. Barbara wachte jedes Mal auf, während ich ermüdend schlief.

1963/64 hatte Barbara viele Probleme in Argentinien zu lösen. Dabei machte sie einige aufreizende Bekanntschaften. 1964 machten wir im Anschluß an eine Geschäftsreise nach Madrid ein paar Tage Urlaub am andalusischen Meer. Am ersten Abend gestand sie ihren Seitensprung und bot die Trennung an. Wir einigten uns, alles daran zu setzen, um es noch einmal miteinander zu versuchen. Es funktionierte nicht. Auf unserem folgenden Skiurlaub beschlossen wir die Scheidung vor einem deutschen Gericht. Jede Partei brauchte einen Anwalt. Sie kannte einen Scheidungsanwalt, ich keinen. Ihr Anwalt zog einen Kollegen bei. Zum Gerichtstermin flog ich nach Stuttgart. Barbara holte mich am Flughafen ab. Im Vorzimmer des Gerichts trafen wir die Anwälte, und zu Barbaras Ärger, entspann sich unter uns drei Juristen eine Fachdiskussion über die unterschiedlichen amerikanischen und deutschen Gesetze. Vor dem Richter gestanden wir beide, der Einfachheit halber, einen Ehebruch und bestätigten, dass wir alle gegenseitigen Ansprüche unter uns geregelt hätten. Nach zehn Minuten verkündete der Richter die Scheidung, die gemäß dem Gesetz ein Jahr später rechtskräftig wurde. Barbara und ich hatten Zeit für ein erstes Mittagessen als geschiedene Leute, an dem wir vereinbarten, die Trennung vor allen geheim zu halten, bis wir gemeinsam die Bekanntmachung beschließen würden. Sie fuhr mich zum Flughafen zurück, und wir umarmten uns wie alte Freunde, die wir in der Tat bis zu ihrem Tod blieben.

Es lag mir daran ihre Zukunft zu sichern. Im Juni flogen wir wie gewohnt, zur Neicon-Messe nach Chicago und anschließend nach New York, wo wir in «unserer» Julius Klein Suite übernachteten. Ich konnte Cornell Dechert überzeugen, dass Barbara ab sofort fachliche Vizepräsidentin von Knoll-Textiles würde. Er war sehr beschäftigt und nervös, besorgt um seine kranke Mutter. Unser Gespräch über Zukunftsplanung stand an. Cornell war offensichtlich wegen seiner todkranken Mutter deprimiert. Anstatt über die Planung für zukünftige Aktivitäten der Knoll-Gruppe zu sprechen, biss er sich an der Frage fest, wer seinen Posten als Präsident übernehmen könnte, wenn er plötzlich sterben würde. Ich hatte immer zu erkennen gegeben, dass ich meine internatinelen Aufgaben von Basel aus erledigen wollte. Ich fühlte mich zwar an zwei Orten, Basel und New York, zuhause. Auch heute noch. Aus New York nach Basel fliege ich «nach Hause» und umgekehrt. Ich machte im Kopf die Runde, unter unseren leitenden amerikanischen Mitarbeitern gab es nur einen, der das Amt übernehmen könnte: unser bester Regional Niederlassungsleiter John(y) Helm in Dallas, Texas. Cornell antwortete, Johny hätte schon früher gesagt, dass er nie nach New York ziehen würde. Ich erwiderte: «Dann bin ich der einzige der es machen könnte, aber ich will nicht. Aslo müßte jemand von außerhalb gefunden werden.» Cornell antwortete: «Ja, Du hast recht. – Ich fühle mich heute abend nicht so wohl, laß uns das Gespräch über die Zukunftsplanung vertagen. Grüsse die neue Vizepräsidentin. Gute Nacht» und ging. Am Ende des Gesrächs vereinbarten wir, dass wenn wir uns innerhalb der nächsten sechs Monate nicht einigen würden, einer von uns gehen müßte.

Im Hinblick auf meinen zukünftigen neuen «Single»-Status hatte ich eine luxuriöse, größere Wohnung im neuesten Apartment-Gebäude von Basel gefunden. Es hatte einen Hausmeister, eine Empfangsdame und einen Club mit Catering Service für die Mieter im zehnten Stock. Neben einem großen und einem kleinen Balkon, einer kompletten Einbauküche mit Waschmaschine und Tumbler hatte die Wohnung auch einen großen, offenen Kamin. Unser Basler Innenarchitekt Fred Ruf entwarf innovative Wandverkleidungen und Hängekästen, die ich von KI Stuttgart fertigen ließ. Dort wurden die neuartigen Beschläge auch anderweitig eingesetzt. Am fünften Oktober zog ich ein und, vollkommen unerwartet, begann mit dem gleichzeitigen, unvorhergesehenen Einzug von «Puck», meiner zukünftigen Frau, meinen zweiten privaten Lebensabschnitt.

10. Kapitel

Die Zeit danach, die Zeit mit Puck

Die Nach-Knoll-Zeit

Am 4. Februar 1966 löste mein Rausschmiß aus der Knoll International per 31. Mai zunächst in mir doch einen Schock aus, obwohl ich ihn streng genommen ja selber provoziert hatte. Im Rückblick bin ich allerdings froh, dass ich nicht miterleben und verantworten musste, wie die Politik von Cornell Dechert und seinen Nachfolgern den steten Verlust an Bedeutung von Knoll International einleitete.

Seit einigen Jahren war ich bekannt mit Willi Fehlbaum, dem Inhaber von Vitra und, seit 1957, Europa-Lizenznehmer von Herman Miller, dem damals einzigen wirklichen Konkurrenten von Knoll Associates. Wir beobachteten den Möbelmarkt aus paralleler Sicht und tauschten uns gerne darüber aus. In den USA gibt es ein Gesetz, «the Hatch Act», welches Preisabsprachen rigoros unter Strafe stellt. Irgendwie hatte man bei Knoll und Miller in Amerika von unserer Bekanntschaft gehört. Die Anwälte beider Firmen hatten so große Angst vor möglichen Klagen, dass sie ihre Mandanten bewogen, Willi und mir unsere Treffen zu untersagen. Wir wollten offiziell die Kirche im Dorf lassen, aber uns nicht vorschreiben lassen, mit wem wir uns unterhielten. Willi besaß Pferde, die auf einem Bauernhof in der Nähe von Basel standen. Wir beide ritten gerne. Seine Familie hatte kein Interesse am Reitsport. So hatte es sich ergeben, dass, wenn ich samstags in Basel war, ich Willi beim morgendlichen Ausritt begleitete. Wir empfanden uns als vor dem Hatch Act sicher, da wir nichts Illegales taten und, wie wir witzelten, unsere Gäule, die einzigen Zeugen unserer Gespräche, keinen Basler Dialekt verstanden. Daher ergab es sich automatisch, dass ich am Morgen nach meiner Kündigung Willi als Ersten über meinen Abgang bei Knoll informierte. Er fragte, was ich nun vorhätte. Ich sagte ihm, dass ich es noch nicht wüßte. Wie sich herausstellte, informierte Willi sofort die Enkel des Gründers von Herman Miller, Hugh De Pree, den Präsidenten und seinen Bruder Max, den Verkaufsleiter. Am Montag bekam ich per Kabel eine Offerte von Hugh De Pree, die Präsidentschaft einer neu zu gründenden Herman Miller Europe zu übernehmen. Das wäre Willi sehr recht gewesen. Er war mit dem Management der alteingesessenen Ladenbau-Firma Graeter und mit Vitra überlastet und wollte gerne meine Hilfe in Anspruch nehmen. In den USA wäre ein Wechsel auf oberster Ebene von einem Konkurrenten zum anderen durchaus akzeptabel gewesen. Auf dem oberen konservativen europäischen Management-Niveau hätte es einen unverzeihbaren Glaubwürdigkeitsverlust nach sich gezogen. Ich bat Willi, das seinen Partnern zu erklären. Am Samstagabend rief ich meine Ex-Frau Barbara an, um ihr die Kündigung mitzuteilen, und nutzte die Gelegenheit, sie anläßlich unserer nun gesetzlich gültigen Scheidung über meine neue Freundin Puck zu informieren. Sie war erfreut und kündigte einen baldigen Besuch an, um sie kennenzulernen.

JKPR: Julius Klein, ein Welterfolg in PR

Natürlich informierte ich auch Julius Klein, der mir sofort antwortete und vorschlug, ich sollte mich endlich den Public Relations widmen, sein Frankfurter Büro übernehmen und mit JKPR (Julis Klein Public Relations) Chicago zusammenarbeiten. Ich war 46 Jahre alt und hoffte eigentlich, eine neue, verantwortungsvolle internationale Position mit regelmäßigem Einkommen für die kommenden neunzehn Jahre, bis zu meiner Pensionierung, zu finden. Ich kontaktierte den Europa-Chef der McKinsey-Personal-Agentur, den ich kannte. Nach Erhalt meines Lebenslaufs, offerierte er mir sehr schnell zwei Europa-Chef-Posten größerer amerikanischer Firmen, die sich in Brüssel niederlassen wollten. Es zeigte sich, dass US-Firmen, die nach Europa strebten, meinten, sie müßten sich am Sitz der jungen EU niederlassen. Ich kannte Brüssel gut, machte gerne Kurzbesuche und genoß schöne Nachtessen. Aber ich wollte nicht dort arbeiten und wohnen. Das sich in Brüssel kumulierende belgische Kulturproblem zwischen den Flamen und den Wallonen und gewisse Probleme des Königshauses waren mir sehr bewußt. Auch wollte ich nicht meine sehr junge neue Partnerin aus ihrer gewohnten Umgebung herausreißen. Die Anreize zur Selbstständigkeit waren da und die Versuchung, etwas auf dem Niveau von JKPR zu unternehmen war sehr groß. Immerhin war Julius Klein PR-Berater für amerikanische Angelegenheiten, u.a. von Adenauers Außenminister Heinrich von Brentano. Klein hatte das Treffen Ben Gurion/Adenauer in New York organisiert. Bayer Leverkusen, Mannesmann und Krupp waren seine Kunden. Er kannte den US-Präsidenten und andere wichtige Persönlichkeiten. Ich hatte ja als Diplomat in Bonn meine Kreativität in der Kommunikation statuiert. Alle, mit denen ich mein Zukunftsdilemma besprach, rieten mir zur Selbstständigkeit. Als Willi Fehlbaum mir anbot, mein Aufenthaltsgenehmigungs-Problem zu lösen, war der Würfel gefallen.

Am ersten Juni 1966 eröffnete ich in Basel die Toby E. Rodes Consultants Agentur für Public Relations und Marketing.

Willi hatte ein Drei-Zimmer-Büro in zentralster Lage in der Aeschenvorstadt gemietet. Er wollte dort ein Innenarchitektur-Büro einrichten. Ich musste noch bis Ende des Jahres für die «Fremdenpolizei» als Angestellter gelten. Dann war ich lange genug in Basel gemeldet, um selbstständig sein zu dürfen. Willi stellte mich offiziell bei Vitra an. Intern vereinbarten wir, dass ich das leere Büro miete und Vitra-Herman-Miller mein erster Kunde wäre und wir die finanziellen Angelegenheiten intern unter uns verrechnen würden.

Mein erster Klient!

Welch schönes Gefühl! Ich hatte meinen ersten Klienten, bevor mein erstes eigenes Büro eröffnet war. Und der Klient war ausgerechnet mein wichtigster «Ex-Konkurrent». Die Brüder De Pree waren sehr zufrieden, mich auf diese Weise an Bord zu haben.

Ich war ja noch im Amt und konnte daher meine Sekretärin bei Knoll entlassen und bei mir anstellen. Ich kaufte meinen von Shu entworfenen großen, ovalen Schreibtisch, an dem ich nun seit fünfzig Jahren sitze, mit Zustimmung meines designierten Nachfolgers Thomas Szekely. Den Rest der Einrichtung kaufte ich auch von Knoll und mietete einen Telex, mit dem man damals über einen beim Schreiben perforierten Streifen telegrafisch mit einem auswärtigen Telex kommunizierte. Julius saß vor seinem Telex in Chicago, ich vor meinem in Basel, und wir hatten jeder die gleiche gedruckte Kopie unseres Gesprächs. Die erste Nachricht, die Julius mir sandte, war die Ernennung zum Vorsitzenden des Exekutiv-Ausschusses von JKPR Chicago, mit Büros in Washington, New York und Los Angeles.

Ich benutzte Zeit meines Lebens, wenn möglich, neue Kommunikationstechniken. 1966 kaufte ich die erst kürzlich auf den Markt gekommene IBM-Kugelkopf-Schreibmaschine. Zur Vervielfältigung hatte man damals Wachsfolien, die in der Schreibmaschine beschriftet wurden. Fehler wurden mit einem Lack überdeckt. Dann spannte man die Folie in einen handgekurbelten Apparat und produzierte Kopien. Die erste Adressiermaschine, die mit Adressograf-Plättchen funktionierte, war riesig und kostete neu CHF 30 000. Ich konnte eine gebrauchte für CHF 6000 erstehen. Ich überredete meine Übersee-Kunden, einen Telex zu benutzen. Als Jahre später endlich der Telefax aufkam, bestand ich darauf, dass meine südamerikanischen Kunden einen solchen anschafften. Im Laufe der Zeit folgten elektrische Kopiermaschinen und, letztendlich, Microsoft- und Mac-PCs sowie immer wieder neue Handy-Modelle.

Während meiner Zeit bei Knoll hatte ich mich absichtlich jeder journalistischen Tätigkeit enthalten. Die einzige Ausnahme bildeten ein paar Beiträge als Knoll-International-Präsident in einer monatlichen Design-Beilage der Münchner «Süddeutschen Zeitung». Auf meinen vielen Besuchen von Inneneinrichtungs-Messen in Westeuropa, Nord- und Süd-Amerika und Japan pflegte ich Kontakte zu Chefredakteuren und Industriellen in leitenden Positionen. Für sie repräsentierte ich die Design-Pionier-Firma Knoll International und wurde daher als Gesprächspartner auf oberster Ebene respektiert.

Lieblingsthemen, Lieblingsmedien

Aus dieser Konstellation ergab sich alsbald meine Tätigkeit als aner-
kannter freier Interior-Design-Fachjournalist. Ich schrieb und schreibe
hauptsächlich in Englisch und Deutsch, aber gelegentlich auch in
Französisch und Italienisch. Meine praktizierte Mehrsprachigkeit
war und ist mir nützlich bei der Verfassung internationaler Presse-
Communiqués. Meine Messeberichte unterscheiden sich von den
meisten anderen darin, dass ich nur über meine persönlichen Eindrü-
cke berichte und meistens ein begründetes Urteil abgebe. Ich erkläre,
warum ich etwas gut oder schlecht finde. Deshalb und um dem jeweiligen Verlag Ärger mit seinen Inserenten wegen einer negativen Beurteilung zu ersparen, sind meine Berichte immer mit meinem Namen
unterzeichnet. Das trägt wiederum bei zu meinem Bekanntheitsgrad
bei aktuellen und prospektiven Klienten in der Inneneinrichtungsin-
dustrie. Im Laufe der letzten 43 Jahre erschienen zum Thema Design
einzelne Beiträge von mir in Fachzeitschriften und Tageszeitungen in
allen deutschsprachigen Ländern, in Italien, Frankreich, England und
den USA. Darunter befanden sich namhafte Publikationen wie «Do-
mus,» «Interni», «Interiors», «Contract Magazine» und «Furniture
Today». Meine erste langfristige Bindung an einen Verlag begann
1966 mit dem Kohlhammer Verlag. Für sein MD, «Möbel Design Magazin», schrieb ich 23 Jahre die internationalen Messeberichte. Seit
1985 schreibe ich über Design im Newsletter «Inside»

1987 begann ich die nun 23 Jahre dauernde Zusammenarbeit mit
dem Ritthammer Verlag. 1990 entwickelte ich mit dem Verleger
Franz Schäfer das Konzept für das zweisprachige Magazin «Polster-
Fashion», für das ich nach 19 Jahren immer noch tätig bin. Mit Guy
Roukaerts entwickelte ich 1993 «Gulf Interiors Magazine», das in
den Arabischen Emiraten zur wichtigsten Design-Zeitschrift wurde.
Ich war während 16 Jahren der internationale Korrespondent, bis der
Verlag verkauft wurde. Zuletzt hatten wir um die 150 000 Leser.
    1995 begann ich eine Zusammenarbeit mit Grace McNamara
für ihr «ffi» in «Fine Furniture Magazine», das auf typisch amerika-
nische Stilmöbel spezialisiert war. Ich sollte den Inhalt in Richtung

modernes Design steuern helfen. Ich nahm auch an zwei von ihr organisierten Symposia teil. Aber Grace erkrankte bald und zog sich für längere Zeit zurück. Ihre Stellvertreterin war mit dem Ruck in die Moderne nicht einverstanden, und so endete meine Mitarbeit, bevor sie Früchte getragen hatte.

Große Vielfalt der Kommunikation

Die Wichtigkeit der Medien, für die ich schrieb, meine Interviews mit weltbekannten Designern und Firmenchefs und meine Erfahrungen als Knoll-International-Marketing-Spezialist konstituierten den Hintergrund der sehr unterschiedlichen Aufgaben, die ich im Laufe der Zeit auf dem Inneneinrichtungs-Sektor für meine Agentur-Klienten übernahm.

Ein gewichtiges Dilemma für einen berufsmäßigen Berater als Autobiograf ist die Wahl zwischen Vertraulichkeit und Veröffentlichung der Informationen, die er in der Ausübung seines Berufs erhielt. Vor allem auch, weil sich gleichzeitig oft, fast automatisch, ein persönliches, freundschaftliches Verhältnis zwischen dem Berater und seinem Kunden entwickelte und des Öfteren auch dessen Familie einschloß.

Bei der Niederschrift meiner Erinnerungen zog ich es vor, lieber das in mich gesetzte Vertrauen zu honorieren als zu riskieren. Ich verzichte daher lieber auf die Notierung gewisser für mich interessanter oder lehrreicher Ereignisse, die Betroffene kompromittieren könnten.

Reine PR-Arbeit war zu leisten für Firmen wie Vitra, De Sede, Strässle, Sitag, Mira-X Textilien, GSF Schweizerische Genossenschaft für Schlachtvieh- und Fleischversorgung (CH); Mobilier International (F); König & Neurath, Erpo, Dreipunkt, Stuttgarter Gardinen, und Flötotto, den Schulmöbel- und Katalog-Direkt-Anbieter(D); Artifort (NL); Artek (SF); Trau, Sagsa (I); Steelcase, Krueger International (US).

Vielseitige internationale Arbeit finde ich nicht nur interessant, sie gibt auch eine besondere Genugtuung, weil sie in gewisser Art mein Leben spiegelt. Internationale Marketing-, Lizenzierungs- und PR-Lösungen mussten u.a. für Forma (BR); Formes Nouvelles (F); FM International, Thonet, Wilkhahn, (D);Thonet Vienna (A); Sitag, Strässle, Stoll-Giroflex (CH); Scarlatti Luce, Fantoni in den USA, Kartell in den USA (I); Brayton Textiles (US) sowie für American Seating Co.und Corry Jamestown (US), für die ich als European Representative agierte, ausgearbeitet werden. Mit Marco Fantoni, dem Gründer, verbindet mich unsere freundschaftliche Zusammenarbeit, seit er 1959 für uns die ersten Florence-Knoll-Schreibtische für Knoll International Italy herstellte.

Kommunikation für einen schottischen Earl

Der Earl of Bute, dem die schottische Insel Bute gehörte, wollte seine Weberei Bute Textiles auf- und ausbauen. Ich übernahm die internationale PR-Arbeit. Dieses an sich schon interessante Mandat gab mir auch einen erfreulichen Einblick in die traditionelle schottische Pur-Malt-Whiskey-Welt. Wenn ich Bute besuchte, flog ich, um meinem Kunden Kosten zu sparen, erst gegen Abend nach Glasgow. Ian Galsworth, der Verkaufsleiter, holte mich ab. Da die letzte Fähre von Wemyss Bay nach Rothesay auf Bute schon ausgelaufen war, fuhren wir zum nahe gelegenen Golfklub und übernachteten dort. Der Abend wurde bald zur Routine: Hotel-Check-in, Zimmerbezug, Whiskey-Probe in der Bar, Geschäftsgespräche während des Nachtessens, früh ins Bett, ganz früh am Morgen Abfahrt zur ersten Morgen-Fähre, Ankunft im Büro um 09.15 Uhr. Auf Anregung meines Gastgebers hatte der Barmann ein Programm ausgearbeitet und führte mich, vier Proben pro Abend, von Ost nach West durch die Pur-Malt-Whisky-Landschaft. Der Unterschied in Geschmack und Geruch, zum Teil altersbedingt, unter den damals rund 25 aktiven Distillerien war manchmal sehr groß.

PR am Polarkreis

Sehr befriedigend fand ich die Zusammenarbeit mit dem Finnischen Möbel-Export-Verband. Ich organisierte eine Informationsreise durch Finnland für Redaktoren namhafter Inneneinrichtungs-Medien aus Europa und den USA. Die eine Woche dauernde Reise führte uns nicht nur zu Fabriken, sondern auch über das weitläufige Land hinauf zum Polarkreis nach Rovaniemi, der angeblichen Heimat von St. Nikolaus, dem Weihnachtsmann. Von dort aus versendete Grüsse tragen auch heute noch den Poststempel des Weihnachtsmannes. Was mich auf dieser Reise besonders beeindruckte, waren die Architektur der Farmhäuser und die immensen Wälder. Ich fühlte mich wie in den Nord-Zentral-Staaten der USA.

Weltweite Kunden – spannende Mandate

Weitgehende Management-Beratung und -Mitarbeit wurde für einige Firmen geleistet. Karl Lübke, Inhaber der Lübke KG, war mein erster Klient auf diesem Sektor. Die Arbeit umfaßte den Einstieg in den «Design Möbel Markt», Kontakte zu bekannten Designern wie Luigi Colani, der für Lübke einen sehr innovativen Plastikstuhl entwarf. Andere Aufgaben waren die Vergabe von Lizenzen (bis nach Japan), die Ausarbeitung des Konzepts, einschließlich Marke und Grafik, für die Gründung der Firma Index, Ausrichtung eines Firmenjubiläums und Publikation einer aus diesem Anlaß finanzierten Prognos-Markt-Studie über das Problem Akut-Krankenhaus und Rehabilitations-Klinik.

Die schwedische Textil-Firma Kinnasand konnte ich als Bevollmächtigter für Deutschland von ihrem unzulänglichen Vertretungsvertrag lösen und vollständig neu gestalten und jahrelang in meiner Agentur die PR betreiben.

Jack Lenor Larsen, einer der ganz großen Heim-Textil-Designer und -Pioniere übertrug mir die Überwachung seiner europäischen Aktivitäten und die PR-Arbeit. Er hatte seine Vertriebsfirma in New York. Jack reiste kreuz und quer durch Afrika und sammelte alte Original-Stoffmuster, die er in sehr aufwendiger Arbeit auf moderne, haltbare Grundgewebe, Web- und Druck-Techniken übertrug. Jacks Farbgebung und Verarbeitung seiner Original-Vorlagen fanden weltweit Beachtung. Die sehr aufwendige Produktion und die Vielfalt der Dessins und Farben standen in keinem Verhältnis zum Umsatz. Ich überlegte, was man tun könnte, um diesem negativen Aspekt entgegenzuwirken. Mir kam zunächst der Slogan «Beauty is priceless» in den Sinn. Dann ließ ich ein rothaariges Fashion-Modell mit ausdrucksvollem Gesicht in einem weitläufigen Kleid aus Larsen-Stoffen fotografieren. Ich ließ eines der Bilder mit dem Slogan «Beauty is priceless» in verschiedenen Größen, auch als Poster, drucken und in der gesamten Larsen-Welt an den Handel und interessierte Kreise verteilen. Das Poster war auch nützlich in der ersten Textildesigner-Ausstellung die je im Pariser Louvre-Museum stattgefunden hatte. Als Mitglied des sehr angesehenen Cercle Républicain pour le Commerce et l'Industrie konnte ich diese Novität mit der Museums-Direktion nach zähen Verhandlungen organisieren. Ein lebender, aktiver amerikanischer Textil-Designer war eigentlich kein Thema für den der modernen Kunst vorbehaltenen Teil des ehrwürdigen Museums. In einer Nische zeigten wir das Poster und Bahnen der Stoffe, aus denen das Kleid gefertigt war. Dieser Auftritt erhöhte Jacks Wichtigkeit als Designer in den Medien und in der Einrichtungsindustrie und brachte unbezahlte Werbung und zusätzlichen Umsatz.

Für den Schweizer Büromöbel-Hersteller Elan, der sich Nachhaltigkeit und Ergonomie auf die Fahne geschrieben hatte, organisierte ich 2003 einen Kongreß, an dem Michael Gorbatschow der Star-Redner war. Nach der Veranstaltung trafen meine Frau und ich Gorbatschow und seine Tochter Irina in der Hotel-Bar zu einer entspannten Unterhaltung.

Den Schweizer Erfinder des Syma-Ausstellungsstand-Systems, Marcel Strässle, unterstützte ich im Aufbau eines internationalen Lizenz-Netzes.

Meine Erfahrungen im Lizenzwesen nutzte das Multitalent Prof. Max Bill, damals Rektor an der Hochschule für Gestaltung in Ulm, um mich einen Vortrag über den Schutz des geistigen Eigentums halten zu lassen.

Der Einfluß der gestalteten Umwelt auf Körper, Geist und Seele hatte mich schon immer interessiert. Ich hatte Goethes Farbenlehre gelesen und mich intensiv mit meiner Bekannten Suzie Jayes, der südafrikanischen Feng-Shui-Expertin, unterhalten. Mich faszinierten die klimabedingten unterschiedlichen Kulturen. Alle diese Fakten beeinflussen die Kommunikation unter Lebewesen. Die verhältnismäßig junge Wissenschaft des Space- und Facility-Designs befaßt sich teilweise mit diesen Aspekten. Drum kam mir das PR-Mandat der Gründer der D+H Management, Space and Facility Design, sehr gelegen. Ich half auch bei der Umwandlung in eine Aktiengesellschaft und übernahm das Amt des ersten Verwaltungsratspräsidenten für kurze Zeit.

Den begabten, innovativen Designer/Geschäftsmann Günther Bosse unterstützte ich längere Zeit in Managementfragen und kümmerte mich um die PR seiner Firma Bosse Design.

Traurige Verpflichtungen

Eine besondere Aufgabe fiel mir bezüglich meiner Ex-Frau Barbara zu. Sie hatte Knoll zusammen mit dem Präsidenten Robert «Bobby» Cadwallader, mit dem sie ein Verhältnis hatte, verlassen. Bobby, den ich gut kannte, war für kurze Zeit Nachfolger von Cornell Dechert. Bobby gründete Sunar, eine Möbelvertriebs-Firma, und mit Barbara zusammen Sunar Textiles, die in Europa tätig sein sollte. Bald danach trennten sie sich freundschaftlich. Barbara übernahm die Textil-Firma und war anfänglich erfolgreich. Sie änderte den Namen, als Bobby Pleite machte in Intex, und baute ihr Geschäft auf, das sie auch nach der Heirat mit Oberstleutnant Segerer betrieb. Wir trafen uns alljährlich anläßlich der Frankfurter Heimtextil-Messe, und ich gab ihr lizenzrechtliche und PR-Ratschläge. Bis zu ihrer tödlichen Krankheit konnte sie als Frau eines Beamten und nach ihrer Scheidung aus Gewohnheit während der Messe in einem Beamten-Urlaubsheim in Kronberg sehr billig Zimmer für sich und ihre Mitarbeiter mieten. Das tat sie auch für mich, so dass es zum ungläubigen Amüsement kurz vor der Messe zwischen uns einen Fax-Austausch gab: Entweder ich fragte zuerst: «Kann ich wieder bei dir schlafen?», oder sie fragte: «Willst du von wann bis wann bei mir schlafen?» Einmal rief sie mich an und sagte: «Du, der Bobby hat sich im letzten Moment angesagt und braucht ein Zimmer. Ich kann kein zusätzliches bekommen. Du hast wie immer ein Doppelzimmer, kann Bobby zwei Nächte bei dir schlafen?» Bobby und ich grinsten uns an, als wir feststellten, dass unser Zimmer direkt an das unserer ehemaligen Bettgefährtin angrenzte. 1990 waren Puck und ich Skifahren auf der Seiser Alm, als mein Büro mir mitteilte, ich müßte unbedingt Barbara im Krankenhaus in Ulm aufsuchen. Ich hatte gar keine Lust, aber Puck meinte, natürlich müßte ich hingehen. Ich fuhr sofort nach unserer Rückkehr nach Ulm. Der Arzt sagte mir, sie wäre mit eisernem Willen eine Woche am Leben geblieben, um mich zu sehen. Sie konnte kaum noch sprechen. Ich versprach ihr, mich um ihre Firma und das Erbe für den Sohn zu kümmern. Noch in der Nacht fuhr ich zurück. Am nächsten Tag war sie tot. Ich studierte ihre Bilanzen, ließ ein Inventar machen und musste feststellen, dass das große Lager, das sie unterhielt, hauptsächlich aus vielen Reststücken bestand, die zum vollen Preis bilanziert waren, obwohl sie praktisch unverkäuflich waren. Barbara hatte ein Wohnhaus und ein Büro-Lagerhaus und enorme Bankschulden. In mühsamer Kleinarbeit gelang es, in Verhandlungen mit dem Bankpräsidenten, einen Käufer für die Firma zu finden und das Erbe abzuwickeln, so dass der Sohn schuldenfrei sein Studium aufnehmen konnte, während er bei seinem Vater wohnte. Erst vor Kurzem hat er uns mit seiner Freundin besucht.

Ich betreute auch Design-Koryphäen wie die vielseitigen Pioniere Otto Zapf oder Verner Panton, der mit seiner Familie zu unserem internen Freundeskreis gehörte. Verner, der Däne, musste öfters Ansprachen halten. Sein Fremdsprachschatz war dazu zu gering. So setzte er sich vor mich hin, mit einer Flasche seines Lieblingsbiers, und sagte auf Dänisch, was er ausdrücken wollte. Ich schrieb ihm dann seine Rede oder gab seiner Sekretärin ein Band zum Abschreiben.

In der Innenarchitektur-Firma Wohnbedarf Basel war ich, bis zum Tod des Inhabers Sigi Jehle, Mitglied des Verwaltungsrats.

Neue Herausforderungen in der Kommunikation

Meine Entscheidung für die Selbstständigkeit war stark beeinflusst vom Vorbild der JKPR-Agentur. Julius Kleins Beurteilung meiner Qualifikation machte mir Hoffnung für den Aufbau einer erfolgreichen internationalen Agentur. Im Laufe der Jahre stellte ich meist junge Mitarbeiter ein, die Fremdsprachen beherrschten, an fremden Kulturen interessiert waren und meinen amerikanischen Führungsstil gerne akzeptierten.

Die Arbeit in der Agentur war mitnichten nur auf die Innenarchitektur ausgerichtet. Ich hatte internationale Klienten in den Bereichen Medizin, Finanzwirtschaft, Glas-, Getränke- und Autoindustrie sowie Messewesen.

Für Charly Heimhoff, der die deutsche Produzentin des in Deutschland sehr bekannten männlichen Libido-Mittels Okasa geerbt hatte, registrierte ich die Marke auf der Basis einer von mir für ihn gegründeten Basler Firma. Eine amüsante Vertriebs-Hilfe lieferte der deutsche Bundespräsident Heinrich Lübke, als er in höherem Alter von seinem Staatsbesuch in Osaka, Japan, zurückkehrte und auf eine Frage eines Reporters sich versprach: «Ja, Okasa war sehr schön.»

Als Herausforderung an mein Verständnis der interkulturellen Farbpsychologie erwies sich der globale visuelle Auftritt von Fukuda Denshi, dem japanischen Hersteller von medizinischen Geräten. Sie wurden über eigene Tochterfirmen oder exklusive Importeure verkauft, die einen kontinuierlichen «After Sale»-Service unterhalten mussten. Dazu wurden uniformiertes Service-Personal und Fahrzeuge benötigt. Meine Aufgabe war, die Einbettung der existierenden Schwarzweiss-Marke in einen prägnanten Slogan in einer global akzeptablen Farbe zu entwerfen. Ich schrieb einen ganz kurzen Slogan, der einigermaßen in den beiden horizontalen und der vertikalen Schrift lesbar war. Das größere Problem war die Wahl der Farbe. In einer Kultur ist Weiss die Farbe der Braut, in einer anderen der Tod. Die anderen Grundfarben lösen auch unterschiedliche Gefühle aus. Damals war die Standardfarbe der Kleidung im Operationssaal eines

Krankenhauses ein mittleres Grün. Ich wählte dieses Grün, das dann auf allen Uniformen, Fahrzeugen und Geräten im Zusammenhang mit der Marke erschien. Als ich Herrn Fukuda Senior in Tokio diese Lösung vorschlug, war er erfreut, dass ich mich einfühlsam in die japanische Kultur zeigte und die Verbindung zu anderen Kulturen gefunden hatte. Als Dank lud er mich zu einem luxuriösen japanischen Nachtessen ein. Gerne blicke ich zurück auf einen frühen Schritt in der Globalisierung in der Medizintechnik.

Glück und Unglück meiner Kunden

Ich kannte den Amerikaner Paul Erdman über seine Frau Helen, Peter Lotzs Sekretärin, die auch für mich gearbeitet hatte. Er leitete die kleine Basler Salik-Bank und übertrug mir die PR, als er die Bank für Herrn Salik an die United Bank of California verkaufte und deren Chef wurde. Als er wenige Jahre später einem notorischen Schwindler aufsaß und mit mehr als der jährlichen Welt-Kakao-Produktion in Futures spekulierte, hatte ich Glück, dass ich kurz vor der Veröffentlichung des Verbrechens und der Pleite der Bank mein Mandat aufgeben konnte. Erdmann floh aus der Schweiz und kehrte erst viele Jahre danach zurück. Als der Schweizerische Bankverein und die Schweizerische Bank-Gesellschaft zur UBS fusionierten, arbeitete ich für den Berater Peter Rogge einen PR-Marketing-Plan für die Gewinnung neuer jugendlicher Kunden aus.

Der grösste Stuhl der Welt

Auf dem Aus- und Weiterbildungsgebiet übernahm ich 1995 die Öffentlichkeitsarbeit für das 150-Jahre-Jubiläum der Basler Freiwilligen Akademischen Gesellschaft. Für die Vertreter und Händler-Kunden der Sitzmöbel-Firma Comforto hielt ich eine Serie von Vorträgen über die Ergonomie beim Sitzen. Am Sawi, dem Schweizerischen Ausbildungszentrum für Marketing, Werbung & Kommunikation in Biel, referierte ich über internationale PR und agierte als Prüfer bei eidgenössischen Examen.

Aufgrund meiner Medienarbeit ergaben sich PR-Mandate von Messe-Organisationen wie Merchandise Mart (MM), Chicago, welcher der Kennedy-Familie gehörte, Index und Office Show in Dubai, Interieur in Kortrijk (B) und Promosedia in Udine (I). Ihr Wahrzeichen ist «der Größte Stuhl der Welt», ein drei Stockwerke hoher Holzstuhl. Ich ließ davon eine aus zwei Teilen bestehende Kopie anfertigen, die etwas kleiner war, weil es keinen Überseecontainer gab, der die volle halbe Länge des Gestells aufnehmen konnte. Die Kopie wurde vor dem Haupteingang des Merchandise Mart in Chicago aufgestellt, und zwar so, dass die Taxis darunter halten konnten. Der Stuhl trug gut sichtbar die Namen der Promosedia-Mitglieder, die an dieser Neocon-Messe ausstellten. Der MM erhielt das Markenzeichen als Geschenk und stellte es permanent vor seine Filiale in Los Angeles.

In der Uhrenindustrie arbeiteten wir einige Jahre als PR-Agentur von Rado, bis diese an die Swatch-Gruppe verkauft wurde. Ich organisierte u. a. ein Symposium, an dem ich versuchte, den Unterschied zwischen Design = Entwicklungsarbeit und Styling = Dekoration zu erklären. Als eloquenten Redner engagierte ich den Industrie-Designer Luigi Colani und den deutschen Interior-Design-«Papst» Dieter Rams.

Verbundglas: Ein Lehrstück in erfolgreicher politischer und humanitärer PR

Ein PR-Projekt mit großer Einwirkung auf die Bevölkerung in der EU war schliesslich die Verabschiedung des Gesetzes zur verbindlichen Einführung der Verbundglasscheibe an Kraftwagen.

Die Ausgangslage: Unter den verschiedenen Arten von Flachglas gibt es das gehärtete und das Verbund-Glas. Ersteres splittert, wenn ein Gegenstand dagegenprallt, und die scharfen Splitter werden herumgeschleudert. Das andere besteht aus zwei ganz dünnen Glasscheiben, zwischen denen sich eine hauchdünne, transparente Plastikfolie befindet. Wenn eine solche Scheibe von einem Gegenstand getroffen wird, zerbricht das Glas, aber splittert nicht, so dass auch keine Splitter herumfliegen. Die Windschutzscheibe eines Autos ist durch vom vorherfahrenden Wagen aufgewirbelte Gegenstände und durch Auffahrunfälle gefährdet. Wenn die Scheibe nur aus einer Hartglas-Platte besteht, erleiden die hinter der Scheibe sitzenden Personen schwere Gesichtsverletzungen, besonders wenn Splitter in die Augen eindringen. Bei Verbundglas-Scheiben ist diese Gefahr ausgeschlossen. In der zweiten Hälfte des 20. Jahrhunderts war diese Sicherheitsscheibe in den USA vorgeschrieben. In Europa nicht. Da sie mehr kostet, war sie in allen großen Luxuskarossen eingebaut, in den billigeren Kleinwagen aber nicht. Die meisten in die Schweiz importierten Autos kamen aus den USA oder waren große europäische Marken. Die Produktion von Verbundglas benötigt etwas mehr Platz als für die herkömmliche Windschutzscheibe. Vielen europäischen Glasfabriken fehlte die notwendige Fläche für die Einführung der neuen Technik.

Die italienische Regierung, der die SIV, Società Italiana del Vetro, gehört, hatte 1970, im Rahmen der Unterstützung der süditalienischen Industrie, in der Nähe von Bari eine große Glasfabrik gebaut, die u. a. auf die Produktion von Verbundglas ausgerichtet war. Fiat, ein wichtiger SIV-Kunde, baute hauptsächlich Kleinwagen für den heiß umstrittenen europäischen Markt und verwendete aus Kostengründen Standard-Glas für die Windschutzscheibe. Sie hätten aber gerne Verbundglas verwendet. Ähnlich verhielt sich Ford-Deutschland, wie ich bei einer Besprechung mit Karl Schreiner, dem Pressechef, den ich aus meiner Marshall-Plan-Tätigkeit gut kannte. Der ehemalige Verkaufsleiter von Knoll International Italy, Teo Ducci, hatte die Firma nach meinem Abgang nach einem Krach mit dem neuen Manager verlassen und zur SIV als Export Marketing Manager gewechselt. Mit Teo, der von den Nazi-Besetzern mithilfe der Mussolini-Faschisten aus Italien in KZs verschleppt wurde, wo seine gesamte Familie ermordet wurde, und seiner Frau Elsa verband mich eine Freundschaft, die bis zu seinem Tod und ein paar Jahre später ihrem Ableben dauerte. Teo wollte den SIV-Export von Verbundglas-Windschutzscheiben ausbauen und lud mich nach Mailand ein. Ich schlug ihm vor, die italienische Regierung sollte bei der EU intervenieren, damit die Sicherheitsscheibe europaweit gesetzlich vorgeschrieben würde. In Rom fand man die Idee gut, sagte aber, das Problem sei nicht so gewichtig, dass man den üblichen Brüsseler Kuhhandel «Ich tue was für dich und du tust was für mich» eingehen wolle. Wenn er das Problem anderweitig lösen könne, würde die italienische Regierung das Projekt in Straßburg und Brüssel unterstützen. Teo forderte mich als der «große erfahrene Kommunikator» heraus, das Problem außerhalb der italienischen Verwaltung zu lösen, und unterschrieb ein diesbezügliches Mandat.

Um das hochinteressante Mandat annehmen zu können, musste ich eine für mich ziemlich schwerwiegende Entscheidung treffen. Als Mitglied und Inhaber leitender Funktionen in internationalen und nationalen PR-Verbänden musste ich unsere ethischen Grundsätze befolgen. Eine dieser Regeln macht die Nennung des Auftraggebers zur Pflicht. Je mehr ich mich mit der Materie befaßte, desto klarer wurde mir, dass der physische Schutz Tausender unschuldiger Menschen, insbesondere von Kindern (Sitzgurtzwang gab es damals noch nicht), ein höheres Gut sei als wirtschaftliche Interessen.

Ich überzeugte den Leiter der Schweizer BfU, Bundesamt für Unfallverhütung, offiziell als Sponsor aufzutreten. Er willigte unter der Bedingung ein, jegliche Publikation, die ich machen würde, vorher zu sehen und keinerlei Kosten zu übernehmen. Unsere Zusammenarbeit entwickelte sich perfekt. Der europäische Flachglas-Markt wurde beherrscht von der französischen Firma Saint Gobain, die politisch tief verwurzelt war, und der englischen Pilkington Gruppe. Zwei weitere Spieler auf dem Markt, BSN Glaverbel und Deutsche Flachglas AG, waren teilweise mit den beiden großen vernetzt. Ich startete eine PR-Kampagne in Zusammenarbeit mit Augenärzten, die mir Fotos von Augenverletzungen durch Windschutzscheiben-Glassplitter überließen. Ich fand ein besonders eindringliches Foto, das eine zersplitterte Glasscheibe, das in Angst und Schrecken aufgerissene Auge und den schreienden Mund eines Kindes zeigte. In Genf organisierte ich ein Symposium über das Problem unter aktiver Beteiligung von international anerkannten Universitäts-Professoren der Ophthalmologie. Ich kontaktierte einen Bekannten von Karl Schreiner, dem Ford-Köln-Pressechef. Herr Dr. S. war SPD-Abgeordneter im Deutschen Bundestag und im Europäischen Parlament. Ich machte ihm in großzügiger Weise klar, dass er nicht nur finanzielle, sondern auch ideelle Vorteile hätte, wenn er sich in einem öffentlichen Kampf profilierte, um die Verbundglasscheibe europaweit vorzuschreiben. Er würde damit sein soziales Engagement für das Wohl der Familien, die sich nur ein kleines Auto leisten konnten, demonstrieren. Ich versuchte auch bei St. Gobain und Pilkington Zustimmung zu erhalten. Bei St. Gobain blitzte ich in hohem Bogen ab. Bei Pilkington konnte ich die Möglichkeit andeuten, die Sache vor das britische Parlament zu bringen und sie als unsozial darzustellen. Sie gaben nach einigen Monaten ihre Zustimmung. Damit war genügend Druck in der Hand meines Abgeordneten. Verbundglas für alle Windschutzscheiben in der EU wurde mit genügender Frist für die strukturellen Veränderungen vorgeschrieben. Alle Beteiligten waren zufrieden, und ich hatte die Genugtuung, wieder auf der obersten europäischen Ebene erfolgreich gewesen zu sein.

... und nochmals Glas

Fünfzehn Jahre später war ich nochmals in ein politisch-wirtschaftliches internationales Flachglas-Problem involviert. Das große, sehr innovative Schweizer Glas-Unternehmen Trösch beschloß, eine Flachglas-Fabrik im elsässischen Homburg, nahe der Autobahn, der Eisenbahn und dem Rhein, zu bauen. Es sollte die umweltfreundlichste moderne Flachglas-Produktionsstätte sein. Das Ziel war der schnelle Erhalt der Baugenehmigung.

Bisher war der Schadstoff-Ausstoß der Glasfabriken ziemlich hoch. Das Projekt wurde von St. Gobain, einer deutschen, lautstarken, hauptsächlich machtpolitisch interessierten Umweltschutzgruppe und ein paar lokalen linken Einwohnern bekämpft. Herr Trösch hatte von meiner Tätigkeit auf dem internationalen Flachglas-Sektor gehört und übertrug mir die PR für das Projekt. St. Gobain hatte erst kürzlich in der Nähe von Lyon zwei neue Fabriken in bester Verkehrslage gebaut. Aber das zur Verfügung stehende Terrain ließ die für eine Umstellung auf die neuen umweltfreundlichen Produktionsmethoden notwendige Erweiterung nicht zu. Sie wollten die alten Fabriken erst amortisieren, ehe sie in neue investierten. Somit mussten sie uns bekämpfen.

Ich arbeitete eng mit dem sehr kooperativen Bürgermeister und seiner Verwaltung zusammen. Bei der ersten Sitzung des Gemeinderats, im Beisein des Vertreters der Region, saß ich am Ende des langen Tisches im Sitzungszimmer. Der Bürgermeister saß mir am anderen Ende gegenüber. Hinter ihm sah man durch das hoch gelegene Fenster den Kirchturm. Ich wollte den Zweiflern erklären, dass ich trotz meiner amerikanischen Nationalität und als Vertreter von Schweizer Geschäftsinteressen, ein persönliches Verhältnis zum Elsaß habe. Als ich mich vorstellte, wies ich kurz darauf hin, dass ich 1945 von den Nazis geraubte Kirchglocken zurückgebracht hatte. Worauf mich der Bürgermeister Rüsch mit großen Augen ansah, hinter sich zeigte und sagte: «Da hängt eine von denen!» Von da an wurde ich jahrelang als Gast zum Dorf-Neujahrs-Fest eingeladen. Im letzten Moment tauchte ein Hindernis auf. Mein Schwager war Mitglied der deutschen Oppositionsgruppe, was ich nicht wusste. In einem Familiengespräch fragte er mich über das ihn interessierende Projekt aus, und ich gab ihm vertrauensvoll einige Informationen. Dann organisierte er in einem Restaurant in der Nähe der zukünftigen Baustelle eine Protestveranstaltung und gab falsche Daten als Insider-Informationen heraus. Zum Glück hatte ich von der Versammlung in einem öffentlichen Lokal gehört und ging hin. Das deutsche Fernsehen war auch eingeladen. Ich nahm lautstark an der Diskussion teil und korrigierte die Fehlinformationen. Danach beschwerte ich mich beim Bürgermeister der auf der anderen Seite des Rheins gelegenen deutschen Gemeinde und protestierte bei der Landesregierung. Während die Beschwerden wegen der europafeindlichen Haltung liefen, erhielten wir die Baugenehmigung. Die Opposition hatte nichts mehr zu sagen. Ich zu meinem Schwager allerdings auch nicht mehr. Neue Arbeitsplätze wurden geschaffen. Trösch baute seine Aktivitäten im Elsaß weiter aus und benötigte keine weitere PR-Betreuung mehr.

Neue Aufgaben in meiner Agentur

Ein absolut neues Gebiet, die Getränke-Industrie, tat sich für mich auf, als Davor Masek zu mir kam. Davor war in Kroatien geboren, als Schweizer aufgewachsen und Absolvent des PR-Kurses am Sawi. Er hatte ein Angebot vom größten Schweizer Getränke-Konzern Feldschlösschen. Er wollte aber nur auf höchster Ebene die Geschäftsleitung beraten und alle anderen Aufgaben einer Agentur übertragen. Er liebäugelte auch mit der Idee, vielleicht eines Tages in meine Agentur einzusteigen. Davor übertrug uns die Detail-PR-Arbeit. Er stellte mir seinen Freund Stefan Eggenberger vor, den ich aufgrund seiner Erfahrungen, besonders im Sportsponsoring, in die Agentur aufnahm. Zu den Produkten von Feldschlösschen gehörten anfänglich die Warteck, Cardinal und Schlossgold (alkoholfrei) Marken, eine kleine Zürcher Lokalbrauerei sowie Arkina Wasser. Wir kümmerten uns um die verschiedenen Sportsponsoring-PR-Aufgaben und um das schon damals sehr aktuelle Problem der alkoholfreien Produkte sowie um das Jugendschutz-Problem. Die als alkoholfrei bezeichneten Biere enthalten 0,5 % Alkohol. Das war zu viel für Importe nach Saudi-Arabien. In der Cardinal-Brauerei wurde nach langen Versuchen ein Pulver entwickelt, das in sehr sauberem Wasser aufgelöst absolut alkoholfreies Bier (Gehalt 0,0 %) ergab. Es schmeckt, wenn es mit gutem Wasser aufbereitet ist, ähnlich wie Pils. Die Kosten werden erheblich reduziert, wenn nur das Pulver anstatt gefüllter Behälter transportiert wird. Das veranlaßte Feldschlösschen, in Saudi-Arabien schnellstens eine Misch- und Abfüllanlage einzurichten und dem neuen Bier eine arabische Marke zu geben. Das Bier wurde auf Anhieb zum Schlager in Riad.

Eine lehrreiche, rein kulturelle Aufgabe war die PR-Betreuung der temporären Ausstellung alter peruanischer Kunst «Gold aus Peru», im Museum Rietberg in Zürich.

Die breite Palette der Industrien, in denen ich im Laufe meines aktiven Lebens tätig war, und die über 45 Städte in 30 Ländern, in denen ich in fünf Sprachen kommunizierte, haben mein Interesse an Kulturen und mein Allgemeinwissen sowie meine internationalen Marktkenntnisse geprägt. Die vielen Veranstaltungen und Symposien, an denen ich über Design, globales Marketing, den Marshall-Plan und internationale Kommunikation sprach, waren öfters von amüsanten, einmal auch von zukunftsprägenden Erlebnissen begleitet.

Bücher

1989 sprach ich als Zeitzeuge anläßlich der Marshall-Plan Feier im Deutschen Haus der Kunst in Bonn. Am anschließenden Cocktail unterhielt ich mich mit einem Herrn, von dem ich glaubte, er sei Journalist. Im Laufe des Gesprächs erzählte ich von meinem Plan, ein Buch über die Kommunikation zu schreiben. Wie aus der Pistole geschossen sagte er: «Das verlege ich!» Ich war verblüfft und glaubte, einem Scharlatan aufzusitzen und sagte: «Sie kennen mich nicht, Sie wissen auch nicht, ob und wie ich schreibe!?» Dann stellte er sich vor als Wolfgang Henrich, Inhaber des Urheber Verlags und ehemaliger Mitarbeiter von Lothar von Balusek, des verstorbenen Verlegers meiner 1977 verfaßten Broschüre «Ein kleines Public Relations Brevier». Es erschien letztendlich in drei Sprachen und diente gelegentlich als Lehrbuch. Er sagte nur: «Ich weiß aus Erfahrung, dass Sie schreiben und reden können, also?» Ich hatte einen Verleger, ehe ich eine Zeile geschrieben hatte. Das war ein Ansporn! Mein Buch «11 Thesen zur Kommunikation» erschien im Herbst 2005. Die damit verbundene Pressekonferenz in Zürich wurde von Patricia D. Trenkler organisiert. Sie hatte 1992–1994 ein Praktikum bei uns gemacht und eng mit mir für Feldschlösschen gearbeitet. Nach Beendigung ihres Studiums sammelte sie Erfahrung in der Kommunikation und im Management in Zürich. Wir hatten Anfang 2005 vereinbart, dass sie in die Agentur zurückkehre und diese eines Tages übernehmen würde.

Eine schicksalhafte Therapie

Neben der beruflichen Veränderung in meiner zweiten Lebenshälfte veränderte sich auch mein Privatleben grundlegend. Ich war geschieden von Barbara und ohne die geringste Bindung zu einem weiblichen Wesen. Meine Wirbelfraktur von 1945 machte sich 1963 schmerzhaft bemerkbar. Mein Arzt verwies mich an Frau Dr. h.c.

Susanne Klein-Vogelbach, die mich zunächst selber behandelte, dann ihrer ersten Assistentin übergab. Deren Behandlungen halfen wenig. Als sie eines Tages ausfiel, behandelte mich Fräulein Bauer (Puck) so erfolgreich, dass ich verlangte, zukünftig nur von ihr behandelt zu werden. «Puck», Waldtraut Elisabeth Bauer, erhielt ihren Nicknamen von einem älteren Journalisten-Freund, nachdem sie im Schultheater den Puck in Shakespeares «Mittsommernachtstraum» gespielt hatte und er eine «Ode an Puck» schrieb. Ich verbrachte einige Jahre später einen gemütlichen Abend, während Puck, samt Piccolo-Flöte, wild durch die berühmte Basler «Fasnacht» tanzte. Pucks Vater war ein begnadeter Arzt und Diagnostiker, der bald nach Kriegsende aufgrund der erlebten Strapazen starb. Puck hatte ursprünglich Tierärztin werden wollen, aber hätte aufgrund ihrer Körpergröße nur Kleintiere behandeln können. Die Schauspielschule war daher ihr neues Ziel. Ihre Mutter wollte, dass ihre «Traudel», bevor sie zur Schauspielschule ging, einen «vernünftigen» Beruf erlernen sollte. Sie ging nach dem naturwissenschaftlichen Abitur an die Basler Universitäts-Schule für Physiotherapie unter der Leitung der international bekannten, erfolgreichen Frau Dr. h. c. Klein-Vogelbach. Puck nahm ihre Arbeit so ernst, dass sie, wie sie mir später erzählte, mich als einen netten, aber arroganten Patienten empfand, der seine Termine mit ihr immer wieder kurzfristig durch seine Sekretärin absagen ließ, weil er auf Reisen war. «Entweder braucht man Physiotherapie, dann hat das Vorrang vor Reisen, oder eben nicht.» Als wir dann zusammen lebten, hatte sie etwas mehr Verständnis für mein Reise-Problem. Puck war so begabt, dass Frau Klein sie schon während des Studiums in ihrer Privatpraxis als Praktikantin beschäftigte und, nach erfolgreichem Diplomabschluß, anstellte. Im Hinblick auf meine Scheidung wollte ich mein Privatleben etwas luxuriöser und praktischer gestalten. Ich mietete eine große Vier-Zimmer-Wohnung mit einem 40 m² großen Wohnraum mit offenem Kamin und einer großen Terrasse, mit Tiefgarage, Empfangsdame im Erdgeschoß und einer Putzfrau auf Abruf. Das erst ein Jahr alte luxuriöseste Basler Mietshaus an zentraler Lage mit viel Grünfläche sollte, gemäß dem Bauherren-Vermieter, im obersten, zehnten Stock einen Klub mit Catering Service für die Mieter erhalten. Als ich im Oktober 1965 einzog, war der Klub mangels Personal, wie es hieß, abgesagt, und die Empfangsdame blieb nur ein Jahr. Die Einrichtung hatten Barbara, mit welcher ich mich ja trotz Scheidung gut verstand, freundschaftlichen Kontakt pflegte, und ich gemeinsam für mich geplant, die zusätzlich benötigten Möbel wurden von Knoll International Stuttgart Anfang Oktober, einschließlich der von Fred Ruf entwickelten Anbaumöbel, geliefert. Die Überwachung der Einrichtung übernahm «Liz», Elisabeth Thoman, die junge Innenarchitektur-Studentin, die in unserem Basler Büro ein Praktikum absolvierte.

Etwas bahnt sich an ...

Am 4. Oktober 1965, einem Freitag, war ich bei Puck zur Behandlung. Sie, die sonst sehr gesprächig war, sagte kaum ein Wort. Dann erzählte sie mir, dass sie am nächsten Tag in ein Apartmenthaus umziehen müßte, aber ihr Basler Freund, aus der französischen Schweiz, ihr nur helfen wollte, wenn sie zu ihm anstatt in die eigene Behausung ziehen würde. Mir war klar, wenn sie jetzt mit ihm leben wollte, hätte sie nicht das Zimmer gemietet. Ich fand diese Erpressung eine «Schweinerei», und Puck tat mit leid. Ich sagte es ihr und schlug vor, dass sie mir an diesem Abend in meiner alten Wohnung helfen könnte, meine Bücher für den Transport in Kartons zu packen. Ich würde sie am nächsten Morgen mit ihrem Gepäck abholen und zu ihrem Apartmenthaus fahren. Sie akzeptierte das Angebot erleichtert. Ich holte sie nach der Arbeit ab, wir packten die Kartons. Während sie noch packte, machte ich uns schnell eine meiner Spezial-Omeletten und fuhr sie dann nach Hause. Am nächsten Morgen weckte ich sie telefonisch, anscheinend aus tiefem Schlaf, holte sie dann ab und fuhr sie zu ihrer neuen Wohnung, die zufälligerweise nur 500 Meter von meiner neuen Wohnung entfernt war.

Das war vor 43 Jahren. Und seit 41 Jahren sind wir nun verheiratet ...

Leben mit Puck

Der Altersunterschied von 21 Jahren zwischen Puck und mir, die unterschiedlichen Familien-Geschichten und die verschiedenen Erfahrungen erschwerten natürlich die Integration zweier aktiver Menschen, die uns aber kraft unserer gegenseitigen Hilfeleistungen hervorragend gelang. Wir verbrachten, so oft wie möglich, unsere Freizeit gemeinsam. Einmal im Jahr ging es auf die Seiser Alm zu meinen Freunden, den Stegers. Vom Altmeister der Skilehrer, Hans Steger, lernte Puck perfekt Skifahren. Hans, ein in München geborener Südtiroler, war ein Unikum. Jahrelang geschah das Unglaubliche: Der Schweizer Skilehrer-Verband holte ihn jedes Jahr für einige Tage in die Schweiz, um den Skilehrern den neuesten Fahr-Stil beizubringen. Wer bei Hans das Skifahren gelernt hatte, fuhr nicht nur gut, sondern auch sicher. Das war mir für Puck wichtig.

In Mariastein, in der Nähe von Basel, gingen wir Reiten, mein zweites Hobby nach dem Skifahren. Puck nahm Reitunterricht und wurde zu meiner großen Freude auch Pferdeliebhaberin.

Als wir 1971 unseren Bauernhof in Beinwil am Passwang anmieteten, bauten wir eine Sauna in die Scheune. Puck richtete einen Gemüsegarten ein und begann zu jedem Neujahrstag 40 Laib Bauernbrot für unseren Kaminofen vorzubereiten. Das mehrmalige Kneten war Pucks Aufgabe als geübte Physiotherapeutin. Die Handhabung der Glut und das Backen der 1 kg-Brote oblag mir. Als sie dann im Krankenhaus von Breitenbach eine moderne Physiotherapie-Abteilung aufbaute und dort zweimal die Woche behandelte, musizierten wir zu Weihnachten auf den Etagen der Klinik.

Puck und Olly

1966 besuchte uns Olly, meine Mutter, um ihre Krebserkrankung in Europa behandeln zu lassen. Es entstand sofort ein enges Band zwischen ihr und Puck. Schon am ersten Abend unterhielten sie sich über die von beiden gespielten Rollen des Gretchen in Goethes «Faust», während ich kochte. Olly kochte nicht so gut und Puck konnte nicht kochen. Sie lernte es später von mir und entwickelte sich zu einer hervorragenden Köchin, obwohl die meisten Fischspeisen und Reis auch heute noch mir obliegen. Ich hatte an dem Abend alle Mühe, die beiden rauchend intensiv Diskutierenden endlich an den Tisch zu bringen, bevor alles kalt wurde.

Eine andere Gemeinsamkeit, die unser Leben prägt, ist die Tierliebe. Wobei meine hauptsächlich Hunde und Pferde betrifft, während bei Puck auch Katzen zu dieser Gruppe gehören. Aufgrund ihres Interesses an der Veterinär-Medizin und ihrer diesbezüglichen praktischen Erfahrungen hat sie natürlich noch weitere Tier-Interessen. Als wir im Dezember 1966 in Berlin waren, besuchten wir auch meine Ex-Freundin Toni Seidel, verheiratete Stange, und meinen nun 19 Jahre alten, grauhaarig gewordenen, halb tauben und halb blinden Königspudel Balthasar. Zu unser aller Erstaunen erkannte er mich sofort freudig.

Probezeit in Kalifornien

Als es schien, als ob Puck und ich für immer zusammenbleiben würden, machte ich ihr einen Vorschlag. Zunächst sollte sie einmal nach Kalifornien gehen, um zu sehen, ob ihr das Leben in Amerika genügend gefalle, um sich dort niederzulassen. Es könnte ja sein, dass ich mich dort einmal zur Ruhe setzen würde. Ich schlug Los Angeles vor, weil dort mein Bruder mit seiner zweiten Frau und den beiden Töchtern ihr jederzeit beistehen konnte. Sie hatte auch einen eigenen Kontakt, den Sohn und die Schwiegertochter einer Patientin und gleichzeitig Kindermädchen ihres Bruders. Puck flog nach Los Angeles, machte einige negative und viele positive berufliche Erfahrungen, absolvierte einen Kurs bei der weltbekannten Physiotherapeutin Maggie Knott und machte in sechs Monaten eine steile Karriere bis zur Chefin der Physiotherapie-Abteilung im Krankenhaus von Monte Bello. Während ihrer Zeit in Los Angeles half sie auch in der physiotherapeutischen Behandlung von Tieren, die in Hollywood-Filmen auftraten. Unter ihren Patienten befanden sich auch ein Schimpanse und eine Python-Riesenschlange.

Vom R-Gespräch zur Hochzeit

Ich rief sie gelegentlich während ihrem Frühstück an. Das genügte ihr nicht, so begann sie anzurufen. Dann fand sie heraus, dass sie fast einen Monatslohn vertelefoniert hatte und dass es R-Calls gab, bei denen der Angerufene auf Anfrage zustimmt, die Kosten des Gesprächs zu übernehmen. Von da an rief sie mich alle paar Tage abends, nach dem Essen, wenn sie sich einsam fühlte, an. Ich wurde um vier Uhr morgens mit der Frage geweckt: «Nehmen Sie den Anruf aus Kalifornien an?» Bei Puck war schon eingebrochen worden, sie fuhr ein Triumph-Sport-Kabrio, das ihr Chef zur Verfügung gestellt hatte. Ich wusste nie, ob sie Hilfe brauchte, also nahm ich das Gespräch verschlafen an, um dann zu hören: «Ich fühle mich einsam und möchte mit dir reden.» Das bestätigte unsere Zusammengehörigkeit und überzeugte mich, dass ich sie nicht zu lange alleine lassen sollte. Anfang Mai 1968 fragte ich sie, ob ihr das Leben in Kalifornien gefalle. Sie sagte: «Ja, sehr, warum kommst du nicht hierher und arbeitest von hier aus?» Ich antwortete: «Nein, wir machen es anders. Du kümmerst dich um die notwendigen Formalitäten, ich komme nach L.A., wir heiraten, und du kommst zurück nach Basel.» Einen so trockenen telefonischen Heiratsantrag hatte Puck nicht erwartet.

Unsere Heirat am 17. Mai 1968 hatte zwei nachhaltige Effekte. Zum einen dokumentierte sie den Beginn unserer nun schon 41 Jahre dauernden Ehe. Zum anderen schmunzeln wir immer noch über einige, im Nachhinein amüsante, Begleiterlebnisse. So laden in Amerika die Freundinnen der Braut diese zu einem «Shower» (Polterabend) ein, an dem sie Hochzeitsgeschenke überreichen. Puck wunderte sich über die komische Sitte, am Abend vor der Hochzeit zum Duschen eingeladen zu werden, aber ging hin und wurde lachend aufgeklärt. Das Fehlen meiner Scheidungsurkunde zwang Puck, eine Gemeinde zu finden, die meine mündliche Bestätigung akzeptierte. So landeten wir in Santa Monica bei Minister of Wedding Lynch. Der «Heirats-Pfarrer» war Filmschauspieler gewesen, hatte eine kleine Kapelle an sein Haus angebaut und verdiente ein offensichtlich karges Brot mit theatralischem Pathos. Der hagere, hochgewachsene Mann besaß anscheinend nur ein Paar schwarze

Hosen, denn jene, die er trug, waren nicht seine. Ein Zusatzbrot für ihn waren Polaroid-Fotos, die er vom Hochzeits-Paar machte, die mit zwanzig Dollar in bar zu zahlen waren. Wir leisteten uns natürlich den «Luxus» einer Polaroid-Aufnahme. Allerdings zeigte sie uns mit dunkelbrauner Haut, weil, wie er sich entschuldigte, das Licht so schwach war. Wir beide fuhren mit unseren Trauzeugen getrennt zum «Minister». Ich war, pünktlich wie es meine Art ist, vor dem Haus angekommen, als das vor uns angemeldete Brautpaar in einem Taxi vorfuhr und in einem heftigen Streit auf offener Strasse lautstark die Heirat absagte, ins Taxi zurückstieg und abdampfte. Da erschien Puck mit ihren Trauzeugen. Ich half ihr aus dem Auto und fragte so ernsthaft wie möglich: «Willst du mich immer noch heiraten?», und erzählte, was gerade passiert war. Puck zeigte ihren Humor und schoß zurück: «Ich schon, aber du?» Wir lachten noch, als Mr. Lynch uns begrüßte, und lachten wieder, als er in seiner Ansprache zu Puck gewendet sagte: «Und wenn Ihr Mann die Zigarettenasche auf den Teppich fallen läßt, machen Sie sich nichts daraus, dem Teppich tut es gut und bekämpft Ungeziefer und es erhält die Ehe. Das war für uns alle sehr amüsant, denn Puck verlor dauernd Asche, ich ganz selten. Der Empfang unserer Gäste fand in einer Dachstock-Bar statt. Man konnte vor dem Haus, mit Blick auf den berühmten Strand von Santa Monica, gut parkieren. Den Blick aufs Meer konnte man allerdings nur von der Toilette aus genießen, zu deren Besuch wir unsere Gäste, gute Stimmung machend, einluden. Das typisch französische Hochzeitsmahl in einem französischen Restaurant mit der den Speisen entsprechenden Weinfolge und «after dinner drinks» resultierte in der Alkoholisierung verschiedenen Grades unserer Gäste. Nüchtern blieben mein Bruder und ich, die wir auf diesem Gebiet am meisten Erfahrung hatten. Mein Bruder auch, weil er und seine zweite Frau Josephine an diesem, unserem Hochzeitstag ihre Scheidung beschlossen hatten. Puck und ich wurden von ihrer Freundin Christine, einer Polizistin, die an derselben Adresse wie Puck wohnte, in ihrem Polizeiwagen nach Hause gefahren. Sie hatte sich in der Bar umgezogen, war stark alkoholisiert und fuhr mit heulender Sirene und Blaulicht zickzack auf der, Gott sei

Dank, um diese Nachtzeit wenig befahrenen Autobahn. Nach der Ankunft benötigte ich einen Drink zum Entspannen.

Die Hochzeitsreise

Am nächsten Morgen flogen wir auf Hochzeitsreise, zunächst nach San Francisco, der Heimatstadt meines Großvaters. Suzie Schwarz, meine Sekretärin, hatte eigenhändig unsere Hochzeitsreise in der sonst von mir nie genutzten ersten Klasse gebucht. Kaum saßen wir im Flugzeug, da kam die Hostess mit einem Glas Champagner, dessen Anblick bei Puck bereits Unwohlsein hervorrief. Bei der Ankunft im Hotel konnte ich ihr ein typisch amerikanisches Phänomen vor Augen führen: Die alte Rose Kennedy, Mutter des ehemaligen Präsidenten, «hielt Hof» im Hotel. Ich konnte Puck auch das Legion-Museum mit den riesigen Bildern meines Großvaters wie auch, natürlich, das berüchtigt-berühmte China-Town-Viertel zeigen. Puck wollte unbedingt die Hochzeitreise nach Miami machen. Ich hatte sie gewarnt, dass Mai der Regenmonat sei, aber sie blieb bei ihrem Wunsch. Wir kamen am Samstag an, es regnete auf den Swimming-pool. Wir mussten im Hotel bleiben. Das Zimmer war klein, das Bett groß, aber wir wollten unsere Flitterwoche nicht hauptsächlich im Bett verbringen. Puck trank gerne Bier, ich lieber Wein. Die Minibar war bald leer. Aber, am Sonntag war Wahltag und der Ausschank von Alkohol verboten. Also machten wir einen Kurzbesuch bei meinem pensionierten Vorgänger bei Knoll, Alden Boyd, und seiner Frau Betty. Ansonsten genossen wir die Flitterwoche und flogen heim nach Basel.

Im Juni begann ich mit den Vorarbeiten für die notwendigen Schritte zur offiziellen Eintragung meiner Agentur. Ich erwartete meinen Schweizer «C»-Ausländer-Ausweise im Juli. Gleichzeitig suchte ich ein eigenes, größeres Büro. Zum Jahresanfang 1969 konnte ich eines in unserem Wohngebäude beziehen. Puck eröffnete im November ihre eigene Praxis direkt neben unserer Wohnung. Ich war sehr oft auf Reisen zu Kunden und Messen. Anläßlich eines Messebesuchs in Kortrijk, Belgien, an dem Puck mich begleitete, kauften wir «Taco» unseren ersten Lhasa-Apso-Hund von einer Züchterin in Antwerpen. Seit dieser Zeit hatten wir immer mindestens einen Hund als Hausgenossen.

Die Ärztin im Haus ...

Nach dem Motto «Die Axt im Haus erspart den Zimmermann» habe ich meine Ärztin im Haus. Puck ist seit über 40 Jahren um meine Gesundheit besorgt.

Die erste Herausforderung auf diesem Gebiet erlebten wir 1971. Wir machten Sommerferien im Hotel Atalaia Beach in Estepona bei Marbella. Mittags aß man von einem Riesenbuffet von dem die Reste weggeworfen wurden. Puck hatte sich ein paar blutige Reste in die Jackentasche gesteckt um damit wilde Kätzchen, auf dem Dach des Schwimmbeckens zu füttern. Ich sollte die Katzen fotografieren. Pflichtgemäß kletterte ich zu Puck und ihren Kätzchen auf das Dach, machte die Fotos, lief auf dem Rückweg über das Drahtglas-Dach des Pools und landete mit Schnittwunden und einer Wirbel- und einer Fersen-Fraktur zuerst am Rand des Schwimmbeckens, dann beim Notarzt und im Spital. Ohne Pucks Physiotherapiekünste wäre ich heute noch ein Schwerinvalider.

1976 begann Puck ihr Studium der Akupunktur am Boltzmann Institut der Wiener Universität und die Entwicklung ihrer innovativen Kombinationstherapie Laserakupunktur – Physiotherapie, für die sie 1992 den Ehrendoktor Titel von der Louisiana State University erhielt.

Laserakupunktur – Physiotherapie, für die sie 1992 den Ehrendoktor-Titel von der Louisiana State University erhielt. Sie hielt Vorträge über ihre Therapie in den USA und in verschiedenen europäischen Ländern. Ich schrieb ihre Reden. Patienten kommen zu ihr sogar aus New York, Tel Aviv, Frankreich, Österreich und Deutschland. Als ältester Dauerpatient profitiere ich am meisten und hätte mehrere schwere Unfälle kaum überstanden. Mit 69 Jahren hatte ich, innerhalb von fünf Monaten, zwei Unfälle. In Zürich-Schwamendingen war ich mit Walter Pielken und seinem Zürcher Vertreter verabredet, um über einen Zusammenschluß unserer beiden Agenturen zu verhandeln. Vor dem Haus, in dem wir uns treffen wollten, wurde ich am 6. Januar 1988 in der Dunkelheit bei strömendem Regen von einer Strassenbahn frontal angefahren und sieben Meter weggeschleudert. Es geschah praktisch vor der Tür eines Polizeipostens. Zwanzig Minuten später lag ich bereits im Operationssaal des Universitätsspitals. Im Mai fuhr ich meinen großen BMW, zu früh nach dem Tram-Unfall. Ich verlor das Bewußtsein und fuhr mit 120 Stundenkilometern frontal an eine Steinwand. Im Verlauf dieser Unfälle brach ich 3 Wirbel, 16 Rippen, hatte eine offene Trümmerfraktur am rechten Unterschenkel, einen kollabierten Lungen-Flügel, eine Augenmuskel-Lähmung und diverse stark blutende Schnittwunden. Ich verbrachte zwei Monate in drei Krankenhäusern, davon drei Wochen in künstlichem Koma.

Beim ersten Unfall musste Puck die Ärzte zur Unterlassung von Versuchen zwingen, beim zweiten musste sie dem Erste Hilfe leistenden Arzt im Operationssaal assistieren. Im dritten Krankenhaus erzwang sie die Übernahme meiner physiotherapeutischen Behandlung vom nicht sehr effizienten Spitalpersonal. Als ich nach den Intensivstationen und Operationen endlich ruhig im Krankenbett lag, wollte ich wissen, ob, trotz allem, mein Hirn noch funktionierte. Ich rief meine Sekretärin, diktierte ihr einen juristischen Brief in Italienisch und stellte fest, dass alles in Ordnung war. Dann begann ich Schritt für Schritt mit Pucks weiterer Hilfe die Arbeit wiederaufzunehmen und die Agentur auszubauen.

Nach meinem letzten Krankenhausaufenthalt hatte mich Doris Stöcklin, meine langjährige Assistentin, verlassen, um sich selbstständig zu machen. Sie hatte Puck in den vorangehenden Monaten viel geholfen. Von 1967 bis 1988 war die Zahl der Agentur-Mitarbeiter auf sechs gestiegen. Mit Ausnahme des erfahrenen Grafikers Adrian Köstli waren es jüngere Menschen, die arbeiten und sich weiterbilden wollten. Einige besuchten die PR-Kurse am SAWI und erlangten ihre Diplome. Zu ihnen gehört Edith Wepf, die 1972 als Frl. Fleischmann, dann verlobte Urben als Assistentin der Chefsekretärin begann und heute noch als Frau Wepf in Teilzeitarbeit die Buchhaltungen der Familie Rodes betreut.

Zur Bewältigung des wachsenden Arbeitsaufwands vergrößerte sich der Stab, und ich intensivierte meine Suche nach einer Nachfolge. Fünf potenzielle Nachfolger gaben den Versuch auf. 2002 reduzierte ich dann die Zahl der Mitarbeiter, als mir klar wurde, dass ich mich in meiner Beurteilung der vorgesehenen Nachfolgerin so gravierend getäuscht hatte, dass ich mich vor einem Gericht von ihr trennen musste. Weitere Schritte wurden zunächst unterbrochen durch Krankenhausaufenthalte zur Behandlung von Leiden, die teils altersbedingt, teils das Resultat einer Operation aus dem Jahr 1945 waren.

Vernetzt in der Kommunikation

Meine Tätigkeit als Agenturinhaber, Unternehmensberater und Journalist brachte automatisch eine Vernetzung privater und beruflicher Kontakte. Dazu trugen aktive und passive Mitgliedschaften in Verbänden, Vereinen und Kammern maßgeblich bei. Als in den USA diplomierter PR-Berater APR PRSA wurde ich Mitglied der SPRG, Schweizerische Public Relations Gesellschaft, und half die, zunächst noch sehr junge, Schweizer PR-Szene zu professionalisieren und aufzubauen. Ich war zeitweise Stiftungsrat, Präsident der Berufskommission und der PRW (Schweizerische Kommission für Public Relations und Werbung) sowie Gründer-Präsident der NPRG, Nordwestschweizer PR-Gesellschaft. In der PR-Ausbildung lehrte ich internationale PR und nahm Examen ab. In der Professionalisierung war ich Mitbegründer des BPRA, Bund der PR-Agenturen. Parallel zu meinen internationalen Kontakten bin ich Mitglied der IPRA, International Public Relations Association, in der ich die Schweiz vertrat und für die Verwaltung tätig war. In England wurde ich zum FRSA, Fellow of the Royal Society, ernannt. In Deutschland wurde mir 2005 vom hessischen Ministerpräsidenten Roland Koch die Wilhelm-Leuschner-Medaille für meine Verdienste an der Demokratie in der Bundesrepublik Deutschland überreicht. Eine besondere Ehre war die Tatsache, dass ich diesmal der alleinige Empfänger der Medaille war. Das übliche Protokoll schrieb eine Zwanzig-Minuten-Rede des Ministerpräsidenten vor, in der normalerweise etwa fünf Empfänger geehrt werden. Da ich alleine war, sprach Herr Koch nur über mich und zitierte einige Passagen aus meinem Buch «11 Thesen zur Kommunikation». Das freute mich natürlich sehr, eine bessere Werbung konnte ich mir kaum vorstellen.

Feste, Feste, Feste

Im Zusammenhang mit dem Marshall-Plan-Jubiläum hielt ich als Zeitzeuge verschiedene Reden, die teilweise gedruckt wurden. In der Folge produzierte das Hessische Fernsehen einen 45-Minuten-Film über mein Leben, der dreimal ausgestrahlt wurde und Interviews mit mir im Deutschland-Funk, der BBC und im japanischen Fernsehen auslöste. Besonders freute mich der Ausdruck persönlicher Zuneigung, die ich an den Festen zu meinen 70., 75. und 80. Geburtstagen empfand. Hundert Leute aus verschiedenen Ländern kamen in den Gasthof Kreuz in Büsserach. Die Beinwiler Dorfkapelle spielte auf, wie es die Regel für runde Geburtstage ab 70 Jahren war. Puck inszenierte eine unvergeßliche Teilaufführung von Mozarts «Zauberflöte», ihrer Lieblingsoper, mit Playback berühmter Sänger. Meine auf Video-Produktion spezialisierte Nichte Jennifer kreierte einen humorvollen Videofilm aus Fotos aus meiner Jugend. Johnny, mein Geschichtslehrer-Bruder, war Texter und Moderator. Zum 80. kamen 130 Gäste in das Restaurant Paradiesvögel im Elsässischen Bernwiller, unserem neuen Stammlokal, seit dem Hauskauf im benachbarten Spechbach le Haut. Das Highlight der Veranstaltung war eine Darbietung mit Umrahmung von bekannten Liedern und Arien von unseren Wiener Freunden Mirka Milliard, der russischen Opern-Sopranistin, und ihrem Mann, dem Wiener Opern-Bariton Hannes Jokel.

Vom Passwang ins Elsass

Nach dem Tod des Besitzers des Bauernhofs am Passwang wollten wir das Anwesen kaufen. Seine Frau wollte es loswerden, stellte aber

Bedingungen, die für einen Nicht-Bauern inakzeptabel waren. Sie kündigte uns, worüber wir im Nachhinein sehr froh waren. Wir fanden ein hundertjähriges Bauernhaus am unverbaubaren Dorfende von Spechbach le Haut. 486 m² Wohnfläche, separate Scheune, 17 Aren Gesamtfläche, viele Bäume und reichlich Grünfläche. Wie durch ein Wunder paßte so ziemlich alles, was uns im anderen Haus gehört hatte, sogar die Vorhänge, in das neue eigene Heim mit seiner großen Wohnküche. Der Umbau erbrachte ein 92 m² großes Büro für mich, darunter eine Doppelgarage, die Sauna mit Bodenheizung und einem 4x4-Meter-Bad mit Gegenstromanlage, zwei offene Kamine und Zentralheizung im ganzen Haus. Puck hat ein mit Lasern bestücktes Zimmer, in dem sie gelegentlich Patienten behandelt. Die gesamte Innendekoration strahlt eine Behaglichkeit aus, die alle empfinden, wenn sie das Haus betreten. Wir haben das Glück, eine intensive Betreuung unseres Heims gefunden zu haben, und können daher ohne Streß, so oft wie möglich, aus unserer Basler Wohnung in unser Heim fahren, das meine Nichte mit «Palais» tituliert hat.

11. Kapitel

Verstanden?

Jeder Mensch hat sein Leben beeinflussende Erlebnisse. Aufgabe des Autobiografen ist es, diese kommunikativ herauszukristallisieren.

Ein solches Erinnerungsbuch sollte so verfasst werden, dass dem Leser eine ausgewogene Mischung von geschichtlichem und rein persönlichem Inhalt geboten wird.

In der Auswahl meiner Erinnerungen spielte meine Definition des Begriffs Kommunikation eine ausschlaggebende Rolle: Kommunikation unter Lebewesen ist das Herzstück unserer Welt, ohne Kommunikation gibt es kein Leben. Kommunikation ist ein zweiseitiger Akt, bestehend aus Senden und Empfangen. Sie ist erst dann wirklich vollendet, wenn der Empfänger genau verstanden hat, was der Sender mitteilen wollte.

Ein Rückblick auf neunzig Jahre eines intensiv erlebten Lebens ist ohne aktive Hilfe Dritter und familiäre Geduld kaum möglich. Dieses Buch wurde aus verlegerischen Gründen zunächst auf Deutsch geschrieben. Wenn möglich, werde ich auch eine englische Version schreiben.

Ich möchte mich am Ende dieser Schrift sehr bedanken bei meiner Frau «Puck», Dr. Sc. h.c. W.E. Rodes-Bauer, und bei«Pat», Patricia D. Trenkler, lic. phil. publ., meiner Agentur-Partnerin und Freundin. Des Weiteren bedanke ich mich für die erteilte Hilfe bei Wolfgang Henrich, meinem Freund und Inhaber des Urheber Verlags, der mein Buch «11 Thesen zur Kommunikation» herausbrachte, sowie bei Peter Oeltze von Lobenthal und bei meinem Verleger Hansruedi Frey, die mich bei meinem Rückblick tatkräftig unterstützten.

Das Verfassen dieser Biografie ist, so hoffe ich, nicht das Ende meiner Aktivitäten. So lange ich kann, will ich Puck in der Lehre der Laser-Akupunktur und Pat in der Kommunikationsarbeit unterstützen und meine Gedanken und Beobachtungen in Bezug auf meine Umwelt publizieren.